Contes Modernes

Contes Modernes

by Members of the Department of French,
Yale University

Edited with Introductions, Explanatory Notes,
Questions, and Vocabulary

Foreword by Henri Peyre

Third Edition

Harper & Row, Publishers
New York, Evanston, San Francisco, London

CONTES MODERNES *Third Edition*

Standard Book Number : 06-047301-0

Library of Congress Catalog Card Number : 73-178114

TABLE DES MATIÈRES

Introduction par Henri Peyre, vii

André Gide   *1*
Le Retour de l'enfant prodigue

Marcel Proust   *15*
La Confession d'une jeune fille

Jean Giono   *25*
La Femme du boulanger

Antoine de Saint-Exupéry   *36*
Les Camarades

André Malraux   *48*
L'Attentat contre la vie de Chang-Kaï-Shek

Jean-Paul Sartre   *64*
La Chambre

Albert Camus   *86*
La Femme adultère

André Pieyre de Mandiargues   *100*
Le Fils de rat

Samuel Beckett   *115*
Le Calmant

Nathalie Sarraute   *129*
Tropismes V
IX
XIV
XX

Alain Robbe-Grillet   *135*
Le Remplaçant
La Chambre secrète

Birago Diop   *144*
Sarzan

Vocabulaire, 155

INTRODUCTION

Une première version du présent ouvrage, entièrement différente de l'édition refondue offerte aujourd'hui aux professeurs et aux élèves des écoles et des collèges, avait paru en 1935. Quatorze ans après, une édition déjà profondément modifiée et modernisée avait paru en 1949. De cette édition nouvelle, six textes seulement, accueillis avec approbation et souvent avec enthousiasme par ceux qui se sont servis de l'ouvrage, ont été conservés : ceux de Gide, de Giono, de Malraux, de Proust, de Saint-Exupéry et de Sartre. Une nouvelle de Camus, faisant un tout par elle-même, a été substituée aux pages extraites de *L'Étranger* qui avaient été incluses dans l'édition de 1949. *L'Étranger*, depuis lors, est devenu un classique familier à beaucoup d'étudiants.

La présente édition a été mise à jour avec l'addition (outre le texte de Camus, « La Femme adultère ») de quatre écrivains dont la réputation, depuis 1960 environ, est devenue internationale : Robbe-Grillet, Nathalie Sarraute, Pieyre de Mandiargues et celui qu'a consacré en 1969 le prix Nobel de littérature, Beckett. L'un des plus doués des représentants de la riche littérature africaine de langue française, Birago Diop, mérite d'être étudié pour la qualité de sa langue, son art sobre et pour le jour qu'il jette sur le déchirement entre deux personnalités qui fait le tourment et le tragique des pays africains de nos jours.

Le mot « Contes » a été retenu comme celui qui, malgré les multiples objections qu'on peut formuler, convient le mieux à ces douze récits. Il était, de plus, celui sous lequel le présent livre, dans ses formes antérieures, avait conquis une vaste audience dans les collèges américains. Les critiques se sont livrés à bien des reprises, et surtout dans la décennie 1960–70, à des spéculations souvent fort abstruses sur ce qui constitue un récit. Le simple fait de conter, déjà dans les contes mythologiques et moraux que les narrateurs de l'Inde, de la Perse ou de la Grèce, disaient aux enfants, ou dans les mille et une histoires par lesquelles Schéhérazade réussit à avoir la vie sauve en charmant un roi cruel, peut sans doute être analysé dans ses traditions, ses procédés et sa technique, parfois sans que l'écrivain en ait même conscience. Mais cette besogne d'analyse et de compartimentage, qui entraîne les critiques à coller des étiquettes pédantesques sur des choses fort simples, accroît rarement la jouissance du lecteur. Elle développe peut-être sa subtilité dialectique, mais bien peu son émotion, son imagination, et elle risque surtout d'alourdir son style français.

En vérité, chacun des douze auteurs représentés ici doit être envisagé, avant tout, comme un créateur individuel, dont les thèmes, l'art, la technique reflètent des intentions et des obsessions personnelles et une certaine vision du monde. La Fontaine, l'un des auteurs français dont la fantaisie est la plus gracieuse et la plus libre, disait, au début du sixième livre de ses *Fables*, appelant ses fictions « des feintes » :

En ces sortes de feinte il faut instruire et plaire,
Et conter pour conter me semble peu d'affaire.

Il y a souvent, même chez les auteurs de nouvelles les plus objectifs et en apparence les plus détachés (Maupassant, Tchekhov, Henry James, Katherine Mansfield) plus de didactisme qu'on ne le croit ; mais didactisme ne veut pas dire une leçon morale trop évidente assénée avec lourdeur par un prédicateur. L'écrivain communique à ses lecteurs un ensemble de croyances, d'angoisses, de confessions qu'il veut, sans le savoir peut-être, que nous partagions. Même les écrivains les plus impersonnels, Flaubert ou Tolstoï, souhaitent quelque peu de faire des lecteurs leurs complices et de trouver parmi eux des amis inconnus. Les textes de Gide, de Proust, de Saint-Exupéry, de Sartre, de Mme Sarraute, présentés ici constituent aussi des révélations sur la vie profonde et sur la personnalité, sur la « philosophie de la vie », si le mot n'est pas trop prétentieux, de ces écrivains

Le conte, en français, évoque quelque légèreté d'allure, un libre cours donné à la fantaisie, une manière d'écrire primesautière et désinvolte, et souvent, comme dans les contes de fée, les *Contes* de Perrault familiers à tous les enfants français et à bien d'autres, les contes de Grimm en Allemagne ou ceux d'Andersen en danois, quelque incursion dans le fantastique. Pendant longtemps, il semblait que les Français, qui passent pour chérir la raison et le raisonnable, dussent être plus méfiants envers ces invasions du surnaturel dans la sage logique de la réalité que d'autres peuples, chez qui la croyance aux spectres, aux gnomes et aux lutins s'affiche avec plus de complaisance. Mais l'attachement au rationnel et à la logique, s'il a peut-être à un certain moment paru être un trait français, a bien disparu de leur histoire et de leur littérature. Un autre recueil, *Contes et nouvelles d'aujourd'hui*, par les membres du département français de Yale (Harper & Row, 1965) avait, sans en avoir eu au départ l'intention, reflété cette prédominance de la fantaisie, de l'aventure au sein du surnaturel, et même d'une certaine magie dans la littérature des années 1950–60, âge des fictions d'anticipation inspirées par la science, et d'exploration interplanétaire.

Il semble aussi que le conte, assez fréquemment, implique quelque vivacité de ton et une certaine brièveté. Mais ici encore l'individualité de chaque créateur se soucie fort peu de ces soi-disant règles ou classifications. Les *Contes du lundi* d'Alphonse Daudet sont brefs. Les *Contes de la bécasse* de Maupassant ne diffèrent en rien de ses autres nouvelles. Flaubert a intitulé avec modestie *Trois Contes* des œuvres qui sont en vérité des nouvelles, l'une d'elles (« Un Cœur simple ») nullement fantastique ou irréelle, bien au contraire.

Il semble qu'une certaine désaffection à l'égard du terme « nouvelle » retienne les auteurs de notre siècle de faire usage de ce mot. La nouvelle, dit-on, fait peur aux éditeurs qui pensent qu'elle se vend plus difficilement qu'un roman. Paul Morand, qui n'avait pas appelé « nouvelles » ses premiers contes, pleins de brio insolent et de vivacité pittoresque, *Ouvert la nuit* (1922), *Fermé la nuit* (1923), a dirigé ensuite chez Gallimard une collection « La Renaissance de la nouvelle ». Le succès n'en a été que modeste. Et cependant beaucoup de romans modernes sont trop longs, traînants, monotones, ou bien nous écrasent par leur exubérance. Giono échappe, dans ses quelques nouvelles, au vice de ses romans d'une abondance rebutante. Il est à regretter que Michel Butor, Claude Simon, J. M. G. Le Clézio, Simone de Beauvoir elle-même, souvent intarissables dans leurs romans, n'aient pas davantage été séduits par la nouvelle. « La Confidence africaine » de Roger Martin du Gard s'est gravée plus durablement dans la mémoire de beaucoup de ses lecteurs que les longs récits lisses, trop egaux de ton, de son roman-fleuve. Il est des auteurs à qui la longue patience ou la densité de matière nécessitées par le roman semblent faire défaut : Giraudoux et Cocteau, par exemple. On regrette de ne pas avoir d'eux davantage de textes plus brefs, moins ornés de broderies et de sinueuses guirlandes, moins pétillants d'esprit peut-être, mais plus dramatiques.

Giraudoux avait un jour remarqué que le roman français est souvent une nouvelle manquée, trop court ou trop peu ami des méandres et des longs parcours uniformes pour être comparable aux romans anglais de l'ère victorienne. Le caractère français passait pour n'être pas capable de tant de patience ou de ce masochisme qui fait que l'on se délecte à s'ennuyer et que l'on se murmure à soi-même, comme l'insinue Gide, que ce qui nous ennuie le plus nous éduque aussi le mieux. Si tel a jadis été le cas (et c'est bien douteux, car les Français trouvaient, au temps de Diderot, Richardson trop court, tant ils l'aimaient, et Balzac ne manque pas de longueurs), les Français du vingtième siècle ont bien changé! Contredisant toutes les prédictions qui annonçaient que les gros livres étaient condamnés, à notre ère de vitesse, ils ont fait fête à Proust, aux plus longs des romans de Malraux, à Joyce, à Faulkner, à Dos Passos traduits, aux trois volumes des *Chemins de la liberté* de Sartre ; et les plus intrépides d'entre eux ont abordé, sinon dévoré, de fort longs romans de Butor, de Pinget d'où l'action est à peu près absente. Le léger discrédit dans lequel il semble que soit tombée de nos jours la nouvelle (ou en tout cas l'usage du terme) provient peut-être de ce que trop de magazines se sont spécialisés dans la publication de ces histoires relativement courtes, à effets brusques ou même brutaux, qui ne comportent ni le développement des personnages ni la lente collaboration avec le temps comme le fait le roman. Ces nouvelles des magazines à grand tirage ou celles auxquelles s'exercent les étudiants dans bien des cours de « creative writing » (lesquels n'ont jusqu'ici pas d'équivalent en France) ressemblent trop à des productions en série coulées dans le même moule et appliquant des recettes mécaniques. Cela est regrettable : car, et chez Boccace, et chez les conteurs russes du dix-neuvième siècle, et dans le genre poétique, et fantastique avec discrétion, appelé en Allemagne « die Novelle », et chez Balzac ou Sartre, la nouvelle constituait un genre littéraire original et riche de possibilités.

André Gide a préféré employer le terme « récit » pour désigner tous ses premiers romans antérieurs à l'œuvre plus longue et plus complexe des *Faux-Monnayeurs* (1925). Il y avait à cela quelque coquetterie ; car *L'Immoraliste* et *La Porte étroite* sont, quoi qu'il en ait dit, des romans psychologiques et fortement tragiques, avec la lente corrosion du temps agissant sur l'évolution des personnages marchant vers la révélation d'eux-mêmes et vers un tragique destin. La terminologie, du reste, importe peu. Le texte de Gide qui est donné ici, « Le Retour de l'enfant prodigue » est peut-être celui où sa sensibilité vibre avec le plus d'intensité et où son art atteint à la perfection. Il y a de l'ironie dans le ton, certes, comme dans le thème, qui détourne adroitement de son sens la parabole évangélique. Mais on y sent également une ferveur d'émotion intense. Gide propose indirectement, perfidement peut-être, son évangile de libération, qu'avaient proclamé avec plus d'exubérance, dix ans plus tôt, les litanies des *Nourritures terrestres*. Mais il est encore tout pénétré de la beauté des paraboles du Nouveau Testament. Le dialogue entier avait été conçu et écrit, presque d'un seul jet, à Berlin où l'écrivain séjournait alors. Gide avait été frappé, au Musée de Berlin, par le Jean-Baptiste de Michel-Ange. Il notait, en janvier 1907, son émotion en présence de cette sculpture d'un jeune homme, « cou étrangement long, torse grêle ; dans la démarche, plus de rythme que de direction. Dans la main gauche il tient un gâteau de miel, et de la droite, il porte à sa bouche je ne sais quoi d'amer qui fait que sa bouche est tordue ». Le fruit est devenu la grenade sauvage du texte gidien. Le fils prodigue de la parabole de Saint Luc incarne quelques-unes des angoisses de l'auteur. Plusieurs de ses amis venaient de se convertir, dont le poète Francis Jammes. Claudel, impérieusement, le sommait d'imiter leur exemple. Il se sentait las de ses combats intérieurs, vaguement désireux du repos de l'âme que lui aurait procuré le retour à la Maison du Père (à l'Église). Mais il pressentait également qu'il aurait vite dissuadé d'autres (le frère cadet, qui n'existe pas dans le texte biblique) de suivre cet exemple de renoncement et sans doute, à ses yeux, de paresse. Sa loi était de chercher encore et de ne point se reposer dans la sécurité de la famille, de la possession des biens ou de quelque orthodoxie. La prose, travaillée et imprégnée de douceur, est en même temps d'une pureté exquise. Les dialogues sont fermes et traduisent l'émotion contenue des personnages.

Dans le volume d'*Hommage à Marcel Proust* publié peu après sa mort par la *Nouvelle Revue Française*, Gide écrivait sur Proust : « Parmi les vingt pages de sa « Confession d'une jeune fille », certaines valent à mon avis ce qu'il écrivit de meilleur ». Gide s'en voulait à lui-même de n'avoir pas su reconnaître l'originalité de Proust d'après ses premiers écrits. Ce récit, composé entre 1892 et 1895, alors que l'auteur venait à peine de passer sa vingtième année, parut en 1896 dans le volume aimable et un peu précieux intitulé *Les Plaisirs et les jours*. Mais le texte lui-même, de beaucoup le plus vigoureux de ce livre de jeunesse, est celui d'une œuvre d'art habile, subtilement composée, tragique avec une rare délicatesse de touche. Les thèmes qui hantent ici la jeune fille imaginaire (qui est évidemment la projection dans le sexe féminin de Marcel lui-même) étaient ceux que Proust confiait alors à une longue ébauche de roman, *Jean Santeuil*, écrite à peu près à la même date : 1896–1900. Ce seront aussi quelques-uns des thèmes centraux de l'œuvre future : mémoire involontaire ; attachement profond, presque maladif, de l'adolescent à sa mère ; besoin d'être traité par elle en petit enfant dorloté et gâté ; en même temps, faiblesse de la volonté qui empêche le jeune homme (ou son incarnation dans une jeune fille) de résister aux tentations et à la séduction du plaisir. Cet amour intense pour la mère est une consolation pour l'enfant, ou pour le jeune homme, maladif et inapte à la vie d'action ; mais il constitue aussi une prison, puisqu'il rend tous autres amours impossibles ou les accompagne de remords et du sentiment coupable d'une profanation de la mère. « Les fils », écrira longtemps après Marcel Proust dans *Sodome et Gomorrhe*, « n'ayant pas toujours la ressemblance paternelle, consomment dans leur visage la profanation de la mère.... Laissons ici ce qui mériterait un chapitre à part : les mères profanées ».

Le message gidien de libération de toutes les conventions intellectuelles et sociales, de recherche par chaque individu de ses valeurs à lui, a éveillé des échos profonds et durables chez ses cadets : Giono a été l'un d'eux, et Camus ensuite. Bien des œuvres de Giono sont, à travers une intrigue romanesque et de somptueuses évocations de la nature, l'expression de son message de moraliste païen. Il a entrepris de réhabiliter la chair et, contre la littérature d'analyse et souvent d'enlaidissement de ses contemporains, de célébrer le triomphe de la vie. « La Femme du boulanger » est une nouvelle ou un récit, inséré comme épisode joyeux mais à signification symbolique, dans *Jean le Bleu* (1932).

Saint-Exupéry, de cinq ans plus jeune que Giono, n'avait pas, comme lui, participé en acteur courageux mais révolté aux carnages de la première grande guerre. Il est davantage assoiffé d'héroïsme. Mais ce n'est pas l'héroïsme grandiloquent de certains combattants ou anciens combattants, encore moins l'exaltation de l'aviateur ivre de la puissance de destruction de sa machine. Moraliste lui aussi, c'est-à-dire accoutumé à regarder en lui-même et à réfléchir au sein même de l'action, il s'acharne à dégager de son expérience un sens. Pour lui, rien n'est plus cher que la camaraderie d'hommes liés l'un à l'autre par un métier, par le danger, par la tâche à accomplir. Ce sentiment, rarement chanté depuis les antiques épopées et les chansons de geste, par ce qu'il comporte de loyauté et de sobriété dans l'amitié, presque de timidité gênée dans l'expression, a été celui de nombreux combattants dans les guerres de notre siècle. Il y a quelque artifice dans la prose très travaillée de cet aviateur-écrivain. Mais il reste, selon les réponses aux questionnaires des sociologues, le plus populaire et le plus lu des écrivains français de son temps.

Malraux est fort différent de Saint-Exupéry : plus romantique, plus impérieux dans son style flamboyant, plus mêlé par sa vie d'aventurier de grande classe, de combattant, de révolutionnaire, enfin d'homme politique, à tous les événements du vingtième siècle. Mais lui aussi a exalté, dans sa peinture de révolutionnaires en Chine ou dans l'Espagne de la Guerre Civile de 1936–39, la « fraternité virile ». La femme n'a que peu de place dans ces ouvrages quelque peu nietzschéens, sinon comme « la consolation du guerrier ». Il embrasse, avec une géniale impétuosité, les plus vastes sujets : l'homme d'Occident se découvrant lui-même au contact de l'Orient, la Révolution avortée de 1927 en Chine, la guerre d'Espagne. Il trace de grandes fresques, à travers une multiplicité d'épisodes (comme celui-ci, fondé sur la vérité historique, évoquant un attentat contre Chang-Kai-Shek en 1927), mais il n'a pas écrit de nouvelles ou de récits proprement dits. Partout d'ailleurs, ces hommes d'action turbulents et nerveux qu'il met en scène ont pour souci primordial de se comprendre eux-mêmes en donnant, dans l'action, toute leur mesure. Leur combat est en vérité contre le Destin et contre les forces qui tendent à écraser l'homme. Humanistes à leur manière, ces méditatifs engagés dans l'action combattent pour justifier et ennoblir ce que Montaigne avait appelé « l'humaine condition ».

Sartre diffère profondément de Malraux et l'évolution politique de chacun d'eux les a de plus en plus éloignés l'un de l'autre. Mais Sartre lui aussi, et bien d'autres écrivains français depuis 1930, affirment que le rôle de l'écrivain n'est pas seulement d'être un contemplatif isolé des tumultes de son temps. Il doit prendre des risques, s'engager, comme aiment à le dire les Existentialistes, et, par son action comme par son œuvre, aider à changer la vie et à améliorer le sort de ses semblables. Sartre a exposé ses vues dans de très nombreux écrits de philosophe et de polémiste, et même dans ses remarquables pièces de théâtre et ses romans. Il a été aussi, à ses débuts, un très remarquable auteur de nouvelles. « La Chambre » est la plus complexe et peut-être la mieux réussie des cinq nouvelles réunies dans *Le Mur* (1939) ; elle avait d'abord paru en janvier 1938 dans la revue *Mesures*.

Plusieurs des thèmes sartriens se retrouvent dans cette nouvelle, très artistiquement composée avec la double peinture des époux Darbédat, satisfaits d'eux-mêmes, emprisonnés dans leur vie bourgeoise, effrayés des réalités, et de leur fille, déterminée à partager toutes les délusions de son mari schizophrène et à s'ensevelir avec lui dans sa folie. La séquestration est l'un de ces thèmes, comme dans *Huis-Clos, Les Jeux sont faits* et d'autres pièces, qui rappellent en cela le théâtre clos de Racine. La ridiculisation de la bourgeoisie, bête noire de Sartre, en est un autre. Et surtout la mauvaise foi insidieuse qui fait que tant d'entre nous se refusent à assumer leur liberté, à vivre authentiquement. Mais le message philosophique ne devient jamais encombrant. Il se devine seulement à travers les détails concrets et symboliques qui parsèment le récit, pétillant d'ironie et cependant tragique.

Le nom de Camus s'est trouvé souvent lié à celui de Sartre, surtout dans les années 1942–47 pendant lesquelles Camus, de huit ans plus jeune, débuta en littérature sous l'égide des Existentialistes. En fait, et leurs idées sur la vie, l'homme, la morale, et leur style et leurs thèmes diffèrent profondément. La pensée de Camus, centrée sur la perception de l'absurdité d'un monde sans Dieu ni ordre et sur le manque d'harmonie entre les aspirations de l'homme et les lois de la vie («l'absurde» voulait dire à l'origine « dissonance »), sa revendication de la révolte comme la seule attitude courageuse pour l'homme qui ne veut pas se résigner : tout cela, qui apparaît en claire-voie dans les trois romans ou longs récits de Camus, n'est plus guère visible dans les nouvelles recueillies dans *L'Exil et le royaume*.

Le titre de « La Femme adultère » est ironique et grave à la fois. Cette femme rêveuse, nostalgique, affublée d'un mari qui ne la comprend guère et avec lequel elle semble n'avoir aucune communion de sentiments ou d'intérêts, voyage à travers le désert algérien. Elle est frappée, troublée, par le regard de quelques Arabes, fiers et dignes, « seigneurs misérables et libres d'un étrange royaume ». Elle se sent exilée dans ce pays, celui-là même où avait grandi Camus. Elle aspire à quelque autre royaume, elle aussi ; mais, comme tous les personnages de Camus, elle ne veut pas que ce royaume soit celui de la grâce, ou de la foi religieuse. Elle sort pendant la nuit, contemple le ciel étoilé et vide, fait un retour en pensée sur elle-même et sur l'inanité de sa vie. Elle regagne la chambre où dort son mari, après cet adultère purement symbolique commis avec la splendeur païenne de la nature. Que d'êtres humains se sentent comme elle exilés et sans défense dans ce monde absurde, où la beauté seule et peut-être, comme dans *La Peste,* le bien que l'on peut faire sans espoir de récompense, donnent à une existence son sens !

Pieyre de Mandiargues, né en 1909, n'était plus un débutant quand parut, en 1965, *Porte dévergondée,* le livre d'où est extrait le conte inclus dans ce livre. Il publiait vers et prose depuis 1943 et avait, comme beaucoup de ses contemporains, été marqué par le Surréalisme. Du Surréalisme, il avait gardé le goût de l'étrange et même du merveilleux, la passion du bizarre et, selon le mot à la mode, de

« l'insolite » marie au réalisme du décor, enfin quelque attrait pour l'érotisme et parfois pour le pervers. Il aime placer ses récits dans quelque lieu invraisemblable, comme ce bistro vénitien assez sordide, à l'odeur de mauvais vin et de poisson frit. Il est un adroit peintre de femmes capricieuses, artificielles, ennuyées de leur compagnon trop raisonnable. Puis, brusquement, une porte s'ouvre sur un cauchemar. Pudeur et honte sont balayées : toute « vergogne » (le mot italien « vergogna » est resté plus vivant que le terme français) est rejetée, car tel est le sens du titre de l'ouvrage, « dévergondée ». Un misérable, rejeté de tous, qui n'a été sauvé d'un massacre horrible que par le caprice d'un rat, raconte son histoire. La curiosité du lecteur a été, comme dans les meilleurs des contes de Merimée et de Maupassant, retenue et suspendue jusqu'à l'horreur du récit final.

Beckett, par sa date de naissance (1906), appartient également à cette génération qui traversa la première Grande Guerre et n'en a pas oublié les cauchemars et les tentatives des régimes politiques acharnés à abaisser systématiquement l'homme. La nouvelle, « Le Calmant », fut écrite en 1945, juste comme l'auteur, qui avait passé en France les années de guerre, se mettait à écrire, non dans sa langue maternelle, mais en français. Sa langue, cynique, volontairement vulgaire, appelant par leur nom, avec quelque complaisance de collégien que Beckett lui-même raillera plus tard, les parties du corps naguère dites secrètes ou les fonctions sexuelles, rappelle celle de Céline. Les étranges rencontres du narrateur, du « je » qui a commencé par se dire mort (symboliquement, sans doute), avec des diseurs d'histoires, un équilibriste à bicyclette qui est un des rares personnages de Beckett non écrasés par la laideur de la vie, un séducteur probablement homosexuel, se suivent comme dans un rêve de Kafka. C'est, bien entendu, auprès de son compatriote Joyce que Beckett avait acquis sa remarquable maîtrise du monologue intérieur. Tout reste mystérieux dans les courses errantes, et sans but aucun, du narrateur. « Le Calmant », on l'a remarqué, dans sa perfection formelle annonce et prépare l'un des meilleurs romans de Beckett, *Malone meurt* (1951).

C'est également d'une des toutes premières œuvres de Nathalie Sarraute, *Tropismes* (écrite en 1933 et publiée d'abord en 1939) que sont tirés les brefs récits, ou contes, ou presque poèmes en prose qui représentent dans ce volume cette romancière d'origine russe, mais experte à tirer de la langue française de subtils effets. L'objet de l'auteur est de sonder une réalité très secrète, sous-jacente en nous, plus difficile à traduire en mots que tout subconscient et que les sentiments dissociés par Proust lui-même. Ces textes brefs, chargés d'ironie, d'une simplicité déroutante au premier abord, visent, a déclaré l'auteur elle-même, à rendre visible une réalité invisible, comme peut le tenter un peintre. Ils n'imposent ni cohérence ni structure à ces mouvements très élémentaires, mais, sous des phrases banales de conversations anodines, ils décèlent des mouvements pareils à ceux de plantes attirées par la lumière, à des tropismes. Les silences sont lourds d'angoisse, comme dans le dernier texte offert ici, et les flots de paroles (avant-dernier texte) sont plus chargés encore d'anxiété. Le style se veut le plus simple et le plus direct possible ; car, à la différence de Robbe-Grillet, pour qui la forme *est* le contenu du récit et constitue un objet esthétique, Nathalie Sarraute maintient que la valeur de la forme vient de sa parfaite concordance avec la réalité exprimée.

Robbe-Grillet n'a écrit que peu de nouvelles, et ses *Instantanés,* composés entre 1954 et 1962, sont comme des exercices musicaux en marge de ses romans ou de ses films. Des textes aussi brefs que « Le Remplaçant » par exemple se prêtent évidemment assez mal à la création d'une atmosphère lourde d'attente et d'angoisse et à ses retours périodiques d'obsessions qui font de ses œuvres plus élaborées de véritables romans policiers. En apparence, il est le plus froid et le plus impassible des observateurs objectifs, mesurant, arpentant, décrivant avec minutie, et enveloppant le lecteur dans des cercles concentriques fournis de pièges et munis de labyrinthes. Il a attaqué dans quelques écrits théoriques ce qu'il appelle l'humanisme tragique et surtout l'anthropocentrisme, c'est-à-dire la tendance de l'homme à n'interpréter la vie des choses qu'à travers lui-même. Il y a eu là, après l'analyse acharnée de Proust et de l'introspection des personnages de Gide ou de Mauriac, une cure salutaire pour le roman français. On a voulu y voir un système nouveau, le chosisme, et l'expression moderne d'une profonde défiance de toutes les paroles humaines et des constructions politiques et philosophiques, souvent en effet repaires de mensonges et de mauvaise foi.

« La Chambre secrète », cependant, est une nouvelle où le tragique abonde et où les choses elles-mêmes, l'attitude de la femme enchaînée et sadiquement assassinée, le décor baudelairien de tapis, de coussins, le personnage de l'homme à la cape observant, en dandy, la victime qu'il a poignardée, sont adroitement combinés pour provoquer l'horreur. On songe à l'étrange et troublant poème de Baudelaire, « Une Martyre » et, bien entendu, aux tableaux baroquement romantiques, littéraires comme peu de peintures ont osé l'être, de Gustave Moreau, à qui la nouvelle est dédiée. Ce peintre mort en 1898 et qui guida les premières tentatives picturales de Rouault, de Derain et de Matisse, était obsédé d'idées et, curieusement, fort loin de la manière objective et quasi scientifique de Robbe-Grillet.

Plusieurs pays d'Afrique Occidentale, et les Antilles françaises au Nouveau Monde, ont une littérature d'expression française riche et originale. Les écrivains noirs sont fréquemment de très habiles artistes, maîtres des ressources les plus subtiles de la langue qu'ils ont adoptée, nuancés et sobres dans leurs effets. Leur culture raffinée ne les a néanmoins pas coupés de leurs racines. Le déchirement même, ou comme ''un d'eux l'a appelé, la douloureuse ambiguïté qui est leur sort, crée en eux une tension favorable à la création poétique. Ils cherchent dans le français, et une stabilité interne qui pourrait équilibrer les forces contraires qui combattent en eux, et un moyen d'expression qui leur procure une audience et peut-être qui leur permette d'élargir leurs problèmes à une dimension plus vaste.

Birago Diop est l'un des plus doués de ces écrivains du Sénégal. Il est poète, et le poème qui termine « Sarzan » est d'une beauté directe et émouvante. Il est proche encore des conteurs professionnels, ou « griots » de son pays. Les histoires qu'il transpose dans une autre langue conservent la saveur et la couleur de l'original dans lequel elles ont été conçues. Ce n'est pas sans nostalgie pour leur passé que ces Sénégalais francisés voient disparaître les anciennes traditions populaires et les vieilles croyances de leur pays. Ils savent cependant que leur pays est engagé sans espoir de retour sur la voie de la modernisation. Intellectuels comme ils ont dû le devenir, ils ne se trouvent plus tout à fait à l'unisson avec leur peuple. Ils sont désormais les hommes de deux pays et de deux cultures. Le célèbre poète et homme d'état Sénégalais, Léopold Senghor, et le critique anglais, Miss Joyce Hutchinson, qui a préfacé une bonne édition des *Contes Choisis* de Diop aux presses de l'université de Cambridge, ont bien défini le charme littéraire et la valeur sociologique et humaine des contes de ce vétérinaire devenu écrivain français de talent.

Le roman moderne, en France et dans d'autres pays, est devenu si complexe dans ses recherches structurales, si ami de l'obscurité et si ingénieux à dérouter les lecteurs, qu'il est désormais bien difficile de proposer aux élèves des écoles et des collèges la lecture de volumes entiers d'œuvres romanesques. Il est en outre souhaitable que les étudiants s'accoutument à diverses formes d'art, à différents styles et à des sensibilités et des imaginations de créateurs variés. Une série de douze nouvelles, récits ou contes comme celle-ci, représentant un choix réalisé par un groupe de professeurs eux-mêmes de tempéraments et de goûts variés, nous semble particulièrement apte à instruire tout en plaisant et à stimuler l'intérêt de jeunes lecteurs pour des ouvrages plus longs.

HENRI PEYRE

André Gide

(1869–1951)

Le père d'André Gide, d'une famille languedocienne protestante, et sa mère, d'une famille normande partagée entre le catholicisme et le protestantisme, représentent deux influences opposées souvent commentées dans le Journal de l'auteur. Né à Paris, Gide y passa une grande partie de sa vie, malgré de fréquents séjours dans sa propriété en Normandie, et des voyages à l'étranger. La mort de son père, alors qu'il n'avait lui-même que onze ans, le laissa sous l'influence de trois femmes : sa mère, sa tante Claire, et une Anglaise, Miss Anna Shackleton. De principes austères, elles élevèrent l'enfant d'une façon assez rigoriste, tout en tempérant leur sévérité en considération de son extrême nervosité. La lecture quotidienne de la Bible joue un rôle capital dans la formation de Gide ; on trouve souvent dans ses écrits des citations tirées de l'Écriture sainte.

Élève à l'École Alsacienne, avant d'être confié à plusieurs précepteurs, il montra peu de goût pour l'étude formelle. Assez fortuné pour n'avoir pas à se préoccuper d'une carrière, il commença à écrire dès l'âge de dix-huit ans. Ses premières œuvres, marquées par l'époque symboliste, sont bien plus maniérées que les récits, les pièces, les essais, les confessions personnelles, et le roman de sa maturité. Son amitié avec les deux fins esprits qu'étaient Paul Valéry et Pierre Louÿs contribua sans doute à l'orienter vers une carrière littéraire, mais c'est un voyage en Afrique du Nord, en 1893, qui lui donna une direction nouvelle et définitive en faisant de lui l'apôtre de la liberté totale de l'individu. Il réagissait contre la sévère morale de contrainte qui avait pesé sur sa jeunesse. Sa révolte trouve son expression littéraire dans Les Nourritures terrestres (1897), œuvre lyrique célébrant la ferveur, les sensations et l'aventure. Son intérêt moral pour le problème de la liberté est reflété dans le premier de ses récits, L'Immoraliste (1902).

L'œuvre de Gide révèle l'extrême complexité de l'homme. Il évite de conclure, se bornant à éveiller dans le lecteur des doutes sur la validité des thèses opposées, dans les domaines du comportement de l'individu, de la morale, de la sexualité et de la religion. Tourmenté lui-même, il expose dans ses écrits, souvent avec une ironie accusée, les points de vue les plus divers. Grâce à ces procédés, il se fit beaucoup d'ennemis, mais aussi des admirateurs fervents. Ceux-ci devinrent de plus en plus nombreux après la première Guerre mondiale. Beaucoup de ses œuvres

1

parurent d'abord dans La Nouvelle Revue Française *ou il jo*⸱
un rôle important, encourageant beaucoup de jeunes auteurs d
talent. Son style littéraire, son œuvre si variée, son rôle dan.
l'histoire des idées lui assurèrent une place importante parmi ses
contemporains. En 1947, il reçut le prix Nobel.

« Le Retour de l'enfant prodigue » *date de 1907, c'est-à-dire*
d'une époque où Gide ne jouissait pas encore de la célébrité que
lui valurent La Porte étroite *(1909),* La Symphonie
pastorale *(1919) et* Les Faux Monnayeurs *(1926). Or dans*
ce conte, d'une belle pureté de style, se voit non seulement l'art de
Gide, mais aussi l'aspect le plus clair de ses écrits, la lutte entre
la contrainte et la liberté, entre l'acceptation de la tradition et
la révolte contre les conventions sociales. La genèse du conte se
retrouve facilement dans la biographie de l'auteur, car vers
1906, quelques amis catholiques de Gide, le voyant réfractaire
au protestantisme et sachant que la question religieuse le
préoccupait toujours, espéraient le convertir à leur croyance.
Gide résista à ce prosélytisme et dans cette adaptation de la
parabole biblique il explique sa position. Comme toujours, il
préfère rester disponible, ne pas s'engager dans une voie où sa
liberté et même ce qu'il considérait comme sa sincérité seraient
menacées. Il ne prétend pas avoir raison, il admet des
possibilités d'erreur, mais il refuse d'être doctrinaire. Tout de
même, en modifiant le récit biblique, il semble encourager à se
libérer des liens de l'autorité.

BIBLIOGRAPHIE

Brée, Germaine. *Gide.* New Brunswick, New Jersey: Rutgers University Press, 1963.
Delay, Jean. *La Jeunesse d'André Gide.* Paris: Gallimard, 1956–57
Lafille, Pierre. *Gide romancier.* Paris: Hachette, 1954.
Martin, Charles. *Gide par lui-même.* Paris : Éditions du Seuil, 1963.

Le Retour de l'enfant prodigue
À ARTHUR FONTAINE

J'ai peint ici, pour ma secrète joie, comme on faisait dans les anciens triptyques,[1] la parabole que Notre Seigneur Jésus Christ nous conta. Laissant éparse et confondue la double inspiration qui m'anime je ne cherche à prouver la victoire sur moi d'aucun dieu—ni la mienne. Peut-être cependant, si le lecteur exige de moi quelque piété,

---

[1] **triptyques**   tableaux religieux sur trois volets, composés d'un panneau central, entourés d'ordinaire de deux figures de saints

ne la chercherait-il pas en vain dans ma peinture, où, comme un donateur dans le coin du tableau, je me suis mis à genoux, faisant pendant[2] au fils prodigue, à la fois comme lui souriant et le visage trempé de larmes.

L'ENFANT PRODIGUE

Lorsqu'après une longue absence, fatigué de sa fantaisie et comme désépris de lui-même, l'enfant prodigue, du fond de ce dénûment[3] qu'il cherchait, songe au visage 5 de son père, à cette chambre point étroite où sa mère au-dessus de son lit se penchait, à ce jardin abreuvé d'eau courante, mais clos et d'où toujours il désirait s'évader, à l'économe frère aîné qu'il n'a jamais aimé, mais qui détient encore dans l'attente cette part de ses biens que, prodigue, il n'a pu dilapider[4]—l'enfant s'avoue qu'il n'a pas trouvé le bonheur, ni même su prolonger bien longtemps cette ivresse qu'à 10 défaut de bonheur il cherchait. — Ah! pense-t-il, si mon père, d'abord irrité contre moi, m'a cru mort, peut-être, malgré mon péché, se réjouirait-il de me revoir ; ah! revenant à lui bien humblement, le front bas et couvert de cendre, si, m'inclinant devant lui, lui disant : « Mon père, j'ai péché contre le ciel et contre toi », que ferai-je si, de sa main me relevant, il me dit : « Entre dans la maison, mon fils » ?... 15 Et l'enfant déjà pieusement s'achemine.

Lorsqu'au défaut de la colline il aperçoit enfin les toits fumants de la maison, c'est le soir ; mais il attend les ombres de la nuit pour voiler un peu sa misère. Il entend au loin la voix de son père ; ses genoux fléchissent ; il tombe et couvre de ses mains son visage, car il a honte de sa honte, sachant qu'il est le fils légitime pourtant. Il a 20 faim ; il n'a plus, dans un pli de son manteau crevé, qu'une poignée de ces glands[5] doux dont il faisait, pareil aux pourceaux qu'il gardait, sa nourriture. Il voit les apprêts du souper. Il distingue s'avancer sur le perron sa mère... Il n'y tient plus, descend en courant la colline, s'avance dans la cour, aboyé par son chien qui ne le reconnaît pas. Il veut parler aux serviteurs, mais ceux-ci méfiants s'écartent, vont 25 prévenir le maître , le voici.

Sans doute il attendait le fils prodigue, car il le reconnaît aussitôt. Ses bras s'ouvrent ; l'enfant alors devant lui s'agenouille et, cachant son front d'un bras, crie à lui, levant vers le pardon sa main droite :

— Mon père! mon père, j'ai gravement péché contre le ciel et contre toi ; je 30 ne suis plus digne que tu m'appelles ; mais du moins, comme un de tes serviteurs, le dernier, dans un coin de notre maison, laisse-moi vivre...

Le père le relève et le presse :

— Mon fils! que le jour où tu reviens à moi soit béni!—et sa joie, qui de son cœur déborde, pleure ; il relève la tête de dessus le front de son fils qu'il baisait, se 35 tourne vers les serviteurs :

— Apportez la plus belle robe ; mettez des souliers à ses pieds, un anneau précieux à son doigt. Cherchez dans nos étables le veau le plus gras, tuez-le ; préparez un festin de joie, car le fils que je disais mort est vivant.

---

[2] c'est-à-dire, de l'autre côté du tableau, dans une position symétrique à celle du fils prodigue
[3] **dénûment**   état de besoin total
[4] **dilapider**   perdre, dépenser follement
[5] **glands**   acorns

Et comme la nouvelle déjà se répand, il court ; il ne veut pas laisser un autre dire :
— Mère, le fils que nous pleurions nous est rendu.

La joie de tous montant comme un cantique fait le fils aîné soucieux. S'assied-il[6] à la table commune, c'est que le père en l'y invitant et en le pressant l'y contraint.
5 Seul entre tous les convives, car jusqu'au moindre serviteur est convié, il montre un front courroucé : Au pécheur repenti, pourquoi plus d'honneur qu'à lui-même, qu'à lui qui n'a jamais péché ? Il préfère à l'amour le bon ordre. S'il consent à paraître au festin, c'est que, faisant crédit à son frère, il peut lui prêter joie pour un soir ; c'est aussi que son père et sa mère lui ont promis de morigéner le prodigue, demain,
10 et que lui-même il s'apprête à le sermonner gravement.

Les torches fument vers le ciel. Le repas est fini. Les serviteurs ont desservi. À présent, dans la nuit où pas un souffle ne s'élève, la maison fatiguée, âme après âme, va s'endormir. Mais pourtant, dans la chambre à côté de celle du prodigue, je sais un enfant, son frère cadet, qui toute la nuit jusqu'à l'aube va chercher en vain le som-
15 meil.

LA RÉPRIMANDE DU PÈRE

Mon Dieu, comme un enfant je m'agenouille devant vous aujourd'hui, le visage trempé de larmes. Si je me remémore et transcris ici votre pressante parabole, c'est que je sais quel était votre enfant prodigue ; c'est qu'en lui je me vois ; c'est que j'entends en moi parfois et répète en secret ces paroles que, du fond de sa grande
20 détresse, vous lui faites crier :
— Combien de mercenaires de mon père ont chez lui le pain en abondance ; et moi je meurs de faim !

J'imagine l'étreinte du Père ; à la chaleur d'un tel amour mon cœur fond. J'imagine une précédente détresse, même ; ah ! j'imagine tout ce qu'on veut. Je
25 crois cela ; je suis celui-là même dont le cœur bat quand, au défaut de la colline, il revoit les toits bleus de la maison qu'il a quittée. Qu'est-ce donc que j'attends pour m'élancer vers la demeure ; pour entrer ? — On m'attend. Je vois déjà le veau gras qu'on apprête... Arrêtez ! ne dressez pas trop vite le festin ! — Fils prodigue, je songe à toi ; dis-moi d'abord ce que t'a dit le Père, le lendemain, après le festin du
30 revoir. Ah ! malgré que le fils aîné vous souffle, Père, puissé-je entendre votre voix, parfois, à travers ses paroles !

— Mon fils, pourquoi m'as-tu quitté ?
— Vous ai-je vraiment quitté ? Père ! n'êtes-vous pas partout ? Jamais je n'ai cessé de vous aimer.
35 — N'ergotons pas. J'avais une maison qui t'enfermait. Elle était élevée pour toi. Pour que ton âme y puisse trouver un abri, un luxe digne d'elle, du confort, un emploi, des générations travaillèrent. Toi, l'héritier, le fils, pourquoi t'être évadé de la Maison ?
— Parce que la Maison m'enfermait. La Maison, ce n'est pas Vous, mon Père.

---

[6] c'est-à-dire, s'il s'assied... c'est parce que...

— C'est moi qui l'ai construite, et pour toi.

— Ah! Vous n'avez pas dit cela, mais mon frère. Vous, vous avez construit toute la terre, et la Maison et ce qui n'est pas la Maison. La Maison, d'autres que vous l'ont construite ; en votre nom, je sais, mais d'autres que vous.

— L'homme a besoin d'un toit sous lequel reposer sa tête. Orgueilleux! Penses-tu 5 pouvoir dormir en plein vent?

— Y faut-il tant d'orgueil? de plus pauvres que moi l'ont bien fait.

— Ce sont les pauvres. Pauvre, tu ne l'es pas. Nul ne peut abdiquer sa richesse. Je t'avais fait riche entre tous.

— Mon père, vous savez bien qu'en partant j'avais emporté tout ce que j'avais pu 10 de mes richesses. Que m'importent les biens qu'on ne peut emporter avec soi?

— Toute cette fortune emportée, tu l'as dépensée follement.

— J'ai changé votre or en plaisirs, vos préceptes en fantaisie, ma chasteté en poésie, et mon austérité en désirs.

— Était-ce pour cela que tes parents économes s'employèrent a distiller en toi 15 tant de vertu?

— Pour que je brûle d'une flamme plus belle, peut-être, une nouvelle ferveur m'allumant.

— Songe à cette pure flamme que vit Moïse, sur le buisson sacré : elle brillait mais sans consumer.   20

— J'ai connu l'amour qui consume.

— L'amour que je veux t'enseigner rafraîchit. Au bout de peu de temps, que t'est-il resté, fils prodigue?

— Le souvenir de ces plaisirs.

— Et le dénûment qui les suit.   25

— Dans ce dénûment, je me suis senti près de vous, Père.

— Fallait-il la misère pour te pousser à revenir à moi?

— Je ne sais ; je ne sais. C'est dans l'aridité du désert que j'ai le mieux aimé ma soif.

— Ta misère te fit mieux sentir le prix des richesses.   30

— Non, pas cela! Ne m'entendez-vous pas, mon père? Mon cœur, vidé de tout s'emplit d'amour. Au prix de tous mes biens, j'avais acheté la ferveur.

— Étais-tu donc heureux loin de moi?

— Je ne me sentais pas loin de vous.

— Alors qu'est-ce qui t'a fait revenir? Parle.   35

— Je ne sais. Peut-être la paresse.

— La paresse, mon fils! Eh quoi! Ce ne fut pas l'amour?

— Père, je vous l'ai dit, je ne vous aimai jamais plus qu'au désert. Mais j'étais las, chaque matin, de poursuivre ma subsistance. Dans la maison, du moins, on mange bien.   40

— Oui, des serviteurs y pourvoient. Ainsi, ce qui t'a ramené, c'est la faim.

— Peut-être aussi la lâcheté, la maladie… À la longue cette hasardeuse nourriture m'affaiblit ; car je me nourrissais de fruits sauvages, de sauterelles et de miel. Je supportais de plus en plus mal l'inconfort qui d'abord attisait ma ferveur. La nuit, quand j'avais froid, je songeais que mon lit était bien bordé chez mon père ; quand je 45 jeûnais, je songeais que, chez mon père, l'abondance des mets servis outrepassait toujours ma faim. J'ai fléchi ; pour lutter plus longtemps, je ne me sentais plus assez courageux, assez fort, et cependant...

— Donc le veau gras d'hier t'a paru bon?

5   Le fils prodigue se jette en sanglotant le visage contre terre :

— Mon père! mon père! Le goût sauvage des glands doux demeure malgré tout dans ma bouche. Rien n'en saurait couvrir la saveur.

— Pauvre enfant!—reprend le père qui le relève,—je t'ai parlé peut-être durement. Ton frère l'a voulu ; ici c'est lui qui fait la loi. C'est lui qui m'a sommé de te

10 dire : « Hors la Maison, point de salut pour toi.» Mais écoute : C'est moi qui t'ai formé ; ce qui est en toi, je le sais. Je sais ce qui te poussait sur les routes ; je attendais au bout. Tu m'aurais appelé... j'étais là.[7]

— Mon père! j'aurais donc pu vous retrouver sans revenir?...

— Si tu t'es senti faible, tu as bien fait de revenir. Va maintenant ; rentre dans

15 la chambre que j'ai fait préparer pour toi. Assez pour aujourd'hui ; repose-toi ; demain tu pourras parler à ton frère.

LA RÉPRIMANDE DU FRÈRE AÎNÉ

L'enfant prodigue tâche d'abord de le prendre de haut.

— Mon grand frère, commence-t-il, nous ne nous ressemblons guère. Mon frère, nous ne nous ressemblons pas.

20 Le frère aîné :

— C'est ta faute.

— Pourquoi la mienne?

— Parce que moi je suis dans l'ordre ; tout ce qui s'en distingue est fruit ou semence d'orgueil.

25 — Ne puis-je avoir de distinctif que des défauts?

— N'appelle qualité que ce qui te ramène à l'ordre, et tout le reste, réduis-le.

— C'est cette mutilation que je crains. Ceci aussi que tu vas supprimer, vient du Père.

— Eh! non pas supprimer : réduire, t'ai-je dit.

30 — Je t'entends bien. C'est tout de même ainsi que j'avais réduit mes vertus.

— Et c'est aussi pourquoi maintenant je les retrouve. Il te les faut exagérer. Comprends-moi bien : ce n'est pas une diminution, c'est une exaltation de toi que je propose, où les plus divers, les plus insubordonnés éléments de ta chair et de ton esprit doivent symphoniquement concourir, où le pire de toi doit alimenter le meil-

35 leur, où le meilleur doit se soumettre à...

— C'est une exaltation aussi que je cherchais, que je trouvais dans le désert—et peut-être pas très différente de celle que tu me proposes.

— À vrai dire, c'est te l'imposer que je voudrais.

— Notre Père ne parlait pas si durement.

40 — Je sais ce que t'a dit le Père. C'est vague. Il ne s'explique plus très clairement ; de sorte qu'on lui fait dire ce qu'on veut. Mais moi je connais bien sa pensée.

---

[7] c'est-à-dire si tu m'avais appelé, j'aurais été là (je serais accouru)

Auprès des serviteurs j'en reste l'unique interprète et qui veut comprendre le Père doit m'écouter.

— Je l'entendais très aisément sans toi.

— Cela te semblait ; mais tu comprenais mal. Il n'y a pas plusieurs façons de comprendre le Père ; il n'y a pas plusieurs façons de l'écouter. Il n'y a pas plusieurs 5 façons de l'aimer ; afin que nous soyons unis dans son amour.

— Dans sa Maison.

— Cet amour y ramène ; tu le vois bien, puisque te voici de retour. Dis-moi, maintenant : qu'est-ce qui te poussait à partir?

— Je sentais trop que la Maison n'est pas tout l'univers. Moi-même je ne suis pas 10 tout entier dans celui que vous vouliez que je fusse. J'imaginais malgré moi d'autres cultures, d'autres terres, et des routes pour y courir, des routes non tracées ; j'imaginais en moi l'être neuf que je sentais s'y élancer. Je m'évadai.

— Songe à ce qui serait advenu si j'avais comme toi délaissé la Maison du Père. Les serviteurs et les bandits auraient pillé tout notre bien.   15

— Peu m'importait alors, puisque j'entrevoyais d'autres biens...

— Que s'exagérait ton orgueil. Mon frère, l'indiscipline a été. De quel chaos l'homme est sorti, tu l'apprendras si tu ne le sais pas encore. Il en est mal sorti ; de tout son poids naïf il y retombe dès que l'Esprit ne le soulève plus au-dessus. Ne l'apprends pas à tes dépens : les éléments bien ordonnés qui te composent n'atten- 20 dent qu'un acquiescement, qu'un affaiblissement de ta part pour retourner à l'anarchie... Mais ce que tu ne sauras jamais, c'est la longueur de temps qu'il a fallu à l'homme pour élaborer l'homme. À présent que le modèle est obtenu, tenons-nous-y. « Tiens ferme ce que tu as », dit l'Esprit à l'Ange de l'Église,[8] et il ajoute : « afin que personne ne prenne ta couronne. » *Ce que tu as*, c'est ta couronne, c'est 25 cette royauté sur les autres et sur toi-même. Ta couronne, l'usurpateur la guette ; il est partout ; il rôde autour de toi, en toi. *Tiens ferme,* mon frère ! Tiens ferme.

— J'ai depuis trop longtemps lâché prise ; je ne peux plus refermer ma main sur mon bien.

— Si, si ; je t'aiderai. J'ai veillé sur ce bien durant ton absence.   30

— Et puis, cette parole de l'Esprit, je la connais ; tu ne la citais pas tout entière.

— Il continue ainsi, en effet : « Celui qui vaincra, j'en ferai une colonne dans le temple de mon Dieu, et il n'en sortira plus. »

— « Il n'en sortira plus ». C'est là précisément ce qui me fait peur.

— Si c'est pour son bonheur.   35

— Oh! j'entends bien. Mais dans ce temple, j'y étais...

— Tu t'es mal trouvé d'en sortir, puisque tu as voulu y rentrer.

— Je sais ; je sais. Me voici de retour ; j'en conviens.

— Quel bien peux-tu chercher ailleurs, qu'ici tu ne trouves en abondance? ou mieux : c'est ici seulement que sont tes biens.   40

— Je sais que tu m'as gardé des richesses.

— Ceux de tes biens que tu n'as pas dilapidés, c'est-à-dire cette part qui nous est commune, à nous tous : les biens fonciers.[9]

[8] **Tiens... l'Église**   Apocalypse (iii,2,11)
[9] **biens fonciers**   constitués par des terres

— Ne possédé-je donc plus rien en propre ?

— Si ; cette part spéciale de dons que notre Père consentira peut-être encore à t'accorder.

— C'est à cela seul que je tiens ; je consens à ne posséder que cela.

5 — Orgueilleux ! Tu ne seras pas consulté. Entre nous, cette part est chanceuse ; je te conseille plutôt d'y renoncer. Cette part de dons personnels, c'est elle déjà qui fit ta perte ; ce sont ces biens que tu dilapidas aussitôt.

— Les autres je ne les pouvais pas emporter.

— Aussi vas-tu les retrouver intacts. Assez pour aujourd'hui. Entre dans le repos
10 de la Maison.

— Cela va bien parce que je suis fatigué.

— Bénie soit ta fatigue, alors ! À présent dors. Demain ta mère te parlera.

LA MÈRE

Prodigue enfant, dont l'esprit, aux propos de ton frère, regimbe encore, laisse à présent ton cœur parler. Qu'il t'est doux, à demi couché aux pieds de ta mère
15 assise, le front caché dans ses genoux, de sentir sa caressante main incliner ta nuque rebelle !

— Pourquoi m'as-tu laissée si longtemps ?

Et comme tu ne réponds que par des larmes :

— Pourquoi pleurer à présent, mon fils ? Tu m'es rendu. Dans l'attente de toi j'ai
20 versé toutes mes larmes.

— M'attendiez-vous encore ?

— Jamais je n'ai cessé de t'espérer. Avant de m'endormir, chaque soir, je pensais : s'il revient cette nuit, saura-t-il bien ouvrir la porte ? et j'étais longue à m'endormir. Chaque matin, avant de m'éveiller tout à fait, je pensais : Est-ce pas aujourd'hui
25 qu'il revient ? Puis je priais. J'ai tant prié, qu'il te fallait bien revenir.

— Vos prières ont forcé mon retour.

— Ne souris pas de moi, mon enfant.

— O mère ! je reviens à vous très humble. Voyez comme je mets mon front plus bas que votre cœur ! Il n'est plus une de mes pensées d'hier qui ne devienne vaine
30 aujourd'hui. À peine si je comprends, près de vous, pourquoi j'étais parti de la maison.

— Tu ne partiras plus ?

— Je ne puis plus partir.

— Qu'est-ce qui t'attirait donc au dehors ?

35 — Je ne veux plus y songer : Rien... Moi-même.

— Pensais-tu donc être heureux loin de nous ?

— Je ne cherchais pas le bonheur.

— Que cherchais-tu ?

— Je cherchais... qui j'étais.

40 — Oh ! fils de tes parents, et frère entre tes frères.

— Je ne ressemblais pas à mes frères. N'en parlons plus ; me voici de retour.

— Si ; parlons-en encore : Ne crois pas si différents de toi, tes frères.

— Mon seul soin désormais c'est de ressembler à vous tous.

— Tu dis cela comme avec résignation.

— Rien n'est plus fatigant que de réaliser sa dissemblance. Ce voyage à la fin m'a lassé.

— Te voici tout vieilli, c'est vrai.

— J'ai souffert.   5

— Mon pauvre enfant! Sans doute ton lit n'était pas fait tous les soirs, ni pour tous tes repas la table mise?

— Je mangeais ce que je trouvais et souvent ce n'était que fruits verts ou gâtés dont ma faim faisait nourriture.

— N'as-tu souffert du moins que de la faim?   10

— Le soleil du milieu du jour, le vent froid du cœur de la nuit, le sable chancelant du désert, les broussailles où mes pieds s'ensanglantaient, rien de tout cela ne m'arrêta, mais—je ne l'ai pas dit à mon frère—j'ai dû servir...

— Pourquoi l'avoir caché?

— De mauvais maîtres qui malmenaient mon corps, exaspéraient mon orgueil, et   15
me donnaient à peine de quoi manger. C'est alors que j'ai pensé : Ah! servir pour servir![10]... En rêve j'ai revu la maison ; je suis rentré.

Le fils prodigue baisse à nouveau le front que tendrement sa mère caresse.

— Qu'est-ce que tu vas faire à présent?

— Je vous l'ai dit : m'occuper de ressembler à mon grand frère ; régir nos biens ;   20
comme lui prendre femme...

— Sans doute tu penses à quelqu'un, en disant cela.

— Oh! n'importe laquelle sera la préférée, du moment que vous l'aurez choisie. Faites comme vous avez fait pour mon frère.

— J'eusse voulu la choisir selon ton cœur.   25

— Qu'importe! mon cœur avait choisi. Je résigne un orgueil qui m'avait emporté loin de vous. Guidez mon choix. Je me soumets, vous dis-je. Je soumettrai de même mes enfants ; et ma tentative ainsi ne me paraîtra plus si vaine.

— Écoute, il est à présent un enfant dont tu pourrais déjà t'occuper.

— Que voulez-vous dire, et de qui parlez-vous?   30

— De ton frère cadet, qui n'avait pas dix ans quand tu partis, que tu n'as reconnu qu'à peine et qui pourtant...

— Achevez, mère ; de quoi vous inquiéter, à présent?

— En qui pourtant tu aurais pu te reconnaître, car il est tout pareil à ce que tu étais en partant.   35

— Pareil à moi?

— À celui que tu étais, te dis-je, non pas encore hélas! à celui que tu es devenu.

— Qu'il deviendra.

— Qu'il faut le faire aussitôt devenir. Parle-lui ; sans doute il t'écoutera, toi, prodigue. Dis-lui bien quel déboire était sur la route ; épargne-lui...   40

— Mais qu'est-ce qui vous fait vous alarmer ainsi sur mon frère? Peut-être simplement un rapport de traits...

— Non, non ; la ressemblance entre vous deux est plus profonde. Je m'inquiète à

[10] c'est-à-dire, puisqu'il s'agit toujours de servir

présent pour lui de ce qui ne m'inquiétait d'abord pas assez pour toi-même. Il lit trop, et ne préfère pas toujours les bons livres.

— N'est-ce donc que cela?

— Il est souvent juché sur le plus haut point du jardin, d'où l'on peut voir le pays,
5 tu sais, par-dessus les murs.

— Je m'en souviens. Est-ce là tout?

— Il est bien moins souvent auprès de nous que dans la ferme.

— Ah! qu'y fait-il?

— Rien de mal. Mais ce n'est pas les fermiers, c'est les goujats les plus distants de
10 nous qu'il fréquente, et ceux qui ne sont pas du pays. Il en est un surtout, qui vient de loin, qui lui raconte des histoires.

— Ah! le porcher.

— Oui. Tu le connaissais?... Pour l'écouter, ton frère chaque soir ıe suit dans l'étable des porcs ; il ne revient que pour dîner, sans appétit, et les vêtements pleins
15 d'odeur. Les remontrances n'y font rien ; il se raidit sous la contrainte. Certains matins, à l'aube, avant qu'aucun de nous ne soit levé, il court accompagner jusqu'à la porte ce porcher quand il sort paître son troupeau.

— Lui, sait qu'il ne doit pas sortir.

— Tu le savais aussi! Un jour il m'échappera, j'en suis sûre. Un jour il partira...
20 — Non, je lui parlerai, mère. Ne vous alarmez pas.

— De toi, je sais qu'il écoutera bien des choses. As-tu vu comme il te regardait le premier soir? De quel prestige tes haillons étaient couverts! puis la robe de pourpre dont le père t'a revêtu. J'ai craint qu'en son esprit il ne mêle un peu l'un à l'autre, et que ce qui l'attire ici, ce ne soit d'abord le haillon. Mais cette pensée à présent me
25 paraît folle ; car enfin, si toi, mon enfant, tu avais pu prévoir tant de misère, tu ne nous aurais pas quittés, n'est-ce pas?

— Je ne sais plus comment j'ai pu vous quitter, vous, ma mère.

— Eh bien! tout cela, dis-le-lui.

— Tout cela je le lui dirai demain soir. Embrassez-moi maintenant sur le front
30 comme lorsque j'étais petit enfant et que vous me regardiez m'endormir. J'ai sommeil.

— Va dormir. Je m'en vais prier pour vous tous.

DIALOGUE AVEC LE FRÈRE PUÎNÉ

C'est, à côté de celle du prodigue, une chambre point étroite aux murs nus. Le prodigue, une lampe à la main, s'avance près du lit où son frère puîné repose, le
35 visage tourné vers le mur. Il commence à voix basse, afin, si l'enfant dort, de ne pas le troubler dans son sommeil.

— Je ʋoudrais te parler, mon frère.

— Qu'est-ce qui t'en empêche?

— Je croyais que tu dormais.
40 — On n'a pas besoin de dormir pour rêver.

— Tu rêvais ; à quoi donc?

— Que t'importe! Si déjà moi je ne comprends pas mes rêves, ce n'est pas toi, je pense, qui me les expliqueras.

— Ils sont donc bien subtils? Si tu me les racontais, j'essaierais

— Tes rêves, est-ce que tu les choisis? Les miens sont ce qu'ils veulent, et plus libres que moi... Qu'est-ce que tu viens faire ici? Pourquoi me déranger dans mon sommeil?

— Tu ne dors pas, et je viens te parler doucement.   5

— Qu'as-tu à me dire?

— Rien, si tu le prends sur ce ton.

— Alors adieu.

Le prodigue va vers la porte, mais pose à terre la lampe qui n'éclaire plus que faiblement la pièce, puis, revenant, s'assied au bord du lit et dans l'ombre caresse 10 longuement le front détourné de l'enfant.

— Tu me réponds plus durement que je ne fis jamais à ton frère. Pourtant je protestais aussi contre lui.

L'enfant rétif s'est redressé brusquement.

— Dis : c'est le frère qui t'envoie?   15

— Non, petit ; pas lui mais notre mère.

— Ah! Tu ne serais pas venu de toi-même.

— Mais je viens pourtant en ami.

À demi soulevé sur son lit, l'enfant regarde fixement le prodigue.

— Comment quelqu'un des miens saurait-il être mon ami?   20

— Tu te méprends sur notre frère...

— Ne me parle pas de lui! Je le hais. Tout mon cœur, contre lui, s'impatiente. Il est cause que je t'ai répondu durement.

— Comment cela?

— Tu ne comprendrais pas.   25

— Dis cependant...

Le prodigue berce son frère contre lui, et déjà l'enfant adolescent s'abandonne :

— Le soir de ton retour, je n'ai pas pu dormir. Toute la nuit je songeais : J'avais un autre frère, et je ne le savais pas. C'est pour cela que mon cœur a battu si fort, quand, dans la cour de la maison, je t'ai vu t'avancer couvert de gloire.   30

— Hélas! j'étais couvert alors de haillons.

— Oui, je t'ai vu ; mais déjà glorieux. Et j'ai vu ce qu'a fait notre père : il a mis à ton doigt un anneau, un anneau tel que n'en a pas notre frère. Je ne voulais interroger à ton sujet personne ; je savais seulement que tu revenais de très loin, et ton regard, à table...   35

— Étais-tu du festin?

— Oh! je sais bien que tu ne m'as pas vu ; durant tout le repas tu regardais au loin sans rien voir. Et, que le second soir tu aies été parler au père, c'était bien, mais le troisième..

— Achève.   40

— Ah! ne fût-ce qu'un mot d'amour[11] tu aurais pourtant bien pu me le dire!

— Tu m'attendais donc?

— Tellement! Penses-tu que je haïrais à ce point notre frère si tu n'avais pas été causer et si longuement avec lui ce soir-là? Qu'est-ce que vous avez pu vous dire? Tu

---

[11] c'est-à-dire, même si ce n'était qu'un mot de tendresse

sais bien, si tu me ressembles, que tu ne peux rien avoir de commun avec lui.

— J'avais eu de graves torts envers lui.

— Se peut-il?

— Du moins envers notre père et notre mère. Tu sais que j'avais fui de la maison.

5   — Oui, je sais. Il y a longtemps, n'est-ce pas?

— À peu près quand j'avais ton âge.

— Ah!... Et c'est là ce que tu appelles tes torts?

— Oui, ce fut là mon tort, mon péché.

— Quand tu partis, sentais-tu que tu faisais mal?

10 — Non ; je sentais en moi comme une obligation de partir.

— Que s'est-il donc passé depuis? pour changer ta vérité d'alors en erreur.

— J'ai souffert.

— Et c'est cela qui te fait dire : j'avais tort?

— Non, pas précisément : c'est cela qui m'a fait réfléchir.

15 — Auparavant tu n'avais donc pas réfléchi?

— Si, mais ma débile raison s'en laissait imposer par mes désirs.

— Comme plus tard par la souffrance. De sorte qu'aujourd'hui, tu reviens... vaincu.

— Non, pas précisément ; résigné.

20 — Enfin, tu as renoncé à être celui que tu voulais être.

— Que mon orgueil me persuadait d'être.

L'enfant reste un instant silencieux, puis brusquement sanglote et crie :

— Mon frère! je suis celui que tu étais en partant. Oh! dis : n'as-tu donc rencontré rien que de décevant sur la route? Tout ce que je pressens au dehors, de
25 différent d'ici, n'est-ce donc que mirage? tout ce que je sens en moi de neuf, que folie? Dis : qu'as-tu rencontré de désespérant sur ta route? Oh! qu'est-ce qui t'a fait revenir?

— La liberté que je cherchais, je l'ai perdue ; captif, j'ai dû servir.

— Je suis captif ici.

30 — Oui, mais servir de mauvais maîtres ; ici, ceux que tu sers sont tes parents.

— Ah! servir pour servir, n'a-t-on pas cette liberté de choisir du moins son servage?

— Je l'espérais. Aussi loin que mes pieds m'ont porté, j'ai marché, comme Saül à la poursuite de ses ânesses,[12] à la poursuite de mon désir ; mais, où l'attendait
35 un royaume, c'est la misère que j'ai trouvée. Et pourtant...

— Ne t'es-tu pas trompé de route?

— J'ai marché devant moi.

— En es-tu sûr? Et pourtant il y a d'autres royaumes, encore, et des terres sans roi, à découvrir.

40 — Qui te l'a dit?

— Je le sais. Je le sens. Il me semble déjà que j'y domine

— Orgueilleux!

— Ah! ah! ça c'est ce que t'a dit notre frère. Pourquoi, toi, me le redis-tu maintenant? Que n'as-tu gardé cet orgueil! Tu ne serais pas revenu.

---

[12] Le jeune Saül était « à la poursuite de ses ânesses » quand le prophète Samuel l'a trouvé et l'a couronné (I Samuel, x)

— Je n'aurais donc pas pu te connaître.

— Si, si, là-bas, où je t'aurais rejoint, tu m'aurais reconnu pour ton frère ; même il me semble encore que c'est pour te retrouver que je pars.

— Que tu pars ?

— Ne l'as-tu pas compris ? Ne m'encourages-tu pas toi-même à partir ?   5

— Je voudrais t'épargner le retour ; mais en t'épargnant le départ.

— Non, non, ne me dis pas cela ; non, ce n'est pas cela que.tu veux dire. Toi aussi, n'est-ce pas, c'est comme un conquérant que tu partis.

— Et c'est ce qui me fit paraître plus dur le servage.

— Alors, pourquoi t'es-tu soumis ? Étais-tu si fatigué déjà ?   10

— Non, pas encore ; mais j'ai douté.

— Que veux-tu dire ?

— Douté de tout, de moi ; j'ai voulu m'arrêter, m'attacher enfin quelque part ; le confort que me promettait ce maître m'a tenté... oui, je le sens bien à présent ; j'ai failli.   15

Le prodigue incline la tête et cache son regard dans ses mains.

— Mais d'abord ?

— J'avais marché longtemps à travers la grande terre indomptée.

— Le désert ?

— Ce n'était pas toujours le désert.   20

— Qu'y cherchais-tu ?

— Je ne le comprends plus moi-même.

— Lève-toi de mon lit. Regarde, sur la table, à mon chevet, là, près de ce livre déchiré.

— Je vois une grenade ouverte.   25

— C'est le porcher qui me la rapporta l'autre soir, après n'être pas rentré de trois jours.

— Oui, c'est une grenade sauvage.

— Je le sais ; elle est d'une âcreté presque affreuse ; je sens pourtant que, si j'avais suffisamment soif, j'y mordrais.   30

— Ah ! je peux donc te le dire à présent : c'est cette soif que dans le désert je cherchais.

— Une soif dont seul ce fruit non sucré désaltère...

— Non ; mais il fait aimer cette soif.

— Tu sais où le cueillir ?   35

— C'est un petit verger abandonné, où l'on arrive avant le soir. Aucun mur ne le sépare plus du désert. Là coulait un ruisseau ; quelques fruits demi-mûrs pendaient aux branches.

— Quels fruits ?

— Les mêmes que ceux de notre jardin ; mais sauvages. Il avait fait très chaud   40 tout le jour.

— Écoute ; sais-tu pourquoi je t'attendais ce soir ? C'est avant la fin de la nuit que je pars. Cette nuit ; cette nuit, dès qu'elle pâlira... J'ai ceint mes reins,[13] j'ai gardé cette nuit mes sandales.

---

[13] **ceint mes reins**   girt my loins (langage biblique)

— Quoi! ce que je n'ai pas pu faire, tu le feras?...

— Tu m'as ouvert la route, et de penser à toi me soutiendra.

— À moi de t'admirer ; à toi de m'oublier, au contraire. Qu'emportes-tu?

— Tu sais bien que, puîné, je n'ai point part à l'héritage. Je pars sans rien.

5   — C'est mieux.

— Que regardes-tu donc à la croisée?

— Le jardin où sont couchés nos parents morts.

— Mon frère... (et l'enfant, qui s'est levé du lit, pose, autour du cou du prodigue, son bras qui se fait aussi doux que sa voix) — Pars avec moi.

0   — Laisse-moi! laisse-moi! je reste à consoler notre mère. Sans moi tu seras plus vaillant. Il est temps à présent. Le ciel pâlit. Pars sans bruit. Allons! embrasse-moi, mon jeune frère : tu emportes tous mes espoirs. Sois fort : oublie-nous, oublie-moi. Puisses-tu ne pas revenir... Descends doucement. Je tiens la lampe...

— Ah! donne-moi la main jusqu'à la porte.

15   — Prends garde aux marches du perron...

QUESTIONS

1. Quels changements significatifs Gide fait-il dans son adaptation de la parabole rapportée par Saint Luc XV, 11–32?

2. Quelle est la « double inspiration » dont parle l'auteur dans sa petite préface au lecteur?

3. Quel symbolisme ou quels divers symbolismes trouvez-vous dans les figures du Père, de la Mère, des trois fils, de la Maison, de l'héritage (biens fonciers, biens personnels)? Y a-t-il un sens particulier dans le fait que le frère puîné part *sans héritage?*

4. Par quelle nouvelle leçon morale Gide remplace-t-il la simple leçon biblique de la miséricorde de Dieu envers le pécheur repenti?

5. Que cherchait l'enfant prodigue dans ses voyages sinon le bonheur?

6. Précisez cette « ferveur » qu'il avait découverte hors de la maison paternelle.

7. Quelle est l'attitude de Gide envers les plaisirs? la souffrance? la liberté de l'homme? la sincérité? la personnalité humaine?

8. Quelle est, en revanche, la doctrine morale du fils aîné? Quel aspect de cette doctrine répugne à l'enfant prodigue? Est-ce que l'auteur trouve des qualités quelconques dans cette doctrine?

9. Pourquoi l'enfant prodigue est-il revenu? S'il s'est véritablement repenti pourquoi encourage-t-il son frère cadet à s'évader? Est-il hypocrite?

10. Y a-t-il un précédent biblique pour les portraits des deux frères aînés?

11. Comment l'auteur cherche-t-il à varier son dialogue?

12. Quelle est la signification de la « grenade » sauvage, vers la fin?

13. Cette histoire a-t-elle une véritable action, un mouvement réel? Commentez la structure, surtout du point de vue du développement des sentiments de l'enfant prodigue.

14. Est-ce que Gide tient la promesse faite dans la préface, d'introduire une piété très personnelle dans son histoire?

Marcel Proust
(1871–1922)

Parisien, fils d'un professeur de médecine distingué, Proust a eu une enfance choyée. De santé fragile, extrêmement sensible, le jeune Proust a dû ressembler beaucoup au garçon évoqué dans Combray, première partie de son vaste roman, À la recherche du temps perdu. À vingt ans, il faisait plutôt figure de dilettante, cultivé, élégant et riche, fréquentant les salons lorsqu'il rencontra Anatole France chez Madame de Caillavet. Celui-ci l'aida à être reconnu comme écrivain en préfaçant en 1886 un recueil de contes, Les Plaisirs et les jours, d'où est tirée la nouvelle que nous présentons. Déjà perce ce goût de la complexité du style, de l'analyse des sentiments et des émotions, de cette recherche continue du monde cérébral qui sont les traits marquants de l'œuvre de Proust. Peu après, il s'attacha à la composition d'un roman, Jean Santeuil, longtemps laissé en manuscrit et publié seulement en 1952.

En 1904, la mort de son père, et en 1905, celle de sa mère à qui il était passionnément attaché, l'orientèrent vers une vie de solitude et de travail littéraire acharné. De plus en plus malade, sujet à des crises d'asthme, il fit un effort héroïque pour mener à bien un grand roman fondé sur ses souvenirs. Traqué par le spectre de la mort, il réussit à construire un vrai chef-d'œuvre avant la fin de sa vie. Au cours de dix-sept années de réclusion, il ne cessa de modifier et d'élargir le plan de son roman, intercalant des passages et même des épisodes entiers pour mettre en relief les traits psychologiques de ses personnages et surtout ceux du narrateur qui n'est autre que lui-même.

Ayant terminé les deux premiers volumes de son œuvre, Proust rencontra quelque difficulté à trouver un éditeur. Apres la parution de ces volumes sous le titre de Du côté de chez Swann (1913), quelques rares critiques déclarèrent leur admiration, mais ce n'est qu'en 1919 avec les trois volumes d'À l'ombre des jeunes filles en fleurs que sa renommée s'établit. Deux autres grands blocs virent le jour avant sa mort ; mais les trois dernières parties du roman sont posthumes. Avec Le Temps retrouvé (1927), le sens total de l'œuvre devint clair. La mémoire, qui garde tout le trésor de notre expérience, est notre grande richesse. Elle reste notre seul bien pendant l'effritement et la destruction causés par le temps. Comme Baudelaire, Proust juge que la création artistique (littéraire, architecturale, picturale, ou musicale) représente la plus noble et la plus justifiable des

15

*activités de l'homme. D'où sa résolution de triompher sur la
mort par la composition d'*À la recherche du temps perdu, *son monument artistique*

*Sans doute une courte nouvelle peut-elle sembler avoir peu
d'importance en face de quinze volumes présentant une énorme
galerie de personnages aussi bien qu'une fresque sociale de la
France pendant presque un demi-siècle. Heureusement, on peut,
même en peu de pages, saisir quelques côtés de l'esprit proustien.
D'abord on est frappé par le mot « confession », l'emploi de la
première personne qui sera continué dans son chef-d'œuvre. La
présence d'un narrateur faisant l'analyse minutieuse de ses
émotions, de ses sentiments, de ses pensées, mesurant les effets de
son comportement sur les autres et sur lui-même, paraît un
élément essentiel dans toute l'œuvre de Proust. Même au cours
d'un rapide récit, on remarque des touches caractéristiques. Tels
sont les lilas, qui prennent une importance symbolique, une odeur
d'innocence et d'idéal. Le lecteur de* Combray *les retrouvera,
comme il entendra, tout le long du grand roman de Proust, les
échos des déchirants problèmes posés par la volupté et le mal, par
l'ardeur et le remords, par le rêve, et la déception.*

BIBLIOGRAPHIE

Bersani, Leo. *Marcel Proust: The Fictions of Life and Art.* New York: Oxford University Press,
    1965.
Brée, Germaine. *The World of Marcel Proust.* Boston : Houghton Mifflin, 1966.
Painter, George. *Proust: The Early Years*; *Proust: The Later Years.* Boston : Little, Brown,
    1959, 1965.
Poulet, Georges. *L'Espace proustien.* Paris : Gallimard, 1963.

La Confession d'une jeune fille

Les désirs des sens nous entraînent çà et là, mais l'heure passée, que rapportez-vous?
des remords de conscience et de la dissipation d'esprit. On sort dans la joie et souvent on
revient dans la tristesse, et les plaisirs du soir attristent le matin. Ainsi la joie des sens
flatte d'abord, mais à la fin elle blesse et elle tue.

(Imitation de Jésus-Christ,[1] Livre I, c. xviii).

I

Parmi l'oubli qu'on cherche aux fausses allégresses,
Revient plus virginal à travers les ivresses,
Le doux parfum mélancolique du lilas.

Henri de Régnier[2]

[1] Livre de piété, attribué à Thomas à Kempis (XVe siècle)
[2] Poète symboliste (1864–1936)

Enfin la délivrance approche. Certainement j'ai été maladroite, j'ai mal tiré, j'ai failli me manquer. Certainement il aurait mieux valu mourir du premier coup, mais enfin on n'a pas pu extraire la balle et les accidents au cœur ont commencé. Cela ne peut plus être bien long. Huit jours pourtant! cela peut encore durer huit jours! pendant lesquels je ne pourrai faire autre chose que m'efforcer de ressaisir l'horrible 5 enchaînement.[3] Si je n'étais pas si faible, si j'avais assez de volonté pour me lever, pour partir, je voudrais aller mourir aux Oublis, dans le parc où j'ai passé tous mes étés jusqu'à quinze ans. Nul lieu n'est plus plein de ma mère, tant sa présence, et son absence plus encore, l'imprégnèrent de sa personne. L'absence n'est-elle pas pour qui aime la plus certaine, la plus efficace, la plus vivace, la plus indestructible, la plus 10 fidèle des présences?

Ma mère m'amenait aux Oublis à la fin d'avril, repartait au bout de deux jours, passait deux jours encore au milieu de mai, puis revenait me chercher dans la dernière semaine de juin. Ses venues si courtes étaient la chose la plus douce et la plus cruelle. Pendant ces deux jours elle me prodiguait[4] des tendresses dont 15 habituellement, pour m'endurcir et calmer ma sensibilité maladive, elle était très avare. Les deux soirs qu'elle passait aux Oublis, elle venait me dire bonsoir dans mon lit, ancienne habitude qu'elle avait perdue, parce que j'y trouvais trop de plaisir et trop de peine, que je ne m'endormais plus à force de la rappeler[5] pour me dire bonsoir encore, n'osant plus à la fin, n'en ressentant que davantage le besoin 20 passionné, inventant toujours de nouveaux prétextes, mon oreiller brûlant à retourner, mes pieds gelés qu'elle seule pourrait réchauffer dans ses mains... Tant de doux moments recevaient une douceur de plus de ce que je sentais que c'étaient ceux-là où ma mère était véritablement elle-même et que son habituelle froideur devait lui coûter beaucoup. Le jour où elle repartait, jour de désespoir où je m'accrochais à sa 25 robe jusqu'au wagon, la suppliant de m'emmener à Paris avec elle, je démêlais[6] très bien le sincère au milieu du feint, sa tristesse qui perçait sous ses reproches gais et fâchés par ma tristesse « bête, ridicule » qu'elle voulait m'apprendre à dominer, mais qu'elle partageait. Je ressens encore mon émotion d'un de ces jours de départ (juste cette émotion intacte, pas altérée par le douloureux retour d'aujourd'hui) 30 d'un de ces jours de départ où je fis la douce découverte de sa tendresse si pareille et si supérieure à la mienne. Comme toutes les découvertes, elle avait été pressentie, devinée, mais les faits semblaient si souvent y contredire! Mes plus douces impressions sont celles des années où elle revint aux Oublis, rappelée parce que j'étais malade. Non seulement elle me faisait une visite de plus sur laquelle je n'avais pas compté, 35 mais surtout elle n'était plus alors que douceur et tendresse épanchées sans dissimulation ni contrainte. Même dans ce temps-là où elles n'étaient pas encore adoucies, attendries par la pensée qu'un jour elles viendraient à me manquer,[7] cette douceur, cette tendresse étaient tant pour moi que le charme des convalescences me fut toujours mortellement triste : le jour approchait où je serais assez guérie pour que 40

[3] c'est-à-dire, la suite d'événements qui ont mené à sa tentative de suicide
[4] **me prodiguait** lavished on me
[5] c'est-à-dire, lui demander de revenir
[6] **démêlais** distinguais
[7] c'est-à-dire, par la pensée qu'un jour je n'aurais plus, je ne connaîtrais plus cette douceur et cette tendresse et que je les regretterais

ma mère pût repartir, et jusque-là je n'étais plus assez souffrante pour qu'elle ne reprît pas les sévérités, la justice sans indulgence d'avant.

Un jour, les oncles chez qui j'habitais aux Oublis m'avaient caché que ma mère devait arriver, parce qu'un petit cousin était venu passer quelques heures avec moi,
5 et que je ne me serais pas assez occupée de lui dans l'angoisse joyeuse de cette attente. Cette cachotterie fut peut-être la première des circonstances indépendantes de ma volonté qui furent les complices de toutes les dispositions pour le mal que, comme tous les enfants de mon âge, et pas plus qu'eux alors, je portais en moi. Ce petit cousin qui avait quinze ans—j'en avais quatorze—était déjà très vicieux et m'apprit des choses qui me firent frissonner aussitôt de remords et de volupté. Je goûtais à l'écouter, à laisser ses mains caresser les miennes, une joie empoisonnée à sa source même ; bientôt j'eus la force de le quitter et je me sauvai dans le parc avec un besoin fou de ma mère que je savais, hélas ! être à Paris, l'appelant partout malgré moi par les allées. Tout à coup, passant devant une charmille,[8] je l'aperçus sur un
15 banc, souriante et m'ouvrant les bras. Elle releva son voile pour m'embrasser, je me précipitai contre ses joues en fondant en larmes ; je pleurai longtemps en lui racontant toutes ces vilaines choses qu'il fallait l'ignorance de mon âge pour lui dire
t qu'elle sut écouter divinement, sans les comprendre, diminuant leur importance avec une bonté qui allégeait le poids de ma conscience. Ce poids s'allégeait, s'allé-
20 geait ; mon âme écrasée, humiliée montait de plus en plus légère et puissante, débordait, j'étais tout âme. Une divine douceur émanait de ma mère et de mon innocence revenue. Je sentis bientôt sous mes narines une odeur aussi pure et aussi fraîche. C'était un lilas dont une branche cachée par l'ombrelle de ma mère était déjà fleurie et qui, invisible, embaumait. Tout en haut des arbres, les oiseaux
25 chantaient de toutes leurs forces. Plus haut, entre les cimes vertes, le ciel était d'un bleu si profond qu'il semblait à peine l'entrée d'un ciel où l'on pourrait monter sans fin. J'embrassai ma mère. Jamais je n'ai retrouvé la douceur de ce baiser. Elle repartit le lendemain et ce départ-là fut plus cruel que tous ceux qui avaient précédé. En même temps que la joie il me semblait que c'était maintenant que
30 j'avais une fois péché, la force, le soutien nécessaires qui m'abandonnaient.

Toutes ces séparations m'apprenaient malgré moi ce que serait l'irréparable qui viendrait un jour, bien que jamais à cette époque je n'aie sérieusement envisagé la possibilité de survivre à ma mère. J'étais décidée à me tuer dans la minute qui suivrait sa mort. Plus tard, l'absence porta d'autres enseignements plus amers
35 encore, qu'on s'habitue à l'absence, que c'est la plus grande diminution de soi-même, la plus humiliante souffrance de sentir qu'on n'en souffre plus. Ces enseignements d'ailleurs devaient être démentis dans la suite. Je repense surtout maintenant au petit jardin où je prenais avec ma mère le déjeuner du matin et où il y avait d'innombrables pensées.[9] Elles m'avaient toujours paru un peu tristes, graves comme des emblèmes,
40 mais douces et veloutées, souvent mauves, parfois violettes, presque noires, avec de gracieuses et mystérieuses images jaunes, quelques-unes entièrement blanches et d'une frêle innocence. Je les cueille toutes maintenant dans mon souvenir, ces pensées, leur tristesse s'est accrue d'avoir été comprises, la douceur de leur velouté est à jamais disparue.

---

[8] **charmille**   allée plantée de petits arbustes
[9] **pensées**   pansies

II

Comment toute cette eau fraîche de souvenirs a-t-elle pu jaillir encore une fois et couler dans mon âme impure d'aujourd'hui sans s'y souiller? Quelle vertu possède cette matinale odeur de lilas pour traverser tant de vapeurs fétides sans s'y mêler et s'y affaiblir? Hélas! en même temps qu'en moi, c'est bien loin de moi, c'est hors de moi que mon âme de quatorze ans se réveille encore. Je sais bien qu'elle n'est plus 5 mon âme et qu'il ne dépend plus de moi qu'elle la redevienne. Alors pourtant je ne croyais pas que j'en arriverais un jour à la regretter. Elle n'était que pure, j'avais à la rendre forte et capable dans l'avenir des plus hautes tâches. Souvent aux Oublis, après avoir été avec ma mère au bord de l'eau pleine des jeux du soleil et des poissons, pendant les chaudes heures du jour,—ou le matin et le soir me promenant 10 avec elle dans les champs, je rêvais avec confiance cet avenir qui n'était jamais assez beau au gré de son amour, de mon désir de lui plaire, et des puissances sinon de volonté, au moins d'imagination et de sentiment qui s'agitaient en moi, appelaient tumultueusement la destinée où elles se réaliseraient et frappaient à coups répétés à la cloison de mon cœur comme pour l'ouvrir et se précipiter hors de moi, dans la 15 vie. Si, alors, je sautais de toutes mes forces, si j'embrassais mille fois ma mère, courais au loin en avant comme un jeune chien, ou restée indéfiniment en arrière à cueillir des coquelicots et des bleuets,[10] les rapportais en poussant des cris, c'était moins pour la joie de la promenade elle-même et de ces cueillettes que pour épancher mon bonheur de sentir en moi toute cette vie prête à jaillir, à s'étendre 20 à l'infini, dans des perspectives plus vastes et plus enchanteresses que l'extrême horizon des forêts et du ciel que j'aurais voulu atteindre d'un seul bond. Bouquets de bleuets, de trèfles[11] et de coquelicots, si je vous emportais avec tant d'ivresse, les yeux ardents, toute palpitante, si vous me faisiez rire et pleurer, c'est que je vous composais avec toutes mes espérances d'alors, qui maintenant, comme vous, ont 25 séché, ont pourri, et sans avoir fleuri comme vous, sont retournées à la poussière.

Ce qui désolait ma mère, c'était mon manque de volonté. Je faisais tout par l'impulsion du moment. Tant qu'elle fut toujours donnée par l'esprit ou par le cœur, ma vie, sans être tout à fait bonne, ne fut pourtant pas vraiment mauvaise. La réalisation de tous mes beaux projets de travail, de calme, de raison, nous préoc- 30 cupait par-dessus tout, ma mère et moi, parce que nous sentions, elle plus distincte- ment, moi confusément, mais avec beaucoup de force, qu'elle ne serait que l'image projetée dans ma vie de la création par moi-même et en moi-même de cette volonté qu'elle avait conçue et couvée. Mais toujours je l'ajournais au lendemain. Je me donnais du temps, je me désolais parfois de le voir passer, mais il y en avait encore 35 tant devant moi! Pourtant j'avais un peu peur, et sentais vaguement que l'habitude de me passer ainsi de vouloir commençait à peser sur moi de plus en plus fortement à mesure qu'elle prenait plus d'années, me doutant[12] tristement que les choses ne changeraient pas tout d'un coup, et qu'il ne fallait guère compter, pour transformer ma vie et créer ma volonté, sur un miracle qui ne m'aurait coûté aucune peine. 40 Désirer avoir de la volonté n'y suffisait pas. Il aurait fallu précisément ce que je ne pouvais sans volonté : le vouloir.

[10] **coquelicots** poppies; **bleuets** bachelor's buttons
[11] **trèfles** clovers
[12] **me doutant** soupçonnant

III

Et le vent furibond de la concupiscence
Fait claquer votre chair ainsi qu'un vieux drapeau.

                                    Baudelaire[13]

Pendant ma seizième année, je traversai une crise qui me rendit souffrante. Pour me distraire, on me fit débuter dans le monde. Des jeunes gens prirent l'habitude de venir me voir. Un d'entre eux était pervers et méchant. Il avait des manières à la fois douces et hardies. C'est de lui que je devins amoureuse. Mes parents l'apprirent
5 et ne brusquèrent rien pour ne pas me faire trop de peine. Passant tout le temps où je ne le voyais pas à penser à lui, je finis par m'abaisser en lui ressemblant autant que cela m'était possible. Il m'induisait à mal faire presque par surprise, puis m'habitua à laisser s'éveiller en moi de mauvaises pensées auxquelles je n'eus pas une volonté à opposer, seule puissance capable de les faire rentrer dans l'ombre infernale d'où elles
10 sortaient. Quand l'amour finit, l'habitude avait pris sa place et il ne manquait pas de jeunes gens immoraux pour l'exploiter. Complices de mes fautes, ils s'en faisaient aussi les apologistes en face de ma conscience. J'eus d'abord des remords atroces, je fis des aveux qui ne furent pas compris. Mes camarades me détournèrent d'insister auprès de mon père. Ils me persuadaient lentement que toutes les jeunes
15 filles faisaient de même et que les parents feignaient seulement de l'ignorer. Les mensonges que j'étais sans cesse obligée de faire, mon imagination les colora bientôt des semblants d'un silence qu'il convenait de garder sur une nécessité inéluctable. À ce moment je ne vivais plus bien ; je rêvais, je pensais, je sentais encore.
20   Pour distraire et chasser tous ces mauvais désirs, je commençai à aller beaucoup dans le monde. Ses plaisirs desséchants[14] m'habituèrent à vivre dans une compagnie perpétuelle, et je perdis avec le goût de la solitude le secret des joies que m'avaient données jusque-là la nature et l'art. Jamais je n'ai été si souvent au concert que dans ces années-là. Jamais, tout occupée au désir d'être admirée dans une loge élégante,
25 je n'ai senti moins profondément la musique. J'écoutais et je n'entendais rien. Si par hasard j'entendais, j'avais cessé de voir tout ce que la musique sait dévoiler. Mes promenades aussi avaient été comme frappées de stérilité. Les choses qui autrefois suffisaient à me rendre heureuse pour toute la journée, un peu de soleil jaunissant l'herbe, le parfum que les feuilles laissent s'échapper avec les dernières
30 gouttes de pluie, avaient perdu comme moi leur douceur et leur gaieté. Les bois, le ciel, les eaux semblaient se détourner de moi, et si, restée seule avec eux face à face, je les interrogeais anxieusement, ils ne murmuraient plus ces réponses vagues qui me ravissaient autrefois. Les hôtes divins[15] qu'annoncent les voix des eaux, des feuillages et du ciel daignent visiter seulement les cœurs qui, en habitant en eux-
35 mêmes, se sont purifiés.
    C'est alors qu'à la recherche d'un remède inverse et parce que je n'avais pas le courage de vouloir le véritable qui était si près, et hélas! si loin de moi, en moi-même, je me laissai de nouveau aller aux plaisirs coupables, croyant ranimer par là

---

[13] Du poème « Femmes Damnées », une des pièces condamnées des *Fleurs du mal* (1857)
[14] c'est-à-dire, qui affaiblissent les forces morales de l'âme
[15] c'est-à-dire, les présences divines

la flamme éteinte par le monde. Ce fut en vain. Retenue par le plaisir de plaire, je remettais de jour en jour le décision définitive, le choix, l'acte vraiment libre, l'option pour la solitude. Je ne renonçai pas à l'un de ces deux vices pour l'autre. Je les mêlai. Que dis-je? chacun se chargeant de briser tous les obstacles de pensée, de sentiment, qui auraient arrêté l'autre, semblait aussi l'appeler. J'allais dans le 5 monde pour me calmer après une faute, et j'en commettais une autre dès que j'étais calme. C'est à ce moment terrible, après l'innocence perdue, et avant le remords d'aujourd'hui, à ce moment où de tous les moments de ma vie j'ai le moins valu, que je fus le plus appréciée de tous. On m'avait jugée une petite fille prétentieuse et folle; maintenant, au contraire, les cendres de mon imagination 10 étaient au goût du monde qui s'y délectait. Alors que je commettais envers ma mère le plus grand des crimes, on me trouvait à cause de mes façons tendrement respectueuses envers elle, le modèle des filles. Après le suicide de ma pensée, on admirait mon intelligence, on raffolait[16] de mon esprit. Mon imagination desséchée, ma sensibilité tarie, suffisaient à la soif des plus altérés de vie spirituelle, tant cette soif 15 était factice, et mensongère comme la source où ils croyaient l'étancher. Personne d'ailleurs ne soupçonnait le crime secret de ma vie, et je semblais à tous la jeune fille idéale. Combien de parents dirent alors à ma mère que si ma situation eût été moindre et s'ils avaient pu songer à moi, ils n'auraient pas voulu d'autre femme pour leur fils! Au fond de ma conscience oblitérée, j'éprouvais pourtant de ces louanges 20 indues une honte désespérée; elle n'arrivait pas jusqu'à la surface, et j'étais tombée si bas que j'eus l'indignité de les rapporter en riant aux complices de mes crimes.

IV

« À quiconque a perdu ce qui ne se retrouve jamais... jamais! »
Baudelaire[17]

L'hiver de ma vingtième année, la santé de ma mère, qui n'avait jamais été vigoureuse, fut très ébranlée. J'appris qu'elle avait le cœur malade, sans gravité d'ailleurs, mais qu'il fallait lui éviter tout ennui. Un de mes oncles me dit que ma mère désirait 25 me voir me marier. Un devoir précis, important se présentait à moi. J'allais pouvoir prouver à ma mère combien je l'aimais. J'acceptai la première demande qu'elle me transmit en l'approuvant, chargeant ainsi, à défaut de volonté, la nécessité, de me contraindre à changer de vie. Mon fiancé était précisément le jeune homme qui, par son extrême intelligence, sa douceur et son énergie, pouvait avoir sur moi la plus 30 heureuse influence. Il était, de plus, décidé à habiter avec nous. Je ne serais pas séparée de ma mère, ce qui eût été pour moi la peine la plus cruelle.

Alors j'eus le courage de dire toutes mes fautes à mon confesseur. Je lui demandai si je devais le même aveu à mon fiancé. Il eut la pitié de m'en détourner, mais me fit prêter le serment de ne jamais retomber dans mes erreurs et me donna l'absolu- 35 tion. Les fleurs tardives que la joie fit éclore dans mon cœur que je croyais à jamais stérile portèrent des fruits. La grâce de Dieu, la grâce de la jeunesse,—où l'on voit

---

[16] **raffolait** admirait excessivement
[17] Ce passage se trouve près de la fin de « Le Cygne » (*Fleurs du mal*)

tant de plaies se refermer d'elles-mêmes par la vitalité de cet âge—m'avaient guérie.

Si, comme l'a dit saint Augustin, il est plus difficile de redevenir chaste que de l'avoir été, je connus alors une vertu difficile. Personne ne se doutait que je valais
5   infiniment mieux qu'avant et ma mère baisait chaque jour mon front qu'elle n'avait jamais cessé de croire pur sans savoir qu'il était régénéré. Bien plus, on me fit à ce moment, sur mon attitude distraite, mon silence et ma mélancolie dans le monde, des reproches injustes. Mais je ne m'en fâchais pas : le secret qui était entre moi et ma conscience satisfaite me procurait assez de volupté. La convalescence de mon âme—
10   qui me souriait maintenant sans cesse avec un visage semblable à celui de ma mère et me regardait avec un air de tendre reproche à travers ses larmes qui séchaient— était d'un charme et d'une langueur infinis. Oui, mon âme renaissait à la vie. Je ne comprenais pas moi-même comment j'avais pu la maltraiter, la faire souffrir, la tuer presque. Et je remerciais Dieu avec effusion de l'avoir sauvée à temps.
15   C'est l'accord de cette joie profonde et pure avec la fraîche sérénité du ciel que je goûtais le soir où tout s'est accompli. L'absence de mon fiancé, qui était allé passer deux jours chez sa sœur, la présence à dîner du jeune homme qui avait la plus grande responsabilité dans mes fautes passées, ne projetaient pas sur cette limpide soirée de mai la plus légère tristesse. Il n'y avait pas un nuage au ciel qui se reflétait
20   exactement dans mon cœur. Ma mère, d'ailleurs, comme s'il y avait eu entre elle et mon âme, malgré qu'elle fût dans une ignorance absolue de mes fautes, une solidarité mystérieuse, était à peu près guérie. « Il faut la ménager[18] quinze jours, avait dit le médecin, et après cela il n'y aura plus de rechute possible ! » Ces seuls mots étaient pour moi la promesse d'un avenir de bonheur dont la douceur me
25   faisait fondre en larmes. Ma mère avait ce soir-là une robe plus élégante que de coutume, et, pour la première fois depuis la mort de mon père, déjà ancienne pourtant de dix ans, elle avait ajouté un peu de mauve à son habituelle robe noire. Elle était toute confuse[19] d'être ainsi habillée comme quand elle était plus jeune, et triste et heureuse d'avoir fait violence à sa peine et à son deuil pour me faire plaisir
30   et fêter ma joie. J'approchai de son corsage un œillet[20] rose qu'elle repoussa d'abord, puis qu'elle attacha, parce qu'il venait de moi, d'une main un peu hésitante, honteuse. Au moment où on allait se mettre à table, j'attirai près de moi vers la fenêtre son visage délicatement reposé de ses souffrances passées, et je l'embrassai avec passion. Je m'étais trompée en disant que je n'avais jamais retrouvé la douceur du
35   baiser aux Oublis. Le baiser de ce soir-là fut aussi doux qu'aucun autre. Ou plutôt ce fut le baiser même des Oublis qui, évoqué par l'attrait d'une minute pareille, glissa doucement du fond du passé et vint se poser entre les joues de ma mère encore un peu pâles et mes lèvres.

On but à mon prochain mariage. Je ne buvais jamais que de l'eau à cause de
40   l'excitation trop vive que le vin causait à mes nerfs. Mon oncle déclara qu'à un moment comme celui-là, je pouvais faire une exception. Je revois très bien sa figure gaie en prononçant ces paroles stupides... Mon Dieu ! mon Dieu ! j'ai tout confessé

---

[18] **ménager**   soigner
[19] **confuse**   embarrassed
[20] **œillet**   carnation

avec tant de calme, vais-je être obligée de m'arrêter ici? Je ne vois plus rien! Si...
mon oncle dit que je pouvais bien à un moment comme celui-là faire une exception.
Il me regarda en riant en disant cela, je bus vite avant d'avoir regardé ma mère dans
la crainte qu'elle ne me le défendît. Elle dit doucement : « On ne doit jamais faire
une place au mal, si petite qu'elle soit.» Mais le vin de Champagne était si frais que 5
j'en bus encore deux autres verres. Ma tête était devenue très lourde, j'avais à la fois
besoin de me reposer et de dépenser mes nerfs. On se levait de table : Jacques
s'approcha de moi et me dit en me regardant fixement :

— Voulez-vous venir avec moi; je voudrais vous montrer des vers que j'ai faits.

Ses beaux yeux brillaient doucement dans ses joues fraîches, il releva lentement 10
ses moustaches avec sa main. Je compris que je me perdais et je fus sans force pour
résister. Je dis toute tremblante :

— Oui, cela me fera plaisir.

Ce fut en disant ces paroles, avant même peut-être, en buvant le second verre de
vin de Champagne que je commis l'acte vraiment responsable, l'acte abominable. 15
Après cela, je ne fis plus que me laisser faire.[21] Nous avions fermé à clef les deux
portes, et lui, son haleine sur mes joues, m'étreignait, ses mains furetant le long de
mon corps. Alors tandis que le plaisir me tenait de plus en plus, je sentais s'éveiller,
au fond de mon cœur, une tristesse et une désolation infinies; il me semblait que je
faisais pleurer l'âme de ma mère, l'âme de mon ange gardien, l'âme de Dieu. Je 20
n'avais jamais pu lire sans des frémissements d'horreur le récit des tortures que des
scélérats font subir à des animaux, à leur propre femme, à leurs enfants; il m'apparaissait confusément maintenant que dans tout acte voluptueux et coupable il y a
autant de férocité de la part du corps qui jouit, et qu'en nous autant de bonnes
intentions, autant d'anges purs sont martyrisés et pleurent.   25

Bientôt mes oncles auraient fini leur partie de cartes et allaient revenir. Nous
allions les devancer, je ne faillirais plus,[22] c'était la dernière fois... Alors, au-dessus
de la cheminée, je me vis dans la glace.[23] Toute cette vague angoisse de mon âme
n'était pas peinte sur ma figure, mais toute elle respirait, des yeux brillants aux
joues enflammées et à la bouche offerte, une joie sensuelle, stupide et brutale. Je 30
pensais alors à l'horreur de quiconque m'ayant vue tout à l'heure embrasser ma
mère avec une mélancolique tendresse, me verrait ainsi transfigurée en bête. Mais
aussitôt se dressa dans la glace, contre ma figure, la bouche de Jacques, avide sous ses
moustaches. Troublée jusqu'au plus profond de moi-même, je rapprochai ma tête
de la sienne, quand en face de moi je vis, oui je le dis comme cela était, écoutez-moi 35
puisque je peux vous le dire, sur le balcon, devant la fenêtre, je vis ma mère qui me
regardait hébétée. Je ne sais si elle a crié, je n'ai rien entendu, mais elle est tombée
en arrière et est restée la tête prise entre deux barreaux du balcon...

Ce n'est pas la dernière fois que je vous le raconte : je vous l'ai dit, je me suis presque manquée, je m'étais pourtant bien visée, mais j'ai mal tiré. Pourtant on n'a pas pu 40
extraire la balle et les accidents au cœur ont commencé. Seulement je peux rester
encore huit jours comme cela et je ne pourrai cesser jusque-là de raisonner sur les

[21] c'est-à-dire, accepter passivement ce qu'il me faisait
[22] **ne faillirais plus**   ne commettrais plus de tels péchés
[23] **glace**   miroir

commencements et de voir la fin. J'aimerais mieux que ma mère m'ait vu commettre d'autres crimes encore et celui-là même, mais qu'elle n'ait pas vu cette expression joyeuse qu'avait ma figure dans la glace. Non, elle n'a pu la voir... C'est une coïncidence... elle a été frappée d'apoplexie une minute avant de me voir...
5 Elle ne l'a pas vue... Cela ne se peut pas! Dieu qui savait tout ne l'aurait pas voulu.

QUESTIONS

1. Pourquoi est-ce que ce récit est écrit à la première personne?
2. Est-ce que l'on pourrait transformer cette histoire en pièce de théâtre? Expliquez les raisons de votre réponse.
3. Dans quelle mesure est-ce que l'analyse du caractère de la jeune fille est objective?
4. Quelle est la faiblesse fondamentale du caractère de la jeune fille?
5. Quel est le rôle joué par le sentiment du péché dans cette histoire?
6. Retracez l'évolution du caractère de la jeune fille.
7. Quels étaient les sentiments de la jeune fille envers sa mère?
8. Quelle est l'importance de chacune des quatre sections dans la construction de cette nouvelle?
9. Pourquoi est-ce que la jeune fille tombe amoureuse du plus pervers et méchant des jeunes gens qu'elle rencontre?
10. Quelle semble être la conception proustienne de l'amour?
11. Comment expliquer le fait que la jeune fille accepte le premier parti qu'on lui propose en mariage?
12. Est-ce que vous pourriez imaginer une histoire analogue à celle-ci et qui s'appellerait *La confession d'un jeune homme?*
13. Cette nouvelle est surtout une analyse d'âme; quelle est, cependant, l'importance du monde extérieur?
14. Quels sont les traits essentiels du style de l'auteur de cette nouvelle?

Jean Giono
(1895–1970)

*Jean Giono est né à Manosque, petite ville des Basses-Alpes,
d'une mère française et d'un père de souche italienne. Il fut
élevé dans un milieu humble et modeste, le père étant
cordonnier, la mère blanchisseuse. Adolescent il lisait en
traduction les auteurs anciens tels qu'Homère et Virgile, qui sont
devenus, avec la Bible que son père lui lisait, ses inspirations
littéraires les plus constantes. Sa famille étant sans argent, il fut
forcé d'abandonner le lycée dans sa dernière année d'études et de
travailler dans une banque. Mobilisé en 1914, le jeune homme
passa quatre ans dans les tranchées de la destruction et de la
mort. Il fut l'un des rares survivants de son unité. Gazé,
démobilisé enfin, en 1919, il revient de la guerre pacifiste
passionné. Le succès de son livre* Colline *(1929) lui permit
d'acheter une petite maison près de Manosque où il se retira à
l'écart du monde littéraire et politique.*

*À l'approche de la Seconde Guerre mondiale, Giono s'opposa à la
guerre* (Refus d'obéissance, *1937). En 1939, il refusa le
service militaire et fut mis en prison. Aussi le gouvernement de
Vichy se servit-il de son pacifisme pour sa propagande. Lors de
la Libération, accusé d'avoir collaboré avec l'occupant, Giono fut
de nouveau poursuivi. Ce n'est que grâce aux démarches de Gide,
entre autres, que sa fortune finit par changer. En 1953, le Prix
du prince Rainier III de Monaco lui fut décerné pour l'ensemble
de son œuvre ; et en 1954, il fut élu membre de l'Académie
Goncourt.*

*On divise généralement son œuvre en deux périodes. La première
période chante, avec un lyrisme presque panthéiste, la vie rustique
et paysanne :* « La Trilogie de Pan »—Colline *(1929),* Un de
Baumugnes *(1929),* Regain *(1930) ;* Le Chant du monde
(1934), Que ma joie demeure *(1935). La seconde période est
celle des romans d'après-guerre (*« Chroniques »*). Écrits dans un
style plus sobre, plus objectif et aussi moins lyrique, on les
rapproche souvent des romans de Stendhal :* Un roi sans
divertissement *(1947),* Le Hussard sur le toit *(1951),* Le
Moulin de Pologne *(1952).*

*Les récits et les romans rustiques de Giono expriment la joie du
retour à la vie païenne, à une vie imprégnée des mythes anciens.
Giono parle d'un monde dominé par les forces cosmiques, où, dans
sa solitude, l'homme se confond avec la nature. Ce qui le mène à
la condamnation de la civilisation et de la machine. La société est*

anti-nature. Giono exhorte à l'individualisme et à une complète liberté : « Vivez simplement, ne cherchez pas plus loin que vos besoins, mais ne trichez pas avec eux, livrez-vous à vos passions, même si elles vous portent à des actions dangereuses. »

Le style de Giono porte la signature du maître conteur. Giono raconte des histoires du pays dans le rythme même de leur parler campagnard. Il permet au lecteur de participer directement au récit et aux personnages grâce au procédé du narrateur (ou des narrateurs) à la première personne. Sa technique littéraire est marquée par une caractérisation élémentaire, directe ; une abondance verbale ; une richesse d'images et d'impressions visuelles ; et une psychologie plane, qui rattache les personnages au milieu, à la terre.

Tiré du roman Jean le bleu *(1932), le conte « La Femme du boulanger » est devenu l'exemple par excellence du bref récit dramatique de Giono. Ce roman, en partie autobiographique, raconte la vie de l'auteur depuis l'enfance jusqu'à son départ comme conscrit pour le front de Verdun. En même temps* Jean le bleu *est l'épopée des simples paysans, bergers et commerçants de la petite ville de Manosque. L'épisode de « La Femme du boulanger », connu surtout par le film de Marcel Pagnol, montre comment l'abandon d'un mari par sa femme devient une catastrophe pour le village entier.*

BIBLIOGRAPHIE

Chonez, Claudine. *Giono par lui-même*. Paris : Éditions du Seuil, 1956.

Pugnet, Jacques. *Giono*. Fribourg : Éditions Universitaires, 1955.

Redfern, W. D. *The Private World of Jean Giono*. Durham, N. C. : Duke University Press, 1967.

Robert, Pierre. *Giono et les techniques du roman*. Berkeley : University of California Press, 1961.

Smith, M. A. *Jean Giono*. New York : Twayne, 1966.

La Femme du boulanger

La femme du boulanger s'en alla avec le berger des Conches. Ce boulanger était venu d'une ville de la plaine pour remplacer le pendu. C'était un petit homme grêle et roux. Il avait trop longtemps gardé le feu du four devant lui à hauteur de poitrine et il s'était tordu comme du bois vert. Il mettait toujours des maillots de
5 marin, blancs à raies bleues. On ne devait jamais en trouver d'assez petits. Ils étaient tous faits pour des hommes, avec un bombu[1] à la place de la poitrine. Lui,

---

[1] **bombu**   bulge

justement, il avait un creux là et son maillot pendait comme une peau flasque sous son cou. Ça lui avait donné l'habitude de tirer sur le bas de son tricot et il s'allongeait devant lui jusqu'au-dessous de son ventre.

— Tu es pitoyable, lui disait sa femme.

Elle, elle était lisse et toujours bien frottée ; avec des cheveux si noirs qu'ils 5 faisaient un trou dans le ciel derrière sa tête. Elle les lissait serrés à l'huile et au plat de la main et elle les attachait sur sa nuque en un chignon sans aiguilles. Elle avait beau secouer la tête, ça ne se défaisait pas. Quand le soleil le touchait, le chignon avait des reflets violets comme une prune. Le matin, elle trempait ses doigts dans la farine et elle se frottait les joues. Elle se parfumait avec de la violette ou bien avec 10 de la lavande. Assise devant la porte de la boutique elle baissait la tête sur son travail de dentelle et tout le temps elle se mordait les lèvres. Dès qu'elle entendait le pas d'un homme elle mouillait ses lèvres avec sa langue, elle les laissait un peu en repos pour qu'elles soient bien gonflées, rouges, luisantes et, dès que l'homme passait devant elle, elle levait les yeux. 15

C'était vite fait. Des yeux comme ça, on ne pouvait pas les laisser longtemps libres.

— Salut, César.

— Salut, Aurélie.

Sa voix touchait les hommes partout, depuis les cheveux jusqu'aux pieds.

Le berger, c'était un homme clair comme le jour. Plus enfant que tout. Je le 20 connaissais bien. Il savait faire des sifflets avec les noyaux de tous les fruits. Une fois, il avait fait un cerf-volant[2] avec un journal, de la glu et deux cannes. Il était venu à notre petit campement.

— Montez avec moi, il avait dit, on va le lancer.

Lui, il avait ses moutons sur le devers[3] nord, où l'herbe était noire. 25

— Quand le vent portera, je le lâcherai.

Il était resté longtemps, debout sur la crête d'un mur, le bras en l'air et il tenait entre ses deux doigts l'oiseau imité.

Le vent venait.

— Lâche-le, dit l'homme noir. 30

Le berger clignait de l'œil.

— Je le connais, moi, le vent.

Il lâcha le cerf-volant à un moment où tout semblait dormir ; rien ne bougeait, même pas la plus fine pointe des feuilles.

Le cerf-volant quitta ses doigts et il se mit à glisser sur l'air plat, sans monter, 35 sans descendre, tout droit devant lui.

Il s'en alla planer sur les aires ;[4] les poules se hérissaient sur leurs poussins et les coqs criaient au faucon.

Il tomba là-bas derrière dans les peupliers.

— Tu vois, le vent, dit le berger. 40

Il se toucha le front avec les doigts et il se mit à rire.

Tous les dimanches matins il venait chercher le pain de la ferme. Il attachait son

[2] **cerf–volant**   kite
[3] **devers**   pente (d'une montagne)
[4] **aires**   endroits où l'on battait le grain

cheval à la porte de l'église. Il passait les guides dans la poignée de la porte et, d'un seul tour de main, il faisait un nœud qu'on ne pouvait plus défaire.

Il regardait sa selle. Il tapait sur le derrière du cheval.

— S'il vous gêne, poussez-le, disait-il aux femmes qui voulaient entrer à l'église.

5   Il se remontait les pantalons et il venait à la boulangerie.

Le pain, pour les Conches, c'était un sac de quarante kilos. Au début, il était toujours préparé d'avance, prêt à être chargé sur le cheval. Mais, Aurélie avait du temps toute la semaine pour calculer, se mordre les lèvres, s'aiguiser l'envie.[5] Maintenant, quand le berger arrivait, il fallait emplir le sac.

10   — Tenez d'un côté, disait-elle.

Il soutenait les bords du sac d'un côté. Aurélie tenait de l'autre côté d'une main, et de l'autre main elle plaçait les pains dans le sac. Elle ne les lançait pas ; elle les posait au fond du sac ; elle se baissait et elle se relevait à chaque pain, et comme ça, plus de cent fois elle faisait voir ses seins, plus de cent fois elle passait avec son visage

15   offert près du visage du berger, et lui il était là, tout ébloui de tout ça et de l'amère odeur de femme qui se balançait devant lui dans la pleine lumière du matin de dimanche.

— Je vais t'aider.

Elle lui disait « tu » brusquement, après ça.

20   — Je me le charge seul.

C'était à lui, alors, de se faire voir. Pour venir à cheval, il mettait toujours un mince pantalon de coutil[6] blanc bien serré au ventre par sa ceinture de cuir ; il avait une chemise de toile blanche un peu raide, en si gros fil[7] qu'elle était comme empesée, autour de lui. Il ne la boutonnait pas, ni du bas, ni du col, elle était ouverte

25   comme une coque d'amande mûre et, dans elle, on voyait tout le torse du berger, mince de taille, large d'épaule, bombu, roux comme un pain et tout herbeux d'un beau poil noir frisé comme du plantain vierge.

Il se baissait vers le sac, de face. Il le saisissait de ses bonnes mains bien solides ; ses bras durcissaient. D'un coup, il enlevait le poids, sans se presser, avec la sûreté

30   de ses épaules ; il tournait doucement tout son buste d'huile, et voilà, le sac était chargé.

Pas plus pour lui. Ça disait.[8]

— Ce que je fais, je le fais lentement et bien.

Puis il allait à son cheval. Il serrait le sac par son milieu, avec ses deux mains pour

35   lui faire comme une taille, il le plaçait en besace sur le garrot[9] de sa bête, il défaisait son nœud de guides et, pendant que le cheval tournait, sans étrier, d'un petit saut toujours précis, il se mettait en selle.

Et voilà !

— Elle n'a rien porté,[10] dit le boulanger, ni pour se couvrir ni rien.

40   C'était un grand malheur. On entrait dans la boulangerie toute ouverte. Il faisait

---

[5] **envie**   désir
[6] **coutil**   duck (fabric)
[7] **gros fil**   fil qui manque de finesse
[8] c'est-à-dire, on n'avait pas besoin d'autre explication pour comprendre sa force
[9] **plaçait... garrot**   put like a double sack across the withers
[10] **porté**   emporté

tout voir. On allait jusque dans la chambre, là-bas, derrière le four. L'armoire n'était pas défaite ; la commode était bien fermée. Elle avait laissé sur le marbre son petit trousseau de clefs, propre, tout luisant, comme en argent.

— Tenez....

Il ouvrait les tiroirs. 5

— Elle n'a pas pris de linge ; ni ses chemises en tricot.

Il fouillait dans le tiroir de sa femme avec ses mains pleines de son.[11]

Il chercha même dans le linge sale. Il sortit un de ses tricots qui sentait comme une peau de putois.

— Qu'est-ce que vous voulez, disaient les femmes, ça se sentait venir. 10

— À quoi ? dit-il.

Et il les regarda avec ses petits yeux gris aux paupières rouges.

On sut bien vite qu'Aurélie et le berger étaient partis pour les marécages.

Il n'y avait qu'une route pour les collines, et nous gardions les moutons en plein au milieu, l'homme noir et moi. 15

On monta nous demander :

— Vous n'avez pas vu passer Aurélie ?

— Non.

— Ni de jour ni de nuit ?

— Ni de jour ni de nuit. De jour, nous ne bougeons pas de là. De nuit, nous 20 allons justement nous coucher dans le sentier parce que c'est plus chaud, et, précisément cette nuit, nous avons lu à la lanterne jusqu'au liseré[12] du jour.

Ce devait être cette lumière qui avait fait rebrousser chemin aux amoureux.

Ils avaient dû monter tout de suite vers les collines et attendre que la lumière s'éteignît. On trouva même une sorte de bauge[13] dans les lavandes et d'où on 25 pouvait nous guetter.

Le berger savait bien qu'on ne pouvait passer que là. D'un côté c'était l'apic de Crouilles, de l'autre côté les pentes traîtres vers Pierrevert.

Dans l'après-midi, quatre garçons montèrent à cheval. Un s'en alla sans grand espoir aux Conches pour qu'on regarde dans les greniers. L'autre alla à la gare voir 30 si on n'avait pas délivré de billets. Les deux autres galopèrent l'un au nord, l'autre au sud, le long de la voie jusqu'aux deux gares de côté. On n'avait donné de billet à personne dans les trois gares. Celui qui était parti pour les Conches rentra tard et saoul comme un soleil.

Il avait raconté ça à M. d'Arboise, le maître des Conches, puis aux dames. On 35 avait fouillé les granges en bandes. On avait ri. M. d'Arboise avait raconté des histoires du temps qu'il était capitaine aux dragons. Ça avait fait boire des bouteilles.

D'avoir galopé ainsi après une femme, de s'être frotté contre les dames des Conches tout l'après-midi, le garçon en était plus rouge encore que de vin.

Il tapait sur l'épaule du boulanger. 40

— Je te la trouvais, dit-il, je te la ramenais, mais je te la baisais[14] en route.

Le boulanger était là, sous la lampe à pétrole. On ne voyait bien que son visage

---

[11] **son** bran
[12] c'est-à-dire, pendant toute la nuit
[13] **bauge** nest
[14] c'est-à-dire, si je l'avais trouvée je te l'aurais ramenée, mais je l'aurais baisée

parce qu'il était plus petit que tout le monde et que le visage des autres était dans l'ombre. Lui, il était là avec ses joues de terre[15] et ses yeux rouges et il regardait au-delà de tout, et il tapotait du plat des doigts le froid du comptoir à pain.

— Oui, oui, disait-il.

5   — Avec tout ça, dit César en sortant, vous verrez qu'on va encore perdre le boulanger. C'est beau, oui, l'amour, mais il faut penser qu'on mange. Et alors? Il va falloir encore patrouiller à Sainte-Tulle pour aller chercher du pain. Je ne dis pas, mais, si elle avait eu un peu de tête, elle aurait dû penser à ça.

— Bonsoir, merci, disait le boulanger de dessus sa porte.

10   Le lendemain, César et Massot s'en allèrent dans le marais. Ils y restèrent tout le jour à patauger à la muette et à fouiller comme des rats. Vers le soir seulement, ils montèrent sur la digue et ils appelèrent de tous les côtés :

— Aurélie! Aurélie!

Un vol de canards monta vers l'est puis il tourna du côté du soleil couchant et il

15 s'en alla dans la lumière.

Le souci de César, c'était le pain. Un village sans pain, qu'est-ce que c'est? Perdre son temps, fatiguer les bêtes pour aller chercher du pain à l'autre village. Il y avait plus que ça encore. On allait avoir la farine de cette moisson et chez qui porter la farine, chez qui avoir son compte de pain, sa taille de bois où l'on payait

20 les kilos d'un simple cran au couteau?[16] Si le boulanger ne prenait pas le dessus[17] de son chagrin, il faudrait vendre la farine au courtier,[18] et puis, aller chercher son pain, les sous à la main.

— Quand on a le cul un peu turbulent,[19] tu vois ce que ça peut faire ; où ça nous mène?

25   De trois jours, le boulanger ne démarra pas du four.[20] Les fournées se mûrissaient comme d'habitude. César avait prêté sa femme pour servir. Elle était au comptoir. Et, celle-là, il ne fallait pas lui conter ni berger ni marécages : elle était là, sombre à mâcher ses grosses moustaches, et, le poids juste, c'était le poids juste. Le quatrième jour, il n'y eut plus l'odeur du pain chaud dans le village.

30   Massot entre-bâilla la porte :

— Alors, ça va la boulange?

— Ça va, dit le boulanger.

— Il chauffe, ce four?

— Non.

35   — À cause?

— Repos, dit le boulanger. Il reste encore du pain d'hier.

Puis, il sortit en savates, en pantalon tordu, en tricot flottant. Il alla au cercle. Il s'assit près de la table de zinc, derrière le fusain[21] de la terrasse. Il tapa à la vitre :

---

[15] c'est-à-dire, couleur de terre

[16] c'est-à-dire, dans cette société simple, le boulanger acceptait de la farine en lieu d'argent comme paiement de la marchandise. Il marquait ensuite d'une entaille au couteau une planche de bois pour indiquer combien de kilos de pain le client avait achetés.

[17] **ne prenait pas le dessus de**   n'arrivait pas à dominer

[18] **courtier**   broker

[19] c'est-à-dire, quand on a des désirs sexuels très forts

[20] **four**   oven

[21] **fusain**   spindle-tree

— Une absinthe.

Sans cette odeur de pain chaud, et sous le gros du soleil, le village avait l'air tout mort. Le boulanger se mit à boire, puis il roula une cigarette. Il laissa le paquet de tabac là, à côté de lui, sur la table, près de la bouteille de pernod.

Le ciel avait un petit mouvement venant du sud. Au-dessus des toits passait de 5 temps en temps cette laine[22] légère que le vent emporte en soufflant dans les roseaux. Le clocher sonna l'heure. Sur la place, des petites filles jouaient à la marelle[23] en chantant :

Onze heures !
Comme en toute heure,
Le petit Jésus est dans mon coeur.
Qu'il y fasse une demeure . . .

Maillefer arrangeait les montres derrière sa fenêtre. Il avait mis sa pancarte : « Maillefer Horloger »; il aurait dû mettre aussi « pêcheur ». La grosse patience (et 10 il en faut pour guetter au long-œil[24] la maladie d'une petite roue) s'était entassée dans lui. On l'appelait « Maillefer-patience ». Il attendait une heure, deux, un jour, deux, un mois, deux. Mais, ce qu'il attendait, il l'avait.

— J'attends, je l'ai, il disait.

On l'appelait aussi « Jattenjelai » pour le distinguer de son frère. 15

— Maillefer lequel ?

— Maillefer-patience.

Ils étaient patients l'un et l'autre.

— Le jattenjelai.

Comme ça on savait. 20

Il pêchait de nature. Souvent, en traversant les marais, on voyait comme un tronc d'arbre debout. Ça ne bougeait pas. Même si c'était en mars et qu'un coup de grêle se mette à sonner sur les eaux, Maillefer ne bougeait pas. Il arrivait avec de pleins carniers de poissons. Il avait eu une longue lutte une fois contre un brochet.[25] Quand on lui en parlait maintenant il se tapait sur le ventre. 25

— Il est là, disait-il.

Il avait de grosses lèvres fiévreuses, rouges et gonflées comme des pommes d'amour[26] et une langue toute en sang qui ne perdait jamais son temps à parler. Il ne l'employait que pour manger, mais alors, il la faisait bien travailler, surtout s'il mangeait du poisson, et on la voyait parfois sortir de sa bouche pour lécher la rosée 30 de sauce sur ses moustaches. Il avait des mains lentes, des pieds lents, un regard gluant qui pouvait rester collé contre les vitres, comme une mouche, et une grosse tête, dure, poilue, juste de la couleur du bois de buis.[27]

Un soir, il arriva :

— Je les ai vus, il dit. 35

[22] c'est-à-dire, le vent emportait par-dessus les toits le duvet des roseaux
[23] **marelle**   hopscotch
[24] **long-œil**   magnifying glass
[25] **brochet**   pike
[26] **pommes d'amour**   tomates
[27] **buis**   « boxwood », dont la couleur est jaunâtre

— Viens vite, dit César. Et il le tira chez le boulanger.

— Je les ai vus, dit encore Maillefer.

— Où? Qu'est-ce qu'elle fait? Comment elle est? Elle a maigri? Qu'est-ce qu'elle t'a dit?

5   — Patience, dit Maillefer.

Il sortit; il entra chez lui, il vida son carnier sur la table. Le boulanger, César, Massot, Benoît et le Taulaire, tout ça l'avait suivi. On ne demandait rien, on savait que ce n'était pas la peine.

Il vida son carnier sur la table. Il y avait de l'herbe d'eau et puis quatorze gros
10   poissons. Il les compta, il les vira dessus-dessous; il les regarda. Il chercha dans l'herbe. Il fouilla son carnier. Il tira à la fin un tout petit poisson bleu de fer à mufle jaune et tout rouillé sur le dos.

— Une caprille,[28] dit-il. Tu me la mettras sur le gril et, ne la vide pas, c'est une grive d'eau.[29]

15   Il se tourna vers tout le monde.

— Alors? dit-il.

— Alors, à toi, dit César.

Il raconta qu'étant planté dans le marais, à sa coutume, et juste comme il guettait cette caprille—un poisson rare, et ça fait des pertuis à travers les oseraies[30] pour
20   aller dans des biefs[31] perdus, et ça saute sur l'herbe comme des sauterelles, et ça s'en va sur les chemins comme des hommes pour changer d'eau—bref, juste comme il guettait cette caprille, il avait entendu, comme dans l'air, une pincée de petits bruits follets.[32]

— Des canards? je me dis. Non, pas des canards. Des râles?[33] je me dis. Ça
25   pointait et ça roulait pas comme des râles. Non, pas des râles. Des poissons-chiens?...

— Elle chantait? dit le boulanger.

— Patience, dit Maillefer, tu es bien pressé!

Oui, il avait entendu une chanson. À la longue, on pouvait dire que c'était une chanson. C'était le grand silence partout dans le marécage. Il ne pouvait y avoir dans
30   les marais rien de vivant à cette heure que les poissons, le vent d'été et les petits frémissements de l'eau. Aurélie chantait. Maillefer pêcha la caprille par un coup spécial du poignet : lancer, tourner, tirer. Il fit deux, trois fois le mouvement sous le pauvre œil du boulanger.

Après ça, Maillefer marcha. L'air frémissait sous la chanson d'Aurélie. Il se mit
35   à guetter ça comme le frisson d'une truite qui sommeille, qui se fait caresser le ventre par les racines du cresson : un pas, deux pas, ça ne clapote pas sous le pas de Maillefer, il a le coup pour tirer la jambe et il sait enfoncer son pied l'orteil premier; l'eau s'écarte sans bruit comme de la graisse. C'est long, mais c'est sûr.

Il trouva d'abord un nid de pluviers.[34] La mère était sur les œufs. Elle ne se leva

---

[28] **caprille**   sorte de poisson
[29] **grive d'eau**   water thrush
[30] **oseraies**   clumps of water willows
[31] **biefs**   millraces
[32] c'est-à-dire, quelques petits bruits gais
[33] **râles**   rails
[34] **pluviers**   plovers

pas, elle ne bougea pas même une plume. Elle regarda Maillefer en cloussant doucement. Il trouva après un plonge de saurisson.[35] Les poissons-femmes[36] étaient là au
plein noir du trou, avec des ventres blancs, gonflés d'œufs et qui éclairaient l'eau
comme des croissants de lune.

Il fit le tour du trou sans réveiller un saurisson.   5

Il entendait maintenant bien chanter et, de temps en temps, le berger qui disait :
— Rélie![37]

Et, après ça, il y avait un silence. Maillefer ne bougeait plus, puis, au bout
d'un moment, la voix reprenait et Maillefer se remettait à marcher à travers le
marais.   10

— C'est une île, dit-il.

— Une île? dit César.

— Oui, une île.

— Où? dit Massot.

— Dans le gras de l'eau,[38] juste en face Vinon.   15

Le berger avait monté une cabane avec des fascines[39] de roseau. Aurélie était
couchée au soleil, toute nue sur l'aire d'herbe.

— Toute nue? dit le boulanger.

Maillefer se gratta la tête. Il regarda ses poissons morts sur la table. Il y avait une
femelle de brochet. Elle devait s'être servie de tout son corps pour mourir. Sur   20
l'arête de son ventre, entre son ventre et le golfe de sa queue, son petit trou s'était
ouvert et la lumière de la lampe éclairait la petite profondeur rouge.

— Elle faisait sécher sa lessive, dit Maillefer, pour excuser.

Le boulanger voulait partir tout de suite. C'est César, Massot et les autres qui
l'empêchèrent. Rien n'y faisait : ni les plonges, ni la nuit, ni les trous de boue.   25

— Si tu y vas, tu y restes.[40]

— Tant pis.

— À quoi ça servira?

— Tant pis, j'y vais.

— C'est un miracle si tu t'en sors.   30

— Tant pis.

— Tu ne sais pas où c'est.

Enfin, César dit :

— Et puis, ça n'est pas ta place.

Ça, c'était une raison. Le boulanger commença à se faire mou dans leurs mains et 35
on arriva à l'arrangement. On enverrait le curé et l'instituteur, tous les deux. Le
curé était vieux mais l'instituteur était jeune, et puis, il avait des bottes en toile
cirée. Il n'aurait qu'à porter le curé sur ses épaules jusqu'à une petite plaque de terre
dure, un peu au delà de la digue. De là, la voix s'entendait, surtout la voix de curé.

— Il est habitué à parler, lui.   40

[35] **un plonge de saurisson** « herring hole », un saurisson est un poisson qui est sauré, fumé
[36] **poissons-femmes** poissons femelles
[37] **(Aurélie)**
[38] c'est-à-dire, l'endroit où la rivière s'élargit
[39] **fascines** bundles of branches
[40] c'est-à-dire, tu n'en sortiras pas (à cause des dangers)

L'instituteur irait jusqu'à la cabane. Ça n'était pas pour brusquer. Il fallait faire entendre à Aurélie que c'était bien beau...

— C'est bien beau l'amour, dit César, mais il faut qu'on mange.

...que c'était bien beau mais qu'ici il y avait un comptoir, du pain à peser, de la
5 farine à mettre en compte, et puis, un homme...

— Somme toute, ajouta César en regardant le boulanger, si l'instituteur ne pouvait pas faire seul, il sifflerait et, de là-bas de sa terre ferme, le curé reprendrait l'histoire. En parlant un peu fort, il pourrait faire l'affaire sans se mouiller les pieds.

Le lendemain, le curé et l'instituteur partaient sur le même cheval.
10 À la nuit, l'instituteur arriva.

Tout le monde prenait le frais devant les portes.

— Entrez chez vous, dit-il, et fermez tout. D'abord, c'est dix heures et, un peu plus tôt un peu plus tard, vous avez assez pris de frais. Et puis, le curé est en bas près de la croix avec Aurélie. Elle ne veut pas rentrer tant qu'il y a du monde dans la rue.
15 Le curé n'a rien porté pour se couvrir. Il commence à faire froid en bas, d'autant qu'il[41] est mouillé. Moi, je vais me changer. Allez, entrez chez vous et fermez les portes.

Vers les minuit, le boulanger vint frapper chez Mme Massot.

— Tu n'aurais pas un peu de tisane des quatre fleurs?[42]
20 — Si, je descends.

Elle lui donna des quatre fleurs. Elle ajouta une poignée de tilleul.

— Mets ça aussi, dit-elle, ça la fera dormir.

Le reste fut préparé à volets fermés dans toutes les maisons.

Catherine vint la première, dès le matin. Elle frottait ses semelles sur la te...
25 parce que ses varices étaient lourdes. Il fallait surtout oublier qu'Aurélie n'en avait pas. De dessus le seuil, Barielle regardait sa femme Catherine; elle tourna la tête vers lui avant d'entrer à la boulangerie. Il avait ses mains derrière le dos, mais on voyait quand même qu'il tenait solidement au manche de pioche.

— Bonjour Aurélie.
30 — Bonjour Catherine.

— Donne-m'en six kilos.

Aurélie pesa sans parler.

— Je m'assieds, dit Catherine. Mes varices me font mal. Quelle chance tu as de ne pas en avoir!
35 Après ça, Massotte :

— Tu as bien dormi?

— Oui.

— Ça se voit. Tu as l'œil comme du clairet.

Puis, Alphonsine et Mariette :
40 — Fais voir comment tu fais pour nouer ton chignon?

— Seulement, il faut avoir des cheveux comme les tiens.

— Pèse, Alphonsine, si c'est lourd.

— Bien sûr, alors, avec des cheveux comme ça, pas besoin d'épingles.

[41] c'est-à-dire, ce qui est dangereux pour lui puisqu'il...
[42] **tisane des quatre fleurs**   sorte de thé préparé avec des fleurs séchées

Vers les dix heures, Aurélie n'était pas encore venue sur le pas de sa porte. Elle restait toujours dans l'ombre de la boutique. Alors, César passa devant la boulangerie. Il croyait être prêt, il n'était pas prêt. Il ne s'arrêta pas. Il fit le tour de l'église, le tour du lavoir et il passa encore une fois. Il s'arrêta.

— Oh! Aurélie!

— Oh! César!

— Et qu'est-ce que tu fais là-bas dedans? Viens un peu prendre l'air.

Elle vint au seuil. Ses yeux étaient tout meurtris.[43] Elle avait défait ses cheveux pour les faire soupeser à Alphonsine et Mariette. Les belles lèvres avaient un peu de dégoût, comme si elles avaient trop mangé de confiture.   10

— Quel beau temps! dit César.

— Oui.

Ils regardèrent le ciel.

— Une petite pointe de vent marin. Tu devrais venir à la maison, dit César, la femme voudrait te donner un morceau de sanglier.[44]   15

À midi, le boulanger chargea son four en plein avec des fagots de chêne bien sec. Il n'y avait pas de vent; l'air était plat comme une pierre; la fumée noire retomba sur le village avec toute son odeur de terre, de paix et de victoire.

QUESTIONS

1. Commentez le contraste entre l'apparence physique du boulanger et celle de sa femme
2. Quelle est la portée de ce contraste? Explique-t-il l'action d'Aurélie et la réaction du mari?
3. Quel rapport y a-t-il entre le portrait physique et le caractère des personnages (Aurélie, le berger, le boulanger...)?
4. Quel rôle la sensualité joue-t-elle dans cette histoire (la séduction du berger et d'Aurélie)?
5. Discutez les réactions des villageois, après le départ d'Aurélie: la psychologie féminine les réactions des hommes.
6. Quelle est l'importance de la « boulangerie » pour le village?
7. Pourquoi envoie-t-on le curé et l'instituteur comme ambassadeurs du village?
8. Pourquoi Aurélie accepte-t-elle de revenir au village?
9. Quel est l'aspect moral de cette histoire? Est-elle morale, immorale, amorale?
10. Que pensez-vous de la couleur locale? Discutez les procédés employés pour la peindre
11. Comment l'auteur traite-t-il la nature? Remarquez les passages « lyriques » qui décrivent la nature.
12. Que pensez-vous du récit de Maillefer? Est-il trop long? Quelle est son importance?
13. Commentez le caractère de Maillefer. Quel est son rôle?
14. Commentez le dernier paragraphe de cette histoire.

---

43 meurtris   tired, with circles around them
44 sanglier   wild boar

Antoine de Saint-Exupéry

(1900–1944)

*Si Sartre considère Antoine de Saint-Exupéry de la même
génération que Malraux et lui-même, ce n'est pas principalement
pour des raisons chronologiques : il reconnaît en lui non
seulement un écrivain « engagé », mais un romancier de la
solidarité, du courage et de la responsabilité. À première vue,
Saint-Exupéry est un poète de l'action ; il chante l'héroïsme.
Lui-même a vu l'action de près ; d'abord comme aviateur-
pionnier participant à l'épopée du naissant réseau commercial qui
allait lier l'Europe à l'Afrique et à l'Amérique du Sud ; ensuite
comme correspondant de guerre en Espagne ; enfin dans la
deuxième guerre mondiale, où il finit par être porté « disparu »
au cours d'une mission de vol en 1944.*

À l'exception du charmant conte Le Petit Prince *(1943) et du
volume de méditations* La Citadelle *publié après sa mort en
1948, presque toutes ses œuvres décrivent les exploits, les
angoisses, les joies de l'homme affrontant les éléments dans son
avion dont il finit par connaître et sentir le moteur comme on
connaît et sent son propre corps. Les titres mêmes sont révélateurs :*
Courrier Sud *(1929),* Vol de nuit *(1931),* Terre des hommes
(1939), Pilote de guerre *(1942). En dépit d'une certaine
rhétorique, le style et le ton de Saint-Exupéry expriment un
orgueil pudique, de la simplicité, un sens des valeurs intimes. Ses
images frappantes, parfois recherchées, ont toujours pour fonction
de rendre l'immédiateté de l'action qui, le plus souvent, marque
une lutte contre la nature, ainsi qu'une lutte contre soi-même. Ce
n'est pas tant le sens d'une harmonie que recherche Saint-Exupéry,
que celui d'une victoire dont la mort est fréquemment le prix.*

L'extrait suivant provient de Terre des hommes, *qui est moins
un roman qu'une série d'évocations poétiques d'expériences vécues
par lui-même et par ses camarades. Ici l'art de Saint-Exupéry
atteint son sommet, tant par la beauté de la narration que par le
développement de ses thèmes privilégiés. Les qualités littéraires
sont évidentes. Saint-Exupéry connaît les ressources de la simple
parataxe pour suggérer la volonté et le courage (« Et Mermoz
reprit ses courriers... » « Et Mermoz décolla pour chercher
des trouées... ») ; il sait décrire la nature (ce qui n'est pas facile
pour qui ne veut pas tomber dans les excès du pittoresque) ;
il réussit à évoquer le corps à corps terrifiant avec l'inconnu et
l'angoisse de ceux qui attendent contre tout espoir.*

*Le talent de Saint-Exupéry ne fuit pas le pathos, mais évite tout
sentimentalisme naïf. Dans « Les Camarades » se trouvent réunis
certains des motifs qui lui sont particulièrement chers : le sens
dramatique du temps, la solidarité qui lie des êtres à distance, le
contact avec la mort, le retour à la terre des vivants. Si Saint-
Exupéry parle du seul « luxe véritable », celui des relations
humaines, c'est que son anti-matérialisme implique une recherche
des vraies valeurs : les « invisibles richesses » de l'amitié et de
l'orgueil d'être un homme. L'aventure de Guillaumet est un
exemple frappant de cet orgueil qui est en partie de la
« gravité », en partie un sens supérieur du devoir, en partie aussi
le propre même de l'homme—c'est-à-dire un acte à la fois noble
et naturel. Guillaumet lui-même, dans le texte de Saint-Exupéry,
résume la signification de son action : « Ce que j'ai fait, je te le
jure, jamais aucune bête ne l'aurait fait. »*

BIBLIOGRAPHIE

François, Carlo. *L'Esthétique de Saint-Exupéry*. Paris, Neuchâtel : Delachaux et Niestlé, 1957.

Losic, Serge. *L'Idéal humain de Saint-Exupéry*. Paris : Nizet, 1965.

Major, Jean-Louis. *Saint-Exupéry, l'écriture et la pensée*. Ottawa : Éditions de l'Université d'Ottawa, 1968.

Roy, Jules. *Passion et mort de Saint-Exupéry*. Paris : Gallimard, 1964.

Les Camarades

I

Quelques camarades, dont Mermoz, fondèrent la ligne française de Casablanca à Dakar, à travers le Sahara insoumis. Les moteurs d'alors ne résistant guère, une panne[1] livra Mermoz aux Maures ; ils hésitèrent à le massacrer, le gardèrent quinze jours prisonnier, puis le revendirent. Et Mermoz reprit ses courriers au-dessus des mêmes territoires.   5

Lorsque s'ouvrit la ligne d'Amérique, Mermoz, toujours à l'avant-garde, fut chargé d'étudier le tronçon de Buenos-Aires à Santiago, et, après un pont sur le Sahara, de bâtir un pont au-dessus des Andes. On lui confia un avion qui plafonnait à[2] cinq mille deux cents mètres. Les crêtes de la Cordillière s'élèvent à sept mille mètres. Et Mermoz décolla[3] pour chercher des trouées. Après le sable, Mermoz   10 affronta la montagne, ces pics qui, dans le vent, lâchent leur écharpe de neige, ce pâlissement des choses avant l'orage, ces remous[4] si durs qui, subis entre deux

---

[1] **panne**   mechanical failure
[2] **plafonnait à**   had a ceiling of
[3] **décolla**   took off
[4] **remous**   air currents

murailles de rocs, obligent le pilote à une sorte de lutte au couteau. Mermoz s'en-
gageait dans ces combats sans rien connaître de l'adversaire, sans savoir si l'on sort
en vie de telles étreintes. Mermoz « essayait » pour les autres.

Enfin, un jour, à force « d'essayer », il se découvrit prisonnier des Andes.

5   Échoués,[5] à quatre mille mètres d'altitude, sur un plateau aux parois verticales,
son mécanicien et lui cherchèrent pendant deux jours à s'évader. Ils étaient pris.
Alors, ils jouèrent leur dernière chance, lancèrent l'avion vers le vide, rebondirent
durement sur le sol inégal, jusqu'au précipice, où ils coulèrent.[6] L'avion, dans la
chute, prit enfin assez de vitesse pour obéir de nouveau aux commandes.[7] Mermoz
10   le redressa face à une crête, toucha la crête, et, l'eau fusant de toutes les tubulures
crevées dans la nuit par le gel, déjà en panne après sept minutes de vol, découvrit la
plaine chilienne, sous lui, comme une terre promise.

Le lendemain, il recommençait.

Quand les Andes furent bien explorées, une fois la technique des traversées bien
15   au point,[8] Mermoz confia ce tronçon à son camarade Guillaumet et s'en fut explorer
la nuit.

L'éclairage de nos escales[9] n'était pas encore réalisé, et sur les terrains d'arrivée,
par nuit noire, on alignait en face de Mermoz la maigre illumination de trois feux
d'essence.

20   Il s'en tira et ouvrit la route.

Lorsque la nuit fut bien apprivoisée, Mermoz essaya l'Océan. Et le courrier, dès
1931, fut transporté, pour la première fois, en quatre jours, de Toulouse à Buenos-
Aires. Au retour, Mermoz subit une panne d'huile au centre de l'Atlantique Sud et
sur une mer démontée. Un navire le sauva, lui, son courrier et son équipage.

25   Ainsi Mermoz avait défriché les sables, la montagne, la nuit et la mer. Il avait
sombré plus d'une fois dans les sables, la montagne, la nuit et la mer. Et quand il
était revenu, ç'avait toujours été pour repartir.

Enfin après douze années de travail, comme il survolait une fois de plus l'Atlantique Sud, il signala par un bref message qu'il coupait le moteur arrière droit. Puis
30   le silence se fit.

Le nouvelle ne semblait guère inquiétante, et, cependant, après dix minutes de
silence, tous les postes radios de la ligne de Paris jusqu'à Buenos-Aires, commen-
cèrent leur veille dans l'angoisse. Car si dix minutes de retard n'ont guère de sens
dans la vie journalière, elles prennent dans l'aviation postale une lourde signification.

35   Au cœur de ce temps mort, un événement encore inconnu se trouve enfermé.
Insignifiant ou malheureux, il est désormais révolu.[10] La destinée a prononcé son
jugement, et, contre ce jugement, il n'est plus d'appel : une main de fer a gouverné
un équipage vers l'amerrissage[11] sans gravité ou l'écrasement. Mais le verdict n'est
pas signifié à ceux qui attendent.

----

[5] **échoués**   grounded
[6] **coulèrent**   tombèrent
[7] **commandes**   controls
[8] **au point**   perfectionnée
[9] **escales**   landing fields
[10] **révolu**   arrivé irrévocablement
[11] **amerrissage**   (*cf.* atterrissage) landing on the water

Lequel d'entre nous n'a point connu ces espérances de plus en plus fragiles, ce silence qui empire de minute en minute comme une maladie fatale? Nous espérions, puis les heures se sont écoulées et, peu à peu, il s'est fait tard. Il nous a bien fallu comprendre que nos camarades ne rentreraient plus, qu'ils reposaient dans cet Atlantique Sud dont ils avaient si souvent labouré le ciel. Mermoz, décidément, 5 s'était retranché derrière son ouvrage, pareil au moissonneur qui, ayant bien lié sa gerbe se couche dans son champ.

Quand un camarade meurt ainsi, sa mort paraît encore un acte qui est dans l'ordre du métier, et, tout d'abord, blesse peut-être moins qu'une autre mort. Certes, il s'est éloigné celui-là, ayant subi sa dernière mutation d'escale,[12] mais sa présence ne 10 nous manque pas encore en profondeur comme pourrait nous manquer le pain.

Nous avons en effet l'habitude d'attendre longtemps les rencontres. Car ils sont dispersés dans le monde, les camarades de ligne, de Paris à Santiago du Chili, isolés un peu comme des sentinelles qui ne se parleraient guère. Il faut le hasard des voyages pour rassembler, ici ou là, les membres dispersés de la grande famille pro- 15 fessionnelle. Autour de la table d'un soir, à Casablanca, à Dakar, à Buenos-Aires, on reprend, après des années de silence, ces conversations interrompues, on se renoue aux vieux souvenirs. Puis l'on repart. La terre ainsi est à la fois déserte et riche. Riche de ces jardins secrets, cachés, difficiles à atteindre, mais auxquels le métier nous ramène toujours, un jour ou l'autre. Les camarades, la vie peut-être nous en 20 écarte, nous empêche d'y beaucoup penser, mais ils sont quelque part, on ne sait trop où, silencieux et oubliés, mais tellement fidèles! Et si nous croisons leur chemin, ils nous secouent par les épaules avec de belles flambées de joie! Bien sûr, nous avons l'habitude d'attendre...

Mais peu à peu nous découvrons que le rire clair de celui-là nous ne l'entendrons 25 plus jamais, nous découvrons que ce jardin-là nous est interdit pour toujours. Alors commence notre deuil véritable qui n'est point déchirant mais un peu amer

Rien, jamais, en effet, ne remplacera le compagnon perdu. On ne se crée point de vieux camarades. Rien ne vaut le trésor de tant de souvenirs communs, de tant de mauvaises heures vécues ensemble, de tant de brouilles,[13] de réconciliations, de 30 mouvements du cœur. On ne reconstruit pas ces amitiés-là. Il est vain, si l'on plante un chêne, d'espérer s'abriter bientôt sous son feuillage.

Ainsi va la vie. Nous nous sommes enrichis d'abord, nous avons planté pendant des années, mais viennent les années où le temps défait ce travail et déboise.[14] Les camarades, un à un, nous retirent leur ombre. Et à nos deuils se mêle désormais 35 le regret secret de vieillir.

Telle est la morale que Mermoz et d'autres nous ont enseignée. La grandeur d'un métier est, peut-être, avant tout, d'unir des hommes : il n'est qu'un luxe véritable, et c'est celui des relations humaines.

En travaillant pour les seuls biens matériels, nous bâtissons nous-mêmes notre 40

---

[12] **mutation d'escale**   change of landing plans
[13] **brouilles**   querelles
[14] **déboise**   détruit les arbres

prison. Nous nous enfermons solitaires, avec notre monnaie de cendre qui ne procure rien qui vaille de vivre.

Si je cherche dans mes souvenirs ceux qui m'ont laissé un goût durable, si je fais le bilan[15] des heures qui ont compté, à coup sûr je retrouve celles que nulle fortune
5 ne m'eût procurées. On n'achète pas l'amitié d'un Mermoz, d'un compagnon que les épreuves vécues ensemble ont lié à nous pour toujours.

Cette nuit de vol et ses cent mille étoiles, cette sérénité, cette souveraineté de quelques heures, l'argent ne les achète pas.

Cet aspect neuf du monde après l'étape difficile, ces arbres, ces fleurs, ces femmes,
10 ces sourires fraîchement colorés par la vie qui vient de nous être rendue à l'aube, ce concert des petites choses qui nous récompensent, l'argent ne les achète pas.

Ni cette nuit vécue en dissidence[16] et dont le souvenir me revient.

Nous étions trois équipages de l'Aéropostale échoués à la tombée du jour sur la côte de Rio de Oro. Mon camarade Riguelle s'était posé d'abord, à la suite d'une
15 rupture de bielle;[17] un autre camarade, Bourgat, avait atterri à son tour pour recueillir son équipage, mais une avarie sans gravité l'avait aussi cloué au sol. Enfin, j'atterris, mais quand je survins la nuit tombait. Nous décidâmes de sauver l'avion de Bourgat, et, afin de mener à bien[18] la réparation, d'attendre le jour.

Une année plus tôt, nos camarades Gourp et Érable, en panne ici, exactement,
20 avaient été massacrés par les dissidents. Nous savions qu'aujourd'hui aussi un rezzou[19] de trois cents fusils campait quelque part à Bojador. Nos trois atterrissages, visibles de loin, les avaient peut-être alertés, et nous commencions une veille qui pouvait être la dernière.

Nous nous sommes donc installés pour la nuit. Ayant débarqué des soutes à
25 bagages[20] cinq ou six caisses de marchandises, nous les avons vidées et disposées en cercle et, au fond de chacune d'elles, comme au creux d'une guérite,[21] nous avons allumé une pauvre bougie, mal protégée contre le vent. Ainsi, en plein désert, sur l'écorce nue de la planète, dans un isolement des premières années du monde, nous avons bâti un village d'hommes.

30 Groupés pour la nuit sur cette grande place de notre village, ce coupon[22] de sable où nos caisses versaient une lueur tremblante, nous avons attendu. Nous attendions l'aube qui nous sauverait, ou les Maures. Et je ne sais ce qui donnait à cette nuit son goût de Noël. Nous nous racontions des souvenirs, nous nous plaisantions et nous chantions.

35 Nous goûtions cette même ferveur légère qu'au cœur d'une fête bien préparée. Et cependant, nous étions infiniment pauvres. Du vent, du sable, des étoiles. Un style dur pour trappistes. Mais, sur cette nappe mal éclairée, six ou sept hommes qui

---

[15] **bilan**   compte
[16] **en dissidence**   parmi des tribus (de sauvages) insoumis et hostiles
[17] **bielle**   tie rod
[18] **mener à bien**   terminer d'une manière satisfaisante
[19] **rezzou**   (mot arabe) raiding party
[20] **soutes à bagages**   baggage compartments
[21] **guérite**   sentry box
[22] **coupon**   patch

ne possédaient plus rien au monde, sinon leurs souvenirs, se partageaient d'invisibles richesses.

Nous nous étions enfin rencontrés. On chemine longtemps côte à côte, enfermé dans son propre silence, ou bien l'on échange des mots qui ne transportent rien. Mais voici l'heure du danger. Alors on s'épaule l'un à l'autre. On découvre que l'on 5 appartient à la même communauté. On s'élargit par la découverte d'autres consciences. On se regarde avec un grand sourire. On est semblable à ce prisonnier délivré qui s'émerveille de l'immensité de la mer.

II

Guillaumet, je dirai quelques mots sur toi, mais je ne te gênerai point en insistant avec lourdeur sur ton courage ou sur ta valeur professionnelle. C'est autre chose que 10 je voudrais décrire en racontant la plus belle de tes aventures.

Il est une qualité qui n'a point de nom. Peut-être est-ce la « gravité », mais le mot ne satisfait pas. Car cette qualité peut s'accompagner de la gaîté la plus souriante. C'est la qualité même du charpentier qui s'installe d'égal à égal en face de sa pièce de bois, la palpe, la mesure et, loin de la traiter à la légère, rassemble à son propos 15 toutes ses vertus.

J'ai lu, autrefois, Guillaumet, un récit où l'on célébrait ton aventure, et j'ai un vieux compte à régler avec cette image infidèle. On t'y voyait, lançant des boutades de « gavroche »,[23] comme si le courage consistait à s'abaisser à des railleries de collégien, au cœur des pires dangers et à l'heure de la mort. On ne te connaissait 20 pas, Guillaumet. Tu n'éprouves pas le besoin, avant de les affronter, de tourner en dérision tes adversaires. En face d'un mauvais orage, tu juges : « Voici un mauvais orage ». Tu l'acceptes et tu le mesures.

Je t'apporte ici, Guillaumet, le témoignage de mes souvenirs.

Tu avais disparu depuis cinquante heures, en hiver, au cours d'une traversée des 25 Andes. Rentrant du fond de la Patagonie, je rejoignis le pilote Deley à Mendoza. L'un et l'autre, cinq jours durant, nous fouillâmes, en avion, cet amoncellement de montagnes, mais sans rien découvrir. Nos deux appareils ne suffisaient guère. Il nous semblait que cent escadrilles,[24] naviguant pendant cent années, n'eussent pas achevé d'explorer cet énorme massif dont les crêtes s'élèvent jusqu'à sept mille 30 mètres. Nous avions perdu tout espoir. Les contrebandiers mêmes, des bandits qui, là-bas, osent un crime pour cinq francs, nous refusaient d'aventurer, sur les contreforts de la montagne, des caravanes de secours : « Nous y risquerions notre vie » nous disaient-ils. « Les Andes, en hiver, ne rendent point les hommes. » Lorsque Deley ou moi atterrissions à Santiago, les officiers chiliens, eux aussi, nous conseil- 35 laient de suspendre nos explorations. « C'est l'hiver. Votre camarade, si même il a survécu à la chute, n'a pas survécu à la nuit. La nuit, là-haut, quand elle passe sur l'homme, elle le change en glace ». Et lorsque, de nouveau, je me glissais entre les

---

[23] **gavroche**   nom, devenu légendaire, d'un gamin des rues, malin et courageux, dans *Les Misérables* de Victor Hugo
[24] **escadrilles**   squadrons

murs et les piliers géants des Andes, il me semblait, non plus te rechercher, mais veiller ton corps, en silence, dans une cathédrale de neige.

Enfin, au cours du septième jour, tandis que je déjeunais entre deux traversées, dans un restaurant de Mendoza, un homme poussa la porte et cria, oh! peu de chose :

5   — Guillaumet... vivant !

Et tous les inconnus qui se trouvaient là s'embrassèrent.

Dix minutes plus tard, j'avais décollé, ayant chargé à bord deux mécaniciens, Lefebvre et Abri. Quarante minutes plus tard, j'avais atterri le long d'une route, ayant reconnu, à je ne sais quoi, la voiture qui t'emportait je ne sais où, du côté de

10 San Raphaël. Ce fut une belle rencontre ; nous pleurions tous, et nous t'écrasions dans nos bras, vivant, ressuscité, auteur de ton propre miracle. C'est alors que tu exprimas, et ce fut ta première phrase intelligible, un admirable orgueil d'homme : « Ce que j'ai fait, je te le jure, jamais aucune bête ne l'aurait fait ».

Plus tard, tu nous racontas l'accident.

15   Une tempête qui déversa cinq mètres d'épaisseur de neige, en quarante-huit heures, sur le versant chilien des Andes, bouchant tout l'espace, les Américains de la Pan-Air avaient fait demi-tour. Tu décollais pourtant à la recherche d'une déchirure dans le ciel. Tu le découvrais un peu plus au sud, ce piège, et maintenant, vers six mille cinq cents mètres, dominant les nuages qui ne plafonnaient qu'à six mille, et dont émergeaient seules les hautes crêtes, tu mettais le cap sur[25] l'Argentine.

Les courants descendants donnent parfois aux pilotes une bizarre sensation de malaise. Le moteur tourne rond, mais l'on s'enfonce. On cabre pour sauver son altitude, l'avion perd sa vitesse et devient mou : on s'enfonce toujours. On rend la main,[26] craignant maintenant d'avoir trop cabré, on se laisse dériver[27] sur la droite ou la gauche pour s'adosser à la crête favorable, celle qui reçoit les vents comme un tremplin,[28] mais l'on s'enfonce encore. C'est le ciel entier qui semble descendre. On se sent pris, alors, dans une sorte d'accident cosmique. Il n'est plus de refuge. On tente en vain le demi-tour pour rejoindre, en arrière, les zones où l'air vous soutenait, solide et plein comme un pilier. Mais il n'est plus de pilier. Tout se dé-

3 compose, et l'on glisse dans un délabrement universel vers le nuage qui monte mollement, se hausse jusqu'à vous, et vous absorbe.

« J'avais déjà failli me faire coincer,[29] nous disais-tu, mais je n'étais pas convaincu encore. On rencontre des courants descendants au-dessus de nuages qui paraissent stables, pour la simple raison qu'à la même altitude ils se recomposent indéfiniment.

35 Tout est si bizarre en haute montagne. »

Et quels nuages !...

« Aussitôt pris, je lâchai les commandes, me cramponnant au siège pour ne point me laisser projeter au dehors. Les secousses étaient si dures que les courroies me blessaient aux épaules et eussent sauté. Le givrage,[30] de plus, m'avait privé net de

---

[20] **mettais le cap sur**   te dirigeais vers
[26] **rend la main**   eases off
[27] **dériver**   flotter
[28] **tremplin**   diving board
[29] **me faire coincer**   got myself stuck
[30] **givrage**   ice formation

tout horizon instrumental[31] et je fus roulé comme un chapeau, de six mille à trois mille cinq.

À trois mille cinq j'entrevis une masse noire, horizontale, qui me permit de rétablir l'avion. C'était un étang que je reconnus : la Laguna Diamante. Je la savais logée au fond d'un entonnoir, dont un des flancs, le volcan Maipu, s'élève à six mille 5 neuf cents mètres. Quoique délivré du nuage, j'étais encore aveuglé par d'épais tourbillons de neige, et ne pouvais lâcher mon lac sans m'écraser contre un des flancs de l'entonnoir. Je tournai donc autour de la lagune, à trente mètres d'altitude, jusqu'à la panne d'essence. Après deux heures de manège,[32] je me posai et capotai.[33] Quand je me dégageai de l'avion, la tempête me renversa. Je me rétablis sur mes 10 pieds, elle me renversa encore. J'en fus réduit à me glisser sous la carlingue[34] et à creuser un abri dans la neige. Je m'enveloppai là de sacs postaux et, quarante-huit heures durant, j'attendis.

Après quoi, la tempête apaisée, je me mis en marche. Je marchai cinq jours et quatre nuits.»   15

Mais que restait-il de toi, Guillaumet? Nous te retrouvions bien, mais calciné, mais racorni, mais rapetissé comme une vieille! Le soir même, en avion, je te ramenais à Mendoza où des draps blancs coulaient sur toi comme un baume. Mais ils ne te guérissaient pas. Tu étais encombré de ce corps courbatu, que tu tournais et retournais, sans parvenir à le loger dans le sommeil. Ton corps n'oubliait pas les 20 rochers ni les neiges. Ils te marquaient. J'observais ton visage noir, tuméfié, semblable à un fruit blet[35] qui a reçu des coups. Tu étais très laid, et misérable, ayant perdu l'usage des beaux outils de ton travail : tes mains demeuraient gourdes,[36] et quand, pour respirer, tu t'asseyais sur le bord de ton lit, tes pieds gelés pendaient comme deux poids morts. Tu n'avais même pas terminé ton voyage, tu haletais en- 25 core, et, lorsque tu te retournais contre l'oreiller, pour chercher la paix, alors une procession d'images que tu ne pouvais retenir, une procession qui s'impatientait dans les coulisses,[37] aussitôt se mettait en branle sous ton crâne. Et elle défilait.[38] Et tu reprenais vingt fois le combat contre des ennemis qui ressuscitaient de leurs cendres.   30

Je te remplissais de tisanes :

— Bois, mon vieux!

— Ce qui m'a le plus étonné... tu sais...

Boxeur vainqueur, mais marqué des grands coups reçus, tu revivais ton étrange aventure. Et tu t'en délivrais par bribes.[39] Et je t'apercevais, au cours de ton récit 35

---

[31] **horizon instrumental**   horizon artificiel
[32] **deux heures de manège**   après avoir tourné pendant deux heures comme des chevaux dans un manège (« merry-go-round »)
[33] **capotai**   overturned
[34] **carlingue**   fuselage
[35] **blet**   trop mûr
[36] **gourdes**   numb
[37] **dans les coulisses**   offstage
[38] **défilait**   marchait en procession
[39] **bribes**   morceaux discontinus

nocturne, marchant, sans piolet,[40] sans cordes, sans vivres, escaladant des cols de quatre mille cinq cents mètres, ou progressant le long de parois verticales, saignant des pieds, des genoux et des mains, par quarante degrés de froid. Vidé peu à peu de ton sang, de tes forces, de ta raison, tu avançais avec un entêtement de fourmi,
5 revenant sur tes pas pour contourner l'obstacle, te relevant après le chutes, ou remontant celles des pentes qui n'aboutissaient qu'à l'abîme, ne t'accordant enfin aucun repos, car tu ne te serais pas relevé du lit de neige.

Et, en effet, quand tu glissais, tu devais te redresser vite, afin de n'être point changé en pierre. Le froid te pétrifiait de seconde en seconde, et, pour avoir goûté,
10 après la chute, une minute de repos de trop, tu devais faire jouer, pour te relever, des muscles morts.

Tu résistais aux tentations. « Dans la neige, me disais-tu, on perd tout instinct de conservation. Après deux, trois, quatre jours de marche, on ne souhaite plus que le sommeil. Je le souhaitais. Mais je me disais : Ma femme, si elle croit que je vis,
15 croit que je marche. Les camarades croient que je marche. Ils ont tous confiance en moi. Et je suis un salaud si je ne marche pas. »

Et tu marchais, et, de la pointe du canif, tu entamais, chaque jour un peu plus, l'échancrure[41] de tes souliers, pour que tes pieds, qui gelaient et gonflaient, y pussent tenir.
20 Tu m'as fait cette étrange confidence :

« Dès le second jour, vois-tu, mon plus gros travail fut de m'empêcher de penser. Je souffrais trop, et ma situation était par trop désespérée. Pour avoir le courage de marcher, je ne devais pas la considérer. Malheureusement, je contrôlais mal mon cerveau, il travaillait comme une turbine. Mais je pouvais lui choisir encore ses
25 images. Je l'emballais sur un film, sur un livre. Et le film ou le livre défilaient en moi à toute allure. Puis ça me ramenait à ma situation présente. Immanquablement. Alors je le lançais sur d'autres souvenirs... »

Une fois cependant, ayant glissé, allongé à plat ventre dans la neige, tu renonças à te relever. Tu étais semblable au boxeur qui, vidé d'un coup de toute passion,
30 entend les secondes tomber une à une dans un univers étranger, jusqu'à la dixième qui est sans appel.

« J'ai fait ce que j'ai pu et je n'ai point d'espoir, pourquoi m'obstiner dans ce martyre ? » Il te suffisait de fermer les yeux pour faire la paix dans le monde. Pour effacer du monde les rocs, les glaces et les neiges. À peine closes, ces paupières
35 miraculeuses, il n'était plus ni coups, ni chutes, ni muscles déchirés, ni gel brûlant, ni ce poids de la vie à traîner quand on va comme un bœuf, et qu'elle se fait plus lourde qu'un char. Déjà, tu le goûtais, ce froid devenu poison, et qui, semblable à la morphine, t'emplissait maintenant de béatitude. Ta vie se réfugiait autour du cœur. Quelque chose de doux et de précieux se blottissait[42] au centre de toi-même.
40 Ta conscience peu à peu abandonnait les régions lointaines de ce corps qui, bête jusqu'alors gorgée de souffrances, participait déjà de l'indifférence du marbre.

Tes scrupules mêmes s'apaisaient. Nos appels ne t'atteignaient plus, ou, plus exactement, se changeaient pour toi en appels de rêve. Tu répondais heureux par

---

[40] **piolet** pic pour la glace
[41] **l'échancrure** la partie (œj. _upée
[42] **se blottissait** snugglec low

une marche de rêve, par de longues enjambées faciles, qui t'ouvraient sans efforts les délices des plaines. Avec quelle aisance tu glissais dans un monde devenu si tendre pour toi! Ton retour, Guillaumet, tu décidais, avare, de nous le refuser.

Les remords vinrent de l'arrière-fond de ta conscience. Au songe se mêlaient soudain des détails précis. « Je pensais à ma femme. Ma police d'assurance lui épar- 5 gnerait la misère. Oui, mais l'assurance… »

Dans le cas d'une disparition, la mort légale est différée de quatre années. Ce détail t'apparut éclatant, effaçant les autres images. Or tu étais étendu à plat ventre sur une forte pente de neige. Ton corps, l'été venu, roulerait avec cette boue vers une des mille crevasses des Andes. Tu le savais. Mais tu savais aussi qu'un rocher 10 émergeait à cinquante mètres devant toi : « J'ai pensé : si je me relève, je pourrai peut-être l'atteindre. Et si je cale mon corps[43] contre la pierre, l'été venu on le retrouvera. »

Une fois debout, tu marchas deux nuits et trois jours.

Mais tu ne pensais guère aller loin :   15

« Je devinai la fin à beaucoup de signes. Voici l'un d'eux. J'étais contraint de faire halte toutes les deux heures environ, pour fendre un peu plus mon soulier, frictionner de neige mes pieds qui gonflaient, ou simplement pour laisser reposer mon cœur. Mais vers les derniers jours je perdais la mémoire. J'étais reparti depuis longtemps déjà, lorsque la lumière se faisait en moi : j'avais chaque fois oublié 20 quelque chose. La première fois, ce fut un gant, et c'était grave par ce froid! Je l'avais déposé devant moi et j'étais reparti sans le ramasser. Ce fut ensuite ma montre. Puis mon canif. Puis ma boussole. À chaque arrêt je m'appauvrissais…

Ce qui sauve c'est de faire un pas. Encore un pas. C'est toujours le même pas que l'on recommence… »   25

« Ce que j'ai fait, je te le jure, jamais aucune bête ne l'aurait fait. » Cette phrase, la plus noble que je connaisse, cette phrase qui situe l'homme, qui l'honore, qui rétablit les hiérarchies vraies, me revenait à la mémoire. Tu t'endormais enfin, ta conscience était abolie, mais de ce corps démantelé, fripé, brûlé, elle allait renaître au réveil, et de nouveau le dominer. Le corps, alors, n'est plus qu'un bon outil, le 30 corps n'est plus qu'un serviteur. Et, cet orgueil du bon outil, tu savais l'exprimer aussi, Guillaumet :

« Privé de nourriture, tu t'imagines bien qu'au troisième jour de marche… mon cœur, ça n'allait plus très fort… Eh bien! le long d'une pente verticale, sur laquelle je progressais, suspendu au-dessus du vide, creusant des trous pour loger mes poings, 35 voilà que mon cœur tombe en panne. Ça hésite, ça repart. Ça bat de travers. Je sens que s'il hésite une seconde de trop, je lâche. Je ne bouge plus et j'écoute en moi. Jamais, tu m'entends? Jamais en avion je ne me suis senti accroché d'aussi près à mon moteur, que je ne me suis senti, pendant ces quelques minutes-là, suspendu à mon cœur. Je lui disais : Allons, un effort! Tâche de battre encore… Mais c'était 40 un cœur de bonne qualité! Il hésitait, puis repartait toujours… Si tu savais combien j'étais fier de ce cœur! »

Dans la chambre de Mendoza où je te veillais, tu t'endormais enfin d'un sommeil essoufflé. Et je pensais : Si on lui parlait de son courage, Guillaumet hausserait les

<hr/>

[43] **cale mon corps** m'adosse

épaules. Mais on le trahirait aussi en célébrant sa modestie. Il se situe bien au delà de cette qualité médiocre. S'il hausse les épaules, c'est par sagesse. Il sait qu'une fois pris dans l'événement, les hommes ne s'en effraient plus. Seul l'inconnu épouvante les hommes. Mais, pour quiconque l'affronte, il n'est déjà plus l'inconnu. Surtout si
5 on l'observe avec cette gravité lucide. Le courage de Guillaumet, avant tout, est un effet de sa droiture.⁴⁴

Sa véritable qualité n'est point là. Sa grandeur c'est de se sentir responsable. Responsable de lui, du courrier et des camarades qui espèrent. Il tient dans ses mains leur peine ou leur joie. Responsable de ce qui se bâtit de neuf, là-bas, chez les
10 vivants, à quoi il doit participer. Responsable un peu du destin des hommes, dans la mesure de son travail.

Il fait partie des êtres larges qui acceptent de couvrir de larges horizons de leur feuillage. Etre homme, c'est précisément être responsable. C'est connaître la honte en face d'une misère qui ne semblait pas dépendre de soi. C'est être fier d'une
15 victoire que les camarades ont remportée. C'est sentir, en posant sa pierre, que l'on contribue à bâtir le monde.

On veut confondre de tels hommes avec les toréadors ou les joueurs. On vante leur mépris de la mort. Mais je me moque bien du mépris de la mort. S'il ne tire pas ses racines d'une responsabilité acceptée, il n'est que signe de pauvreté ou d'excès de
20 jeunesse. J'ai connu un suicidé jeune. Je ne sais plus quel chagrin d'amour l'avait poussé à se tirer soigneusement une balle dans le cœur. Je ne sais à quelle tentation littéraire il avait cédé en habillant ses mains de gants blancs, mais je me souviens d'avoir ressenti en face de cette triste parade une impression non de noblesse mais de misère. Ainsi, derrière ce visage aimable, sous ce crâne d'homme, il n'y avait rien
25 eu, rien. Sinon l'image de quelque sotte petite fille semblable à d'autres.

Face à cette destinée maigre, je me rappelais une vraie mort d'homme. Celle d'un jardinier, qui me disait : « Vous savez... parfois je suais quand je bêchais.⁴⁵ Mon rhumatisme me tirait la jambe, et je pestais contre cet esclavage. Eh bien, aujourd'-hui, je voudrais bêcher, bêcher dans la terre. Bêcher ça me paraît tellement beau !
30 On est tellement libre quand on bêche ! Et puis, qui va tailler⁴⁶ aussi mes arbres ? » Il laissait une terre en friche.⁴⁷ Il laissait une planète en friche. Il était lié d'amour à toutes les terres et à tous les arbres de la terre. C'était lui le généreux, le prodigue, le grand seigneur ! C'était lui, comme Guillaumet, l'homme courageux, quand il luttait au nom de sa Création, contre la mort.

QUESTIONS

1. Étudiez les images dans le deuxième paragraphe de ce texte.
2. Expliquez le sens du verbe « essayer » qui paraît plusieurs fois à la page 38.
3. « La terre ainsi est à la fois déserte et riche » (p. 39). Commentez.
4. Quelle attitude envers la nature se dégage de ce texte ?
5. « Il est vain, si l'on plante un chêne, d'espérer s'abriter bientôt sous son feuillage ». (p. 39). Dégagez le sens de cette phrase.

⁴⁴ **droiture**   intégrité
⁴⁵ **bêchais**   dug
⁴⁶ **tailler**   prune
⁴⁷ **en friche**   fallow

6. Qu'entend Saint Exupéry par le mot « gravité » ? (p. 41).
7. « Et je suis un salaud si je ne marche pas » (p. 44). Commentez le sens de cette phrase.
8. Pouvez-vous définir les « hiérarchies vraies » (p. 45) selon Saint-Exupéry?
9. Pourquoi Saint-Exupéry considère-t-il la modestie une « qualité médiocre » ?
10. Étudiez dans ce texte les alternances de narration et de réflexion.
11 Pourquoi le jardinier, dans le dernier paragraphe, est-il considéré comme un « grand seigneur » ?

André Malraux

(1901–)

*Archéologue et historien de formation, aventurier par goût,
révolutionnaire et homme politique par conviction, philosophe de
l'art par vocation, André Malraux est l'un des grands
romanciers de l'entre-deux-guerres. Ses romans principaux
(*Les Conquérants, *1928 ;* La Voie royale, *1930 ;* La
Condition humaine *qui lui valut le Prix Goncourt en 1933 ;*
Le Temps du mépris, *1935 ;* L'Espoir, *1937 ;* Les Noyers de
l'Altenbourg, *1948) se déroulent tous sur un fond de guerre, de
révolution, et de violence ; la turbulence révolutionnaire en Asie,
la montée du Nazisme, la guerre d'Espagne, les deux guerres
mondiales. Ses livres sur l'art (*Les Voix du silence, *1951 ;* Les
Métamorphoses des Dieux, *1958) font écho aux grands
thèmes de ses romans : l'homme *dans *et *contre *l'Histoire,
l'individu aux prises avec les idéologies, les tensions dialectiques
entre la révolte et la moralité, l'humiliation et le sens du sacré,
la communion possible à travers la souffrance, la capacité
de l'homme de nier son néant. Partout et toujours Malraux
voit l'homme interrogeant son destin, luttant contre la solitude
et la mort.*

*L'aventure, la destinée, la mort—voilà les termes clé du
vocabulaire de Malraux. Ses héros sont mus par ce que lui-même
appelle une « curiosité tragique ». Ce sont leurs propres limites
que ses personnages explorent : leur préférence va d'instinct aux
situations extrêmes. Comme Garcia, l'un des combattants dans*
L'Espoir, *ils veulent tous « transformer en conscience une
expérience aussi large que possible ». Mais surtout, à travers eux,
Malraux cherche à traduire l'angoisse en action, et à révéler le
potentiel de grandeur qui existe en l'homme.*

*Malraux a lui-même été à tous les carrefours de l'histoire
contemporaine : en Indochine, en Espagne, dans la Résistance—
et plus récemment, sous de Gaulle, comme ministre des Affaires
Culturelles chargé de réorganiser les musées et les théâtres de
France. Il est le type même de l'écrivain engagé. Sa véritable
originalité reste cependant d'ordre littéraire : il a su, à une époque
où l'image de l'homme allait s'amincissant, redécouvrir le ton
héroïque, et conférer à l'histoire qui se fait et se défait une valeur
apocalyptique. Fidèle à un sens du tragique pascalien, il voit le
suprême courage dans la lucidité devant la faiblesse et la
mortalité. Pour lui, comme pour Pascal, la mort et la condition
humaine sont synonymes. Voilà sans doute pourquoi il a été hanté*

*par l'image pascalienne des condamnés à mort attendant leur
exécution.*

La Condition humaine—*tel est en effet le titre du roman dont
le passage suivant est extrait. L'action se situe en 1927, en
Chine : le Kuomintang et le parti communiste ont engagé une
lutte sans merci après une alliance contre le vieux régime. Des
hommes venus de différents pays se battent jusqu'à la mort pour
leur cause. Mais le roman est bien plus que l'histoire d'une
insurrection et d'une répression, bien plus en fait que le drame
d'une confrontation idéologique : il s'agit d'une série de
variations autour des thèmes de la solitude et de la mort. À la fin
du roman, c'est le sens de la solidarité—ce que Malraux appelle
la « fraternité virile »—qui apparaît comme le grand espoir,
l'unique chance de l'homme. Malraux chante la dignité et le
courage, la communion dans l'action, et s'il faut dans le
sacrifice. « Il est facile de mourir quand on ne meurt pas seul ».*

*L'épisode de l'attentat contre Chang-Kaï-Shek décrit la mort du
terroriste Tchen. Mais justement le terroriste, dans la mesure où il
fait de la mort un absolu, dans la mesure où il rêve de se
posséder lui-même à travers la mort, est condamné à mourir
seul.*

BIBLIOGRAPHIE

Blend, Charles. *André Malraux : Tragic Humanist.* Columbus : Ohio State University Press, 1963.

Boisdeffre, Pierre de *André Malraux.* Paris : Éditions Universitaires, 1952.

Frohock, W. B. *André Malraux and the Tragic Imagination.* Stanford, California : Stanford University Press, 1952.

Hartman, Geoffrey. *André Malraux.* London : Bowes and Bowes, 1960.

Lewis, R. W. B. (editor). *Malraux : A Collection of Critical Essays.* Englewood Cliffs, New Jersey : Prentice-Hall, 1964.

"Malraux : Passion and Intellect," Special issue of *Yale French Studies,* No. 18 (1957).

Mauriac, Claude. *Malraux ou le mal du héros.* Paris : Grasset, 1946.

L'Attentat contre la vie de Chang-Kaï-Shek

Une heure.

En avance, Tchen marchait le long du quai, une serviette sous le bras, croisant un à un les Européens dont il connaissait les visages : à cette heure, presque tous allaient boire, se rencontrer, au bar du Shanghaï-Club ou des hôtels voisins. Une main se posa doucement sur son épaule, par derrière. Il sursauta, tâta la poche intérieure où était caché son revolver.

5

— Il y a bien longtemps que nous ne nous sommes rencontrés, Tchen... Voulez-vous...

Il se retourna; c'était le pasteur Smithson,[1] son premier maître. Il reconnut aussitôt son beau visage d'Américain un peu Sioux, si ravagé maintenant.

5   — ... que nous fassions route ensemble?

— Oui.

Tchen préférait, pour plus de sûreté et d'ironie, marcher en compagnie d'un blanc : il avait une bombe dans sa serviette. Le veston correct qu'il portait ce matin lui donnait l'impression que sa pensée même était gênée; la présence d'un com-

10   pagnon complétait ce déguisement,—et, par une obscure superstition, il ne voulait pas blesser le pasteur. Il avait compté les voitures pendant une minute, ce matin, pour savoir (pair ou impair) s'il réussirait : réponse favorable. Il était exaspéré contre lui-même. Autant causer avec Smithson, se délivrer par là de son irritation.

Elle n'échappait pas au pasteur, mais il se méprit :

15   — Vous souffrez, Tchen?

— Nong.[2]

Il gardait de l'affection à son ancien maître, mais non sans rancune.

Le vieillard passa son bras sous le sien.

— Je prie pour vous chaque jour, Tchen. Qu'avez-vous trouvé à la place de la foi

20   que vous avez quittée?

Il le regardait avec une affection profonde, qui pourtant n'avait rien de paternel, comme s'il se fût offert. Tchen hésita :

— ... Je ne suis pas de ceux dont s'occupe le bonheur...

— Il n'y a pas que le bonheur, Tchen, il y a la paix.

25   — Nong. Pas pour moi.

— Pour tous...

Le pasteur ferma les yeux, et Tchen eut l'impression de tenir sous son bras celui d'un aveugle.

— Je ne cherche pas la paix. Je cherche... le contraire.

30   Smithson le regarda, sans cesser de marcher :

— Prenez garde à l'orgueil.

— Qui vous dit que je n'aie pas trouvé ma foi?

— Quelle foi politique rendra compte de la souffrance du monde?

— J'aime mieux la diminuer que d'en rendre compte. Le tong[3] de votre voix est

35   plein de... d'humanité. Je n'aime pas l'humanité qui est faite de la contemplation de la souffrance.

— Êtes-vous sûr qu'il y en ait une autre, Tchen?

— Attendez : difficile à expliquer... Il y en a une autre, du moins, qui n'est pas faite *que d'elle*...

40   — Quelle foi politique détruira la mort...

Le ton du pasteur n'était pas d'interrogation; de tristesse, plutôt...

— Je vous ai dit que je ne cherchais pas la paix.

---

[1] **le pasteur Smithson**   pasteur dirigeant le collège Luthérien où Tchen a reçu son éducatior
[2] Tchen parle parfaitement le français, mais prononce mal certaines nasales
[3] **tong**   ton

— La paix...

Le pasteur se tut. Ils marchaient.

— Mon pauvre petit, reprit-il enfin, chacun de nous ne connaît que sa propre douleur.» Son bras serrait celui de Tchen. « Croyez-vous que toute vie réellement religieuse ne soit pas une conversion de chaque jour?... »   5

Tous deux regardaient le trottoir, semblaient n'être plus en contact que par leurs bras. « ... de chaque jour... », répéta le pasteur avec une force lasse, comme si ces paroles n'eussent été que l'écho d'une obsession. Tchen ne répondait pas. Cet homme parlait de lui-même et disait la vérité. Comme lui, celui-là vivait sa pensée; il était autre chose qu'une loque avide. Sous le bras gauche, la serviette et la   10 bombe; sous le bras droit, ce bras serré : « ... une conversion de chaque jour... » Cette confidence à ton de secret donnait au pasteur une perspective soudaine et pathétique. Si près du meurtre, Tchen s'accordait à toute angoisse.

— Chaque nuit, Tchen, je prierai pour que Dieu vous délivre de l'orgueil. (Je prie surtout la nuit : elle est favorable à la prière.) S'il vous accorde l'humilité, vous   15 serez sauvé. Maintenant je trouve et je suis votre regard, que je ne pouvais rencontrer tout à l'heure...

C'était avec sa souffrance, non avec ses paroles, que Tchen était entré en communion : cette dernière phrase, cette phrase de pêcheur qui croit sentir le poisson, appelait en lui une colère qui montait péniblement, sans chasser tout à fait une   20 furtive pitié. Il ne comprenait plus rien à ses sentiments.

— Écoutez bien, dit-il. Dans deux heures, je tuerai.

Il fixa son regard dans les yeux de son compagnon cette fois. Sans raison, il éleva vers son visage sa main droite qui tremblait, la crispa au revers de son veston correct :

— Vous trouvez toujours mon regard?   25

Non. Il était seul. Encore seul. Sa main quitta son veston, s'accrocha au revers de celui du pasteur comme s'il eût voulu le secouer; celui-ci posa la main sur la sienne. Ils restaient ainsi, au milieu du trottoir, immobiles, comme prêts à lutter; un passant s'arrêta. C'était un blanc, et il crut à une altercation.

— C'est un atroce mensonge, dit le pasteur à mi-voix.   30

Le bras de Tchen retomba. Il ne pouvait même pas rire. « Un mensonge! » cria-t-il au passant. Celui-ci haussa les épaules et s'éloigna. Tchen se retourna tout d'une pièce et partit presque en courant.

Il trouva enfin ses deux compagnons, à plus d'un kilomètre. « Beaucoup de face »[4] avec leurs chapeaux fendus, leurs vêtements d'employés, choisis pour justifier leurs   35 serviettes dont l'une contenait une bombe, et la seconde des grenades. Souen—nez busqué, Chinois de type peau-rouge—songeait, ne regardait rien; Peï... jamais auparavant Tchen ne s'était aperçu à quel point ce visage semblait adolescent. Les lunettes rondes d'écaille[5] en accentuaient peut-être la jeunesse. Ils partirent, atteignirent l'avenue des Deux-Républiques; toutes boutiques ouvertes, elle   40 reprenait vie sous le ciel trouble.

L'auto de Chang-Kaï-Shek arriverait dans l'avenue par une étroite rue perpendiculaire. Elle ralentirait pour tourner. Il fallait la voir venir, et lancer la bombe

[4] c'est-à-dire, ils avaient ainsi habillés l'air d'hommes d'affaires
[5] **lunettes rondes d'écaille**   round tortoise-shell glasses

lorsqu'elle ralentirait. Elle passait chaque jour entre une heure et une heure et quart : le général déjeunait à l'européenne. Il fallait donc que celui qui surveillerait la petite rue, dès qu'il verrait l'auto, fît signe aux deux autres. La présence d'un marchand d'antiquités, dont le magasin s'ouvrait juste en face de la rue, l'aiderait ; à moins que
5 l'homme n'appartînt à la police. Tchen voulait surveiller lui-même. Il plaça Peï dans l'avenue, tout près de l'endroit où l'auto terminerait sa courbe avant de reprendre de la vitesse ; Souen, un peu plus loin. Lui, Tchen, préviendrait et lancerait la première bombe. Si l'auto ne s'arrêtait pas, atteinte ou non, les deux autres lanceraient leurs bombes à leur tour. Si elle s'arrêtait, ils viendraient vers elle : la rue était trop
10 étroite pour qu'elle tournât. Là était l'échec possible : manqués, les gardes debout sur le marchepied ouvriraient le feu pour empêcher quiconque d'approcher.

Tchen et ses compagnons devaient maintenant se séparer. Il y avait sûrement des mouchards[6] dans la foule, sur tout le chemin suivi par l'auto. D'un petit bar chinois, Peï allait guetter le geste de Tchen ; de plus loin, Souen attendrait que Peï sortît.
15 Peut-être l'un au moins des trois serait-il tué, Tchen sans doute. Ils n'osaient rien se dire. Ils se séparèrent sans même se serrer la main.

Tchen entra chez l'antiquaire et demanda à voir des petits bronzes de fouilles.[7] Le marchand tira d'un tiroir une trop grosse poignée de petites boîtes de satin violet, posa sur la table sa main hérissée de cubes, et commença à les y disposer. Ce n'était
20 pas un Shanghaïen, mais un Chinois du Nord ou du Turkestan : ses moustaches et sa barbe rares mais floues, ses yeux bridés étaient d'un Musulman de basse classe, et aussi sa bouche obséquieuse ; mais non son visage sans arêtes, de bouc à nez plat. Celui qui dénoncerait un homme trouvé sur le passage du général avec une bombe recevrait une grosse somme d'argent et beaucoup de considération parmi les siens.
25 Et ce bourgeois riche était peut-être un partisan sincère de Chang-Kaï-Shek.

— Y a-t-il longtemps que vous êtes à Shanghaï ? demanda-t-il à Tchen. Que pouvait être ce singulier client ? Sa gêne, son absence d'abandon, de curiosité pour les objets exposés, l'inquiétaient. Ce jeune homme n'avait pas l'habitude de porter des habits européens. Les grosses lèvres de Tchen, malgré son profil aigu, le ren-
30 daient sympathique. Le fils de quelque riche paysan de l'intérieur ? Mais les gros fermiers ne collectionnaient pas les bronzes anciens. Achetait-il pour un Européen ? Ce n'était pas un boy,[8] ni un courtier—et, s'il était amateur,[9] il regardait les objets qu'on lui montrait avec bien peu d'amour : il semblait qu'il songeât à autre chose.
35 Car déjà Tchen surveillait la rue. De cette boutique il pouvait voir à deux cents mètres. Pendant combien de temps verrait-il l'auto ? Mais comment calculer sous la curiosité de cet imbécile ? Avant tout, il fallait répondre. Rester silencieux comme il l'avait fait jusque-là était stupide :

— Je vivais dans l'intérieur, dit-il. J'en ai été chassé par la guerre.
40 L'autre allait questionner à nouveau. Tchen sentait qu'il l'inquiétait. Le marchand se demandait maintenant s'il n'était pas un voleur venu examiner son magasin pour

[6] **mouchards**   informers
[7] **fouilles**   archeological excavations
[8] **boy**   domestique
[9] **amateur**   (art) lover

le piller aux prochains désordres; pourtant, ce jeune homme ne souhaitait pas voir les plus belles pièces. Seulement des bronzes ou des figures de renards, et d'un prix modéré. Les Japonais aiment les renards, mais ce client n'était pas Japonais. Il fallait continuer à l'interroger adroitement.

— Sans doute habitez-vous le Houpé? La vie est devenue bien difficile, dit-on, 5 dans les provinces du centre.

Tchen se demanda s'il ne jouerait pas le demi-sourd. Il n'osa pas, de crainte de sembler plus étrange encore.

— Je ne l'habite plus, répondit-il seulement. Son ton, la structure de ses phrases, avaient, même en chinois, quelque chose de bref: il exprimait directement sa 10 pensée, sans employer les tournures d'usage. Mais il pensa au marchandage.

— Combien? demanda-t-il en indiquant du doigt une des fibules[10] à tête de renard qu'on trouve en grand nombre dans les tombeaux.

— Quinze dollars.

— Huit me semblerait un bon prix... 15

— Pour une pièce de cette qualité? Comment pouvez-vous croire?... Songez que je l'ai payée dix... Fixez mon bénéfice vous-même.

Au lieu de répondre, Tchen regardait Peï assis devant une petite table dans son bar ouvert, un jeu de lumière sur les verres de ses lunettes; celui-ci ne le voyait sans doute pas, à cause de la vitre du magasin d'antiquités. Mais il le verrait sortir. 20

— Je ne saurais payer plus de neuf, dit-il enfin comme s'il eût exprimé la conclusion d'une méditation. Encore me priverais-je beaucoup.

Les formules, en ce domaine, étaient rituelles, et il les employait sans peine.

— C'est ma première affaire aujourd'hui, répondit l'antiquaire. Peut-être dois-je accepter cette petite perte d'un dollar, car la conclusion de la première affaire 25 engagée est d'un présage favorable...

La rue déserte. Un pousse,[11] au loin, la traversa. Un autre. Deux hommes sortirent. Un chien. Un vélo. Les hommes tournèrent à droite; le pousse avait traversé. La rue déserte de nouveau; seul, le chien...

— Ne donneriez-vous pas, cependant, 9 dollars $\frac{1}{2}$? 30

— Pour exprimer la sympathie que vous m'inspirez.

Autre renard en porcelaine. Nouveau marchandage. Tchen, depuis son achat, inspirait davantage confiance. Il avait acquis le droit de réfléchir: il cherchait le prix qu'il offrirait, celui qui correspondait subtilement à la qualité de l'objet; sa respectable méditation ne devait point être troublée. « L'auto, dans cette rue, avance à 40 35 à l'heure, plus d'un kilomètre en deux minutes. Je la verrai pendant un peu moins d'une minute. C'est peu. Il faut que Peï ne quitte plus des yeux cette porte... » Aucune auto ne passait dans cette rue. Quelques vélos... Il marchanda une boucle de ceinture en jade, n'accepta pas le prix du marchand, dit qu'il reprendrait la discussion plus tard. Un des commis apporta du thé. Tchen acheta une petite tête de 40 renard en cristal, dont le marchand ne demandait que trois dollars. La méfiance du boutiquier n'avait pourtant pas disparu tout à fait.

— J'ai d'autres très belles pièces, très authentiques, avec de très jolis renards.

---

[10] **fibules**   buckles, clasps
[11] **pousse**   rickshaw

Mais ce sont des piè˜es de grande valeur, et je ne les conserve pas dans mon magasin. Nous pourrions con enir d'un rendez-vous...

Tchen ne disait rien.

— ... à la rigueur, j'enverrais un de mes commis les chercher...

5   — Je ne m'intéresse pas aux pièces de grande valeur. Je ne suis pas, malheureusement, assez riche.

Ce n'était donc pas un voleur; il ne demandait pas même à les voir. L'antiquaire montrait à nouveau la boucle de ceinture en jade, avec une délicatesse de manieur de momies; mais, malgré les paroles qui passaient une à une entre ses lèvres de velours
10   gélatineux, malgré ses yeux concupiscents, son client restait indifférent, lointain... C'était lui, pourtant, qui avait choisi cette boucle. Le marchandage est une collaboration, comme l'amour; le marchand faisait l'amour avec une planche. Pourquoi donc cet homme achetait-il? Soudain, il devina : c'était un de ces pauvres jeunes gens qui se laissent puérilement séduire par les prostituées japonaises de Tchapéï.
15   Elles ont un culte pour les renards. Ce client achetait ceux-ci pour quelque serveuse ou fausse geisha; s'ils lui étaient si indifférents, c'est qu'il ne les achetait pas pour lui. (Tchen ne cessait d'imaginer l'arrivée de l'auto, la rapidité avec laquelle il devrait ouvrir sa serviette, en tirer la bombe, la jeter.) Mais les geishas n'aiment pas les objets de fouilles... Peut-être font-elles exception lorsqu'il s'agit de petits
20   renards? Le jeune homme avait acheté aussi un objet de cristal et un de porcelaine...

Ouvertes ou fermées, les boîtes minuscules étaient étalées sur la table. Les deux commis regardaient, accoudés. L'un, très jeune, s'était appuyé sur la serviette de Tchen; comme il se balançait d'une jambe sur l'autre, il l'attirait hors de la table. La bombe était dans la partie droite, à trois centimètres du bord.

25   Tchen ne pouvait bouger. Enfin il étendit le bras, ramena la serviette à lui, sans la moindre difficulté. Aucun de ces hommes n'avait senti la mort, ni l'attentat manqué; rien, une serviette qu'un commis balance et que son propriétaire rapproche de lui... Et soudain, tout sembla extraordinairement facile à Tchen. Les choses, les actes même n'existaient pas; tous étaient des songes qui nous étreignent parce que nous
30   leur en donnons la force, mais que nous pouvons aussi bien nier... A cet instant, il entendit la trompe d'une auto : Chang-Kaï-Shek.

Il prit sa serviette comme une arme, paya, jeta les deux petits paquets dans sa poche, sortit.

Le marchand le poursuivait, la boucle de ceinture qu'il avait refusé d'acheter à la
35   main :

— Ce sont là des pièces de jade qu'aiment tout particulièrement les dames japonaises.

Cet imbécile allait-il foutre le camp![12]

— Je reviendrai.

40   Quel marchand ne connaît la formule? L'auto approchait, beaucoup plus vite qu'à l'ordinaire, sembla-t-il à Tchen, précédée de la Ford de la garde.

— Allez-vous-en.

Plongeant sur eux, l'auto secouait sur les caniveaux les deux détectives accrochés

---

[12] **foutre le camp**   get out of the way (expression vulgaire)

à ses marchepieds. La Ford passa. Tchen, arrêté, ouvrit sa serviette, posa sa main sur la bombe enveloppée dans un journal. Le marchand glissa en souriant la boucle de ceinture dans la poche vide de la serviette ouverte. C'était la plus éloignée de lui. Il barrait ainsi les deux bras de Tchen :

— Vous paierez ce que vous voudrez.   5

— Allez-vous-en!

Stupéfait par ce cri, l'antiquaire regarda Tchen, la bouche ouverte lui aussi.

— Ne seriez-vous pas un peu souffrant? » Tchen ne voyait plus rien, mou comme s'il allait s'évanouir : l'auto passait.

Il n'avait pu se dégager à temps du geste de l'antiquaire. « Ce client va se trouver   10 mal », pensa celui-ci. Il s'efforça de le soutenir. D'un coup, Tchen rabattit les deux bras tendus devant lui et partit en avant. La douleur arrêta le marchand. Tchen courait presque.

— Ma plaque! cria le marchand. Ma plaque!

Elle était toujours dans la serviette. Tchen ne comprenait rien. Chacun de ses   15 muscles, le plus fin de ses nerfs, attendaient une détonation qui emplirait la rue, se perdrait lourdement sous le ciel bas. Rien. L'auto avait tourné, avait même sans doute maintenant dépassé Souen. Et cet abruti restait là. Il n'y avait pas de danger, puisque tout était manqué. Qu'avaient fait les autres? Tchen commença à courir. « Au voleur! » cria l'antiquaire. Des marchands parurent. Tchen comprit. De rage,   20 il eut envie de s'enfuir avec cette plaque, de la lancer n'importe où. Mais de nouveaux badauds s'approchaient. Il la jeta à la figure de l'antiquaire et s'aperçut qu'il n'avait pas refermé sa serviette. Depuis le passage de l'auto, elle était restée ouverte, sous les yeux de ce crétin et des passants, la bombe visible, plus même protégée par le papier qui avait glissé. Il referma enfin la serviette avec prudence (il faillit la   25 rabattre à toute volée; il luttait de toute sa force contre ses nerfs). Le marchand regagnait au plus vite son magasin. Tchen reprit sa course.

— Eh bien? dit-il à Peï dès qu'il le rejoignit.

— Et toi?

Ils se regardèrent haletants, chacun voulant d'abord entendre l'autre. Souen, qui   30 s'approchait, les voyait ainsi empêtrés dans une immobilité pleine d'hésitations et de velléités, de profil sur des maisons floues; la lumière très forte malgré les nuages détachait le profil d'épervier bonasse de Tchen et la tête rondouillarde de Peï, isolait ces deux personnages aux mains tremblantes, plantés sur leurs ombres courtes de début d'après-midi parmi les passants affairés et inquiets. Tous trois portaient   35 toujours les serviettes : il était sage de ne pas rester là trop longtemps. Les restaurants n'étaient pas sûrs. Et ils ne s'étaient que trop réunis et séparés dans cette rue, déjà. Pourquoi! Il ne s'était rien passé...

— Chez Hemmelrich,[13] dit pourtant Tchen.

Ils s'engagèrent dans les ruelles.   40

— Qu'est-il arrivé? demanda Souen.

Tchen le lui expliqua. Peï, lui, avait été troublé lorsqu'il avait vu que Tchen ne quittait pas seul le magasin de l'antiquaire. Il s'était dirigé vers son poste de lance-

[13] **Hemmelrich**   marchand de disques chez qui ont lieu certaines réunions des révolutionnaires communistes

ment, à quelques mètres du coin. L'usage, à Shanghaï, est de conduire à gauche ; l'auto tournait d'ordinaire au plus court, et Peï s'était placé sur le trottoir de gauche, pour lancer sa bombe de près. Or, l'auto allait vite ; il n'y avait pas de voitures à ce moment dans l'avenue des Deux-Républiques. Le chauffeur avait tourné au plus
5 large ; il avait donc longé l'autre trottoir, et Peï s'était trouvé séparé de lui par un pousse

— Tant pis pour le pousse, dit Tchen. Il y a des milliers d'autres coolies qui ne peuvent vivre que de la mort de Chang-Kaï-Shek.

— J'aurais manqué mon coup.

10 Souen, lui, n'avait pas lancé ses grenades parce que l'abstention de ses camarades lui avait fait supposer que le général n'était pas dans la voiture.

Ils avançaient en silence entre les murs que le ciel jaunâtre et chargé de brume rendait blêmes, dans une solitude misérable criblée de détritus et de fils télégraphiques.

15 — Les bombes sont intactes, dit Tchen à mi-voix. Nous recommencerons tout à l'heure.

Mais ses deux compagnons étaient écrasés ; ceux qui ont manqué leur suicide le tentent rarement à nouveau. La tension de leurs nerfs, qui avait été extrême, devenait trop faible. À mesure qu'ils avançaient, l'ahurissement faisait place en eux
20 au désespoir.

— C'est ma faute, dit Souen.

Peï répéta :

— C'est ma faute.

— Assez, dit Tchen, excédé. Il réfléchissait, en poursuivant cette marche misé-
25 rable. Il ne fallait pas recommencer de la même façon. Ce plan était mauvais, mais il était difficile d'en imaginer un autre. Il avait pensé que... Ils arrivaient chez Hemmelrich.

Du fond de sa boutique, Hemmelrich entendait une voix qui parlait en chinois, deux autres qui répondaient... Il lui était difficile d'entendre distinctement : au-
30 dessus, l'enfant criait sans cesse. Mais les voix se turent et de courtes ombres, sur le trottoir, montrèrent que trois corps étaient là. La police?... Hemmelrich se leva, pensa au peu de crainte qu'inspireraient à des agresseurs son nez plat et ses épaules en avant de boxeur crevé, et marcha vers la porte. Avant que sa main eût atteint sa poche, il avait reconnu Tchen ; il la lui tendit au lieu de tirer son revolver.

35 — Allons dans l'arrière-boutique, dit Tchen.

Tous trois passèrent devant Hemmelrich. Il les examinait. Une serviette chacun, non pas tenue négligemment, mais serrée par les muscles crispés du bras.

— Voici, dit Tchen dès que la porte fut refermée : peux-tu nous donner l'hospitalité quelques heures ? À nous et à ce qu'il y a dans nos serviettes ?

40 — Des bombes ?

— Oui.

— Non.

Le gosse, là-haut, continuait à crier. Ses cris les plus douloureux étaient devenus des sanglots, et parfois de petits gloussements, comme s'il eût crié pour s'amuser—

d'autant plus poignants. Disques, chaises, grillon, étaient à tel point les mêmes que lorsque Tchen était venu là après le meurtre de Tang-Yen-Ta,[14] que Hemmelrich et lui se souvinrent ensemble de cette soirée. Il ne dit rien, mais Hemmelrich le devina :

— Les bombes, reprit-il, je ne peux pas en ce moment. S'ils trouvent des [5] bombes ici, ils tueront la femme et le gosse.[15]

— Bong.[16] Allons chez Shia[17]... À cette heure, il n'y a que le garçong.

— Comprends-moi, Tchen : le gosse est très malade, et la mère n'est pas brillante...

Il regardait Tchen, les mains tremblantes : [10]

— Tu ne peux pas savoir, Tchen, tu ne peux pas savoir le bonheur que tu as d'être libre !...

— Si, je le sais.

Les trois Chinois sortirent...

De nouveau, Tchen et ses compagnons avaient quitté l'avenue : les cours et les [15] ruelles étaient peu surveillées, l'auto du général n'y passait pas. « Il faut changer de plan », pensait Tchen, tête baissée, en regardant ses souliers bien-pensants[18] qui avançaient sous ses yeux, l'un après l'autre. Accrocher l'auto de Chang-Kaï-Shek avec une autre auto conduite en sens inverse? mais toute auto pouvait être réquisi-tionnée par l'armée. Tenter d'employer le fanion[19] d'une légation pour protéger la [20] voiture dont ils se serviraient était incertain, car la police connaissait les chauffeurs des ministres étrangers. Barrer la route avec une charrette? Chang-Kaï-Shek était toujours précédé de la Ford de sa garde personnelle. Devant un arrêt suspect, gardes et policiers des marchepieds tireraient sur quiconque tenterait de s'approcher. Tchen écouta : depuis quelques instants, ses compagnons parlaient. [25]

— Beaucoup de généraux abandonneront Chang-Kaï-Shek s'ils savent qu'ils risquent réellement d'être assassinés, disait Peï. Il n'y a de foi que chez nous.

— Oui, dit Souen, on fait de bons terroristes avec les fils des suppliciés.

Tous deux l'étaient.

— Et quant aux généraux qui resteront, ajouta Peï, même s'ils doivent faire la [30] Chine contre nous, ils la feront grande, parce qu'ils la feront sur leur propre sang.

— Non! dirent à la fois Tchen et Souen. Ni l'un ni l'autre n'ignoraient combien était élevé le nombre des nationalistes parmi les communistes, parmi les intellectuels surtout.

Peï écrivait dans des revues vite interdites des contes d'une amertume douloureu- [35] sement satisfaite d'elle-même, et des articles dont le dernier commençait par : « L'impérialisme étant gêné, la Chine songe à solliciter sa bienveillance une fois de plus, et à lui demander de remplacer par un anneau de nickel l'anneau d'or qu'il lui a rivé dans le nez... » Il préparait d'autre part une idéologie du terrorisme. Pour lui, le communisme était seulement le vrai moyen de faire revivre la Chine. [40]

[14] Cet assassinat est décrit dans la première scène du roman
[15] C'est-à-dire, la femme et l'enfant de Hemmelrich
[16] **bong** bon
[17] **Shia** marchand de lampes dont le magasin est également un lieu de réunion pour les communistes
[18] c'est-à-dire, souliers à l'européenne, d'homme d'affaires
[19] **fanion** flag

— Je ne veux pas faire la Chine, dit Souen, je veux faire les miens, avec ou sans elle. Les pauvres. C'est pour eux que j'accepte de mourir, de tuer. Pour eux seulement...

C'est Tchen qui répond :

5 — Tant que nous essaierons de lancer la bombe, ça ira mal Trop de chances d'échec. Et il faut en finir aujourd'hui.

— S'y prendre autrement n'est pas plus facile, dit Peï.

— Il y a un moyen.

Les nuages bas et lourds avançaient dans le sens de leur marche, au-dessous du jour 10 jaunâtre, avec un mouvement incertain et pourtant impérieux de destinées. Tchen avait fermé les yeux pour réfléchir, mais marchait toujours; ses camarades attendaient, regardant ce profil courbe qui avançait comme à l'ordinaire le long des murs.

— Il y a un moyen. Et je crois qu'il n'y en a qu'un : il ne faut pas lancer la bombe; il faut se jeter sous l'auto avec elle.

15 La marche continuait à travers les cours défoncées où les enfants ne jouaient plus. Tous trois réfléchissaient.

Ils arrivèrent. Le commis les introduisit dans l'arrière-boutique. Ils restaient debout au milieu des lampes, serviettes sous le bras; ils finirent par les poser, prudemment. Souen et Peï s'accroupirent, à la chinoise.

20 — Pourquoi ris-tu, Tchen?

Il ne riait pas, il souriait, bien loin de l'ironie que lui prêtait l'inquiétude de Peï : stupéfait, il découvrait l'euphorie. Tout devenait simple. Son angoisse s'était dissipée. Il savait quelle gêne troublait ses camarades, malgré leur courage : lancer les bombes, même de la façon la plus dangereuse, c'était l'aventure; la résolution de 25 mourir, c'était autre chose; le contraire, peut-être. Il commença à marcher de long en large. L'arrière-boutique n'était éclairée que par le jour qui pénétrait à travers le magasin. Le ciel étant gris, il régnait là une lumière plombée comme celle qui précède les orages; dans cette brume sale brillaient sur les panses des lampes-tempête des effets de lumière, points d'interrogation renversés et parallèles. 30 L'ombre de Tchen, trop confuse pour être une silhouette, avançait au-dessus des yeux inquiets des autres...

— Ce qui nous manque le plus c'est le sens du hara-kiri. Mais le Japonais qui se tue risque de devenir un dieu, ce qui est le commencement de la saloperie.[20] Non : il faut que le sang retombe sur les hommes—et qu'il y reste

35 — J'aime mieux tenter de réussir, dit Souen—de réussir—plusieurs attentats que de décider que je n'en tenterai qu'un parce qu'après je serai mort.

Pourtant, au-dessous des mots de Tchen, vibrant de leur timbre plus que de leur sens,—lorsque celui-ci exprimait sa passion en chinois, sa voix prenait une intensité extrême—un courant attirait Souen, toute l'attention tendue, sans qu'il sût vers 40 quoi.

— Il faut que je me jette sous l'auto, répondit Tchen.

Le cou immobile, ils le suivaient du regard, tandis qu'il s'éloignait et revenait; lui ne les regardait plus. Il trébucha sur une des lampes posées par terre, se rattrapa au mur. La lampe tomba, se cassa en tintant. Mais il n'y avait pas de place pour le

[20] **saloperie**   a whole filthy mess

rire. Son ombre redressée se détachait confusément au-dessus de leur tête sur les
derniers rangs des lampes ; Souen commençait à comprendre ce que Tchen attendait
de lui ; pourtant, méfiance de lui-même, ou défense contre ce qu'il prévoyait :

— Qu'est-ce que tu veux ?

Tchen s'aperçut qu'il ne le savait pas. Il lui semblait lutter, non contre Souen, 5
mais contre sa pensée qui le fuyait. Enfin :

— Que cela ne soit pas perdu.

— Tu veux que Peï et moi prenions l'engagement de t'imiter ? C'est bien cela ?

— Ce n'est pas une promesse que j'attends. C'est un besoin.

Les reflets s'effaçaient sur les lampes. Le jour baissait dans la pièce sans fenêtre : 10
sans doute les nuages s'amassaient-ils dehors... Soudain il comprit. Souen aussi
comprenait :

— Tu veux faire du terrorisme une espèce de religion ?

L'exaltation de Tchen devenait plus grande. Tous les mots étaient creux,
absurdes, trop faibles pour exprimer ce qu'il voulait d'eux. 15

Pas une religion. Le sens de la vie. La...

Il faisait de la main le geste convulsif de pétrir, et sa pensée semblait haleter
comme une respiration.

« ... La possession complète de soi-même. Totale. Absolue. La seule. Savoir. Ne
pas chercher, chercher, tout le temps, des idées, des devoirs. Depuis une heure je ne 20
sens plus rien de ce qui pesait sur moi. Vous entendez ? Rien.

Une telle exaltation le soulevait qu'il ne cherchait plus à les convaincre autrement qu'en leur parlant de lui :

— Je me possède moi-même. Mais pas une menace, une angoisse, comme
toujours. Possédé, serré, serré, comme cette main serre l'autre—(il la serrait de 25
toute sa force), ce n'est pas assez, comme...

Il ramassa l'un des morceaux de verre de la lampe cassée. Un large éclat triangu-
laire, plein de reflets. D'un coup, il l'enfonça dans sa cuisse. Sa voix saccadée[21] était
pénétrée d'une certitude sauvage, mais il semblait bien plus posséder son exaltation
qu'être possédé par elle. Pas fou du tout. À peine si les deux autres le voyaient en- 30
core, et pourtant, il emplissait la pièce. Souen commença à avoir peur :

— Je suis moins intelligent que toi, Tchen, mais pour moi... pour moi, non. J'ai
vu mon père pendu par les mains, battu à coups de rotin[22] sur le ventre, pour qu'il
avouât où son maître avait caché l'argent qu'il ne possédait pas. C'est pour les nôtres
que je combats, pas pour moi. 35

— Pour les nôtres, tu ne peux pas faire mieux que décider de mourir. L'efficacité
d'aucun homme ne peut être comparée à celle de l'homme qui a choisi cela. Si
nous l'avions décidé, nous n'aurions pas manqué Chang-Kaï-Shek tout à l'heure.
Tu le sais.

— Toi, tu as peut-être besoin de ça. Je ne sais pas... » Il se débattait. « Si j'étais 40
d'accord, comprends-tu, il me semblerait que je ne me fais pas tuer pour tous,
mais... »

— Mais ?

[21] **saccadée** jerky
[22] **rotin** rattan cane

Presque complètement assombri, le mauvais jour de l'après-midi restait là sans disparaître tout à fait, éternel.

— Pour toi.

Une forte odeur de pétrole rappela à Tchen les touques[23] d'essence de l'incendie
5 du poste, le premier jour de l'insurrection. Mais tout plongeait dans le passé, même Souen, puisqu'il ne voulait pas le suivre. Pourtant, la seule volonté que sa pensée présente ne transformât pas en néant, c'était de créer ces Juges condamnés, cette race de vengeurs. Cette naissance se faisait en lui, comme toutes les naissances; en le déchirant et en l'exaltant—sans qu'il en fût le maître. Il ne pouvait plus supporter
10 aucune présence. Il se leva.

— Toi qui écris, dit-il à Peï, tu expliqueras.

Ils reprirent les serviettes. Peï essuyait ses lunettes. Tchen releva son pantalon, banda sa cuisse avec un mouchoir sans laver la blessure—pourquoi faire? elle n'aurait pas le temps de s'infecter—avant de sortir. « On fait toujours la même
15 chose », se dit-il, troublé, pensant au couteau qu'il s'était enfoncé dans le bras.[24]

— Je partirai seul, dit-il. Et je suffirai seul, ce soir.

— J'organiserai quand même quelque chose, répondit Souen.

— Ce sera trop tard.

Devant la boutique, Tchen fit un pas vers la gauche. Peï le suivait. Souen restait
20 immobile. Un second pas. Peï le suivit encore. Tchen s'aperçut que l'adolescent, lunettes à la main—tellement plus humain, ce visage de gosse, sans verres sur les yeux—pleurait en silence.

— Où vas-tu?

— Je viens.

25 Tchen s'arrêta. Il l'avait toujours cru de l'avis de Souen; il lui montra celui-ci du doigt.

— J'irai avec toi, reprit Peï.

Il s'efforçait de parler le moins possible, la voix faussée, la pomme d'Adam secouée de sanglots silencieux.

30 — Témoigne d'abord.

Il crispa ses doigts dans les bras de Peï.

— Témoigne, répéta-t-il.

Il s'écarta. Peï resta sur le trottoir, la bouche ouverte, essuyant toujours ses verres de lunettes, comique. Jamais il n'eût cru qu'on pût être si seul.

10 heures et demie.

35 « Pourvu que l'auto ne tarde plus », pensa Tchen. Dans l'obscurité complète, il n'eût pas été aussi sûr de son coup, et les derniers réverbères allaient bientôt s'éteindre. La nuit désolée de la Chine des rizières et des marais avait gagné l'avenue presque abandonnée. Les lumières troubles des villes de brume qui passaient par les fentes des volets entr'ouverts, à travers les vitres bouchées, s'étei-
40 gnaient une à une; les derniers reflets s'accrochaient aux rails mouillés, aux isolateurs

---

[23] car Tchen et ses amis ont fait commencer la révolte en attaquant les postes de police, les brûlant à l'aide de touques (drums) d'essence

[24] juste avant de tuer Tang-Yen-Ta (voir la note 14)

du télégraphe ; ils s'affaiblissaient de minute en minute ; bientôt Tchen ne les vit plus que sur les pancartes verticales couvertes de caractères dorés. Cette nuit de brume était sa dernière nuit, et il en était satisfait. Il allait sauter avec la voiture, dans un éclair en boule qui illuminerait une seconde cette avenue hideuse et couvrirait un mur d'une gerbe de sang. La plus vieille légende chinoise s'imposa à lui : les 5 hommes sont la vermine de la terre. Il fallait que le terrorisme devînt une mystique. Solitude, d'abord : que le terroriste décidât seul, exécutât seul ; toute la force de la police est dans la délation ; le meurtrier qui agit seul ne risque pas de se dénoncer lui-même. Solitude dernière, car il est difficile à celui qui vit hors du monde de ne pas rechercher les siens. Tchen connaissait les objections opposées au terrorisme 10 répression policière contre les ouvriers, appel au fascisme. La répression ne pourrait être plus violente, le fascisme plus évident... Il ne s'agissait pas de maintenir dans leur classe, pour la délivrer, les meilleurs des hommes écrasés, mais de donner un sens à leur écrasement même : que chacun s'instituât responsable et juge de la vie d'un maître. Donner un sens immédiat à l'individu sans espoir et multiplier les 15 attentats, non par une organisation, mais par une idée : faire renaître des martyrs. Peï, écrivant, serait écouté parce que lui, Tchen, allait mourir : il savait de quel poids pèse sur toute pensée le sang versé pour elle. Tout ce qui n'était pas son geste résolu se décomposait dans la nuit derrière laquelle restait embusquée[25] cette automobile qui arriverait bientôt. La brume, nourrie par la fumée des navires, 20 détruisait peu à peu au fond de l'avenue les trottoirs pas encore vides : des passants affairés y marchaient l'un derrière l'autre, se dépassant rarement, comme si la guerre eût imposé à la ville un ordre tout-puissant. Le silence général de leur marche rendait leur agitation presque fantastique. Ils ne portaient pas de paquets, d'éventaires, ne poussaient pas de petites voitures ; cette nuit, il semblait que leur activité 25 n'eût aucun but. Tchen regardait toutes ces ombres qui coulaient sans bruit vers le fleuve, d'un mouvement inexplicable et constant ; n'était-ce pas le Destin même, cette force qui les poussait vers le fond de l'avenue où l'arc allumé d'enseignes à peine visibles devant les ténèbres du fleuve semblait les portes mêmes de la mort ? Enfoncés en perspectives troubles, les énormes caractères se perdaient dans ce 30 monde tragique et flou comme dans les siècles ; et, de même que si elle fût venue, elle aussi, non de l'état-major mais des temps bouddhiques, la trompe militaire de l'auto de Chang-Kaï-Shek commença à retentir sourdement au fond de la chaussée presque déserte. Tchen serra la bombe sous son bras avec reconnaissance. Les phares[26] seuls sortaient de la brume. Presque aussitôt, précédée de la Ford de garde, 35 la voiture entière en jaillit ; une fois de plus il sembla à Tchen qu'elle avançait extraordinairement vite. Trois pousses obstruèrent soudain la rue, et les deux autos ralentirent. Il essaya de retrouver le contrôle de sa respiration. Déjà l'embarras était dispersé. La Ford passa, l'auto arrivait : une grosse voiture américaine, flanquée des deux policiers accrochés à ses marchepieds ; elle donnait une telle impression de 40 force que Tchen sentit que, s'il n'avançait pas, s'il attendait, il s'en écarterait malgré lui. Il prit sa bombe par l'anse[27] comme une bouteille de lait. L'auto du

[25] **embusquée**   cachée
[26] **phares**   headlights
[27] **anse**   handle

général était à cinq mètres, énorme. Il courut vers elle avec une joie d'extatique, se jeta dessus, les yeux fermés.

Il revint à lui quelques secondes plus tard : il n'avait ni senti ni entendu le craquement d'os qu'il attendait, il avait sombré dans un globe éblouissant. Plus de veste.
5 De sa main droite il tenait un morceau de capot plein de boue ou de sang. À quelques mètres un amas de débris rouges, une surface de verre pilé où brillait un dernier reflet de lumière, des... déjà il ne distinguait plus rien : il prenait conscience de la douleur, qui fut en moins d'une seconde au delà de la conscience. Il ne voyait plus clair. Il sentait pourtant que la place était encore déserte ; les policiers craignaient-ils
10 une seconde bombe ? Il souffrait de toute sa chair, d'une souffrance pas même localisable : il n'était plus que souffrance. On s'approchait. Il se souvint qu'il devait prendre son revolver. Il tenta d'atteindre sa poche de pantalon. Plus de poche, plus de pantalon, plus de jambe : de la chair hachée. L'autre revolver, dans la poche de sa chemise. Le bouton avait sauté. Il saisit l'arme par le canon, la retourna sans savoir
15 comment, tira d'instinct le cran d'arrêt avec son pouce. Il ouvrit enfin les yeux. Tout tournait, d'une façon lente et invincible, selon un très grand cercle, et pourtant rien n'existait que la douleur. Un policier était tout près. Tchen voulut demander si Chang-Kaï-Shek était mort, mais il voulait cela dans un autre monde ; dans ce monde-ci, cette mort même lui était indifférente.
20 De toute sa force, le policier le retourna d'un coup de pied dans les côtes. Tchen hurla, tira en avant, au hasard, et la secousse rendit plus intense encore cette douleur qu'il croyait sans fond. Il allait s'évanouir ou mourir. Il fit le plus terrible effort de sa vie, parvint à introduire dans sa bouche le canon du revolver. Prévoyant la nouvelle secousse, plus douloureuse encore que la précédente, il ne bougeait plus. Un furieux
25 coup de talon d'un autre policier crispa tous ses muscles : il tira sans s'en apercevoir...

Minuit.

Dès qu'il avait appris qu'une bombe avait été lancée contre Chang-Kaï-Shek, Hemmelrich avait couru aux nouvelles. On lui avait dit que le général était tué et le meurtrier en fuite ; mais, devant l'auto retournée, le capot arraché, il avait vu le cadavre de Tchen sur le trottoir,—petit et sanglant, tout mouillé déjà par la brume, —gardé par un soldat assis à côté ; et appris que le général ne se trouvait pas dans l'auto.

QUESTIONS

1. « — Quelle foi politique rendra compte de la souffrance du monde ? » Commentez.
2. Quel est l'intérêt humain et philosophique de la rencontre du pasteur avec le terroriste ?
3. « Comme lui, celui-là vivait sa pensée... » Expliquez.
4. Action et solitude dans cet épisode.
5. Quels problèmes poserait l'adaptation cinématographique de ces pages ?
6. Comment Malraux réussit-il à créer du « suspense » ?
7. Que veut dire Hemmelrich par « le bonheur... d'être libre » ?
8. Comment s'explique le sourire de Tchen à l'idée de la mort ?

9. Commentez la phrase suivante : « il savait de quel poids pèse sur toute pensée le sang versé pour elle ».

10. Pourquoi Tchen s'enfonce-t-il un éclat de verre dans la cuisse ?

11. Comparez la mystique de Tchen à la mystique chrétienne.

12. Malraux approuve-t-il le terrorisme de Tchen ? Comment peut-on le savoir ?

Jean-Paul Sartre
(1905–   )

Chef de file de l'existentialisme français, maître à penser d'une génération sentant l'humanisme traditionnel en crise, Jean-Paul Sartre est plus qu'un penseur vigoureux et un polémiste redoutable. C'est un écrivain aux talents multiples. Il a donné sa mesure au théâtre (Huis clos, Les Mouches, Le Diable et le bon Dieu, Les Séquestrés d'Altona); *il s'est affirmé en tant que romancier dans* La Nausée, *dans les volumes des* Chemins de la liberté *et les nouvelles du* Mur; *comme critique dans ses études sur Baudelaire, Genet et les questions de littérature (« Qu'est-ce que la littérature »); comme philosophe dans les pages denses et souvent saisissantes de* L'Être et le Néant. *Écrivain de la mauvaise conscience et de l'engagement (moral et politique), Sartre a voulu et a su jouer un rôle actif dans la vie intellectuelle française après la deuxième guerre mondiale. Convaincu que l'écrivain écrit dans son époque et pour son époque, que les problèmes esthétiques, philosophiques, économiques et politiques sont intimement liés, qu'au surplus l'on ne saurait se désolidariser des grands mouvements sociaux et de la lutte des classes, il a fondé et continue à diriger l'importante revue* Les Temps Modernes.

Sa formation de professeur, son expérience de l'enseignement dans un lycée, ont peut-être eu quelque influence sur son didactisme. Mais Sartre est un authentique écrivain, et le sait—ce qui ressort de son livre autobiographique, au titre révélateur, Les Mots. *Ses œuvres nous plongent dans un contexte dense, ambigu, où le langage cherche en même temps à épouser la qualité immanente et ontologique des phénomènes, et à révéler l'impossibilité de saisir cette réalité opaque et discontinue par les mots. Selon Sartre, la double fonction de l'écrivain est de donner une mauvaise conscience à la société et d'enseigner que l'homme, parce que le monde est absurde, est condamné à la liberté. Liberté difficile et même terrifiante, puisque l'homme n'y est pas par avance justifié, qu'il ne peut vivre sur l'acquis, qu'il n'y a pas d'alibis, et qu'il est, à chaque instant, responsable de tout devant tous.*

*Voilà ce qui explique pourquoi Sartre s'intéresse tellement à toute situation d'aliénation, qu'il s'agisse de famille, de groupe, de la peur, de la présupposée continuité dans l'acte de vivre (*La Nausée*), de l'appartenance sociale (ses études sur Baudelaire et Flaubert), ou tout simplement de la folie, comme c'est le cas dans les pages que voici.* Le Mur, *collection de nouvelles dont « La Chambre » est tirée, contient certaines des pages les plus réussies*

de Sartre. « L'Enfance d'un chef », en particulier, est une
étude fictive mais rigoureusement menée du développement d'un
jeune garçon, fils de bourgeois industriel, qui apeuré devant sa
liberté y renonce et sombre dans l'inauthenticité prenant chez lui
la forme d'un antisémitisme pathologique. Dans toutes ses
œuvres, cependant, et quel que soit l'élément social et satirique
(Sartre possède aussi un grand talent comique), c'est la même
idée, le même motif qui revient : la véritable liberté consiste à
se traiter soi-même et à traiter autrui non comme un objet ou
sujet, mais comme un éternel projet.

« Il y a un mur entre toi et moi », dit Pierre dans « La Chambre ».
À la surface, ces pages se lisent comme la présentation
romanesque d'un cas de folie, et l'effort tragique de la jeune
femme pour accompagner son mari malade « de l'autre côté ».
En profondeur, le texte serre de près le drame de
l'incommunicabilité des consciences. L'effort d'Ève reste vain.
« Un jeu... pendant ce temps-là, il souffrait pour de vrai. » Les
êtres sont rejetés sur leurs rivages solipsistes. Et cependant,
le climat de peur, le drame même de la subjectivité, la prise
de conscience de la solitude, créent un courant de sympathie, de
compassion et de courage que vient renforcer la dénonciation
de la suffisance bourgeoise incarnée par M. Darbédat.

BIBLIOGRAPHIE

Brombert, Victor. ''Sartre and the Existentialist Novel : the Intellectual as 'Impossible'
    Hero,'' The Intellectual Hero. Chicago : Phoenix Books, 1964.

Champigny, Robert. Stages on Sartre's Way : 1938–1952. Bloomington, Indiana : University
    of Indiana Press, 1959.

Jeanson, Francis. Sartre par lui-même. Paris : Éditions du Seuil, 1958.

Kern, Edith (ed.). Sartre ; A Collection of Critical Essays. Englewood Cliffs, New Jersey :
    Prentice-Hall, 1962.

Murdock, Iris. Sartre , Romantic Rationalist. New Haven, Conn. : Yale University Press, 1953.

La Chambre

I

Mme Darbédat tenait un rahat-loukoum[1] entre ses doigts. Elle l'approcha de ses
lèvres avec précaution et retint sa respiration de peur que ne s'envolât à son souffle la
fine poussière de sucre dont il était saupoudré : « Il est à la rose, » se dit-elle. Elle

---

[1] **rahat-loukoum**   friandise des pays turcs et arabes, « Turkish delight »

mordit brusquement dans cette chair vitreuse et un parfum de croupi[2] lui emplit la bouche. « C'est curieux comme la maladie affine les sensations.» Elle se mit à penser à des mosquées, à des Orientaux obséquieux (elle avait été à Alger pendant son voyage de noce) et ses lèvres pâles ébauchèrent un sourire : le rahat-loukoum
5   aussi était obséquieux.

Il fallut qu'elle passât, à plusieurs reprises, le plat de la main sur les pages de son livre, parce qu'elles s'étaient, malgré ses précautions, recouvertes d'une mince couche de poudre blanche. Ses mains faisaient glisser, rouler, crisser les petits grains de sucre sur le papier lisse : « Ça me rappelle Arcachon,[3] quand je lisais sur la
10   plage.» Elle avait passé l'été de 1907 au bord de la mer. Elle portait alors un grand chapeau de paille avec un ruban vert; elle s'installait tout près de la jetée, avec un roman de Gyp ou de Colette Yver.[4] Le vent faisait pleuvoir sur ses genoux des tourbillons de sable et, de temps à autre, elle secouait son livre en le tenant par les coins. C'était bien la même sensation : seulement les grains de sable étaient tout
15   secs, tandis que ces petits graviers de sucre collaient un peu au bout de ses doigts. Elle revit une bande de ciel gris perle au-dessus d'une mer noire. « Ève n'était pas encore née.» Elle se sentait tout alourdie de souvenirs et précieuse comme un coffret de santal.[5] Le nom du roman qu'elle lisait alors lui revint tout à coup à la mémoire : il s'appelait *Petite Madame*,[6] il n'était pas ennuyeux. Mais depuis qu'un
20   mal inconnu la retenait dans sa chambre, Mme Darbédat préférait les Mémoires et les ouvrages historiques. Elle souhaitait que la souffrance, des lectures graves, une attention vigilante et tournée vers ses souvenirs, vers ses sensations les plus exquises, la mûrissent comme un beau fruit de serre.

Elle pensa, avec un peu d'énervement, que son mari allait bientôt frapper à sa
25   porte. Les autres jours de la semaine il venait seulement vers le soir, il la baisait au front en silence et lisait *Le Temps* en face d'elle, dans la bergère.[7] Mais, le jeudi, c'était « le jour » de M. Darbédat : il allait passer une heure chez sa fille, en général de trois à quatre. Avant de sortir il entrait chez sa femme et tous deux s'entretenaient de leur gendre avec amertume. Ces conversations du jeudi, prévisibles jusqu'en
30   leurs moindres détails, épuisaient Mme Darbédat. M. Darbédat remplissait la calme chambre de sa présence. Il ne s'asseyait pas, marchait de long en large, tournait sur lui-même. Chacun de ses emportements blessait Mme Darbédat comme un éclat de verre. Ce jeudi-là, c'était pis encore que de coutume : à la pensée qu'il faudrait, tout à l'heure, répéter à son mari les aveux d'Ève et voir ce grand corps terrifiant
35   bondir de fureur, Mme Darbédat avait des sueurs. Elle prit un loukoum dans la soucoupe, le considéra quelques instants avec hésitation, puis elle le reposa tristement : elle n'aimait pas que son mari la vît manger des loukoums.

Elle sursauta en entendant frapper.

« Entre,» dit-elle d'une voix faible.
40   M. Darbédat entra sur la pointe des pieds.

[2] **croupi**   stagnation
[3] **Arcachon**   ville située au sud-ouest de Bordeaux, station balnéaire célèbre
[4] **Gyp, Colette Yver**   auteurs de romans appréciés surtout du public féminin
[5] **santal**   bois très employé en ébénisterie, « sandalwood »
[6] **Petite Madame**   roman d'André Lichtenberg
[7] **bergère**   fauteuil

« Je vais voir Ève, » dit-il comme chaque jeudi.

Mme Darbédat lui sourit.

« Tu l'embrasseras pour moi. »

M. Darbédat ne répondit pas et plissa le front d'un air soucieux : tous les jeudis à la même heure, une irritation sourde se mêlait en lui aux pesanteurs de la digestion. 5

« Je passerai voir Franchot en sortant de chez elle, je voudrais qu'il lui parle sérieusement et qu'il tâche de la convaincre. »

Il faisait des visites fréquentes au docteur Franchot. Mais en vain. Mme Darbédat haussa les sourcils. Autrefois, quand elle était bien portante, elle haussait volontiers les épaules. Mais depuis que la maladie avait alourdi son corps, elle remplaçait les 10 gestes, qui l'eussent trop fatiguée, par des jeux de physionomie : elle disait oui avec les yeux, non avec les coins de la bouche ; elle levait les sourcils au lieu des épaules.

« Il faudrait pouvoir le lui enlever de force.

— Je t'ai déjà dit que c'était impossible. D'ailleurs la loi est très mal faite. 1J Franchot me disait l'autre jour qu'ils ont des ennuis inimaginables avec les familles : des gens qui ne se décident pas, qui veulent garder le malade chez eux ; les médecins ont les mains liées, ils peuvent donner leur avis, un point c'est tout. Il faudrait, reprit-il, qu'il fasse un scandale public ou alors qu'elle demande elle-même son internement. 2(

— Et ça, dit Mme Darbédat, ça n'est pas pour demain.

— Non. »

Il se tourna vers le miroir et, plongeant ses doigts dans sa barbe, il se mit à la peigner. Mme Darbédat regardait sans affection la nuque rouge et puissante de son mari. 25

« Si elle continue, dit M. Darbédat, elle deviendra plus toquée[8] que lui, c'est affreusement malsain. Elle ne le quitte pas d'une semelle,[9] elle ne sort jamais sauf pour aller te voir, elle ne reçoit personne. L'atmosphère de leur chambre est tout simplement irrespirable. Elle n'ouvre jamais la fenêtre parce que Pierre ne veut pas. Comme si on devait consulter un malade ! Ils font brûler des parfums, je crois, une 30 saleté dans une cassolette,[10] on se croirait à l'église. Ma parole, je me demande quelquefois… elle a des yeux bizarres, tu sais.

— Je n'ai pas remarqué, dit Mme Darbédat. Je lui trouve l'air naturel. Elle a l'air triste, évidemment.

— Elle a une mine de déterrée.[11] Dort-elle ? Mange-t-elle ? Il ne faut pas l'interro- 35 ger sur ces sujets-là. Mais je pense qu'avec un gaillard comme Pierre à ses côtés, elle ne doit pas fermer l'œil de la nuit. » Il haussa les épaules : « Ce que je trouve fabuleux, c'est que nous, ses parents, nous n'ayons pas le droit de la protéger contre elle-même. Note bien que Pierre serait mieux soigné chez Franchot. Il y a un grand parc. Et puis je pense, ajouta-t-il en souriant un peu, qu'il s'entendrait mieux avec 40 des gens de son espèce. Ces êtres-là sont comme les enfants, il faut les laisser entre

---

[8] **toquée** folle
[9] c'est-à-dire, elle reste toujours avec lui
[10] **cassolette** vase, réchaud à brûler des parfums
[11] **mine de déterrée** she looks ghastly

eux ; ils forment une espèce de franc-maçonnerie C'est là qu'on aurait dû le mettre dès le premier jour et je dis : pour lui-même C'était son intérêt bien entendu. »

Il ajouta au bout d'un instant :

« Je te dirai que je n'aime pas la savoir seule avec Pierre, surtout la nuit. Imagine
5 qu'il arrive quelque chose. Pierre a l'air terriblement sournois.

— Je ne sais pas, dit Mme Darbédat, s'il y a lieu de beaucoup s'inquiéter, attendu que c'est un air qu'il a toujours eu. Il donnait l'impression de se moquer du monde. Pauvre garçon, reprit-elle en soupirant, avoir eu son orgueil et en être venu là.¹² Il se croyait plus intelligent que nous tous. Il avait une façon de te dire : « Vous avez
10 raison » pour clore les discussions... C'est une bénédiction pour lui qu'il ne puisse pas voir son état. »

Elle se rappelait avec déplaisir ce long visage ironique, toujours un peu penché de côté. Pendant les premiers temps du mariage d'Ève, Mme Darbédat n'eût pas demandé mieux que d'avoir un peu d'intimité avec son gendre. Mais il avait dé-
15 couragé ses efforts : il ne parlait presque pas, il approuvait toujours avec précipitation et d'un air absent.

M. Darbédat suivait son idée :

« Franchot m'a fait visiter son installation, dit-il, c'est superbe. Les malades ont des chambres particulières, avec des fauteuils de cuir, s'il te plaît, et des lits-divans.
20 Il y a un tennis, tu sais, et ils vont faire construire une piscine. »

Il s'était planté devant la fenêtre et regardait à travers la vitre en se dandinant un peu sur ses jambes arquées. Soudain il pivota sur ses talons, les épaules basses, les mains dans les poches, en souplesse. Mme Darbédat sentit qu'elle allait se mettre à transpirer : toutes les fois c'était la même chose ; à présent il allait marcher de long
25 en large comme un ours en cage et, à chaque pas, ses souliers craqueraient. « Mon ami, dit-elle, je t'en supplie, assieds-toi, tu me fatigues. » Elle ajouta en hésitant : « J'ai quelque chose de grave à te dire. »

M. Darbédat s'assit dans la bergère et posa ses mains sur ses genoux ; un léger frisson parcourut l'échine de Mme Darbédat : le moment était venu, il fallait qu'elle
30 parlât.

« Tu sais, dit-elle, avec une toux d'embarras, que j'ai vu Ève mardi.

— Oui.

— Nous avons bavardé sur un tas de choses, elle était très gentille, il y a long-temps que je ne l'avais vue si en confiance. Alors je l'ai un peu questionnée, je l'ai
35 fait parler sur Pierre. Eh bien, j'ai appris, ajouta-t-elle, embarrassée de nouveau, qu'elle tient *beaucoup* à lui.

— Je le sais parbleu bien, dit M. Darbédat. »

Il agaçait un peu Mme Darbédat : il fallait toujours lui expliquer minutieusement les choses, en mettant les points sur les *i*. Mme Darbédat rêvait de vivre dans le
40 commerce de personnes fines et sensibles qui l'eussent toujours comprise à demi-mot.¹³

« Mais je veux dire, reprit-elle, qu'elle y tient *autrement* que nous ne nous l'imaginions. »

---

¹² **en être venu là** être arrivé à un tel état de dégradation
¹³ **à demi-mot** sans qu'elle ait besoin de tout préciser

M. Darbédat roula des yeux furieux et inquiets, comme chaque fois qu'il ne saisissait pas très bien le sens d'une allusion ou d'une nouvelle :

« Qu'est-ce que ça veut dire?

— Charles, dit Mme Darbédat, ne me fatigue pas. Tu devrais comprendre qu'une mère peut avoir de la peine à dire certaines choses.

— Je ne comprends pas un traître mot[14] à tout ce que tu me racontes, dit M. Darbédat avec irritation. Tu ne veux tout de même pas dire?...

— Eh bien si! dit-elle.

— Ils ont encore... encore à présent?

— Oui! Oui! Oui! » fit-elle agacée en trois petits coups secs.

M. Darbédat écarta les bras, baissa la tête et se tut.

« Charles, dit sa femme inquiète, je n'aurais pas dû te le dire. Mais je ne pouvais pas garder ça pour moi.

— Notre enfant! dit-il d'une voix lente. Avec ce fou! Il ne la reconnaît même plus, il l'appelle Agathe. Il faut qu'elle ait perdu le sens de ce qu'elle se doit. »

Il releva la tête et regarda sa femme avec sévérité.

« Tu es sûre d'avoir bien compris?

— Il n'y avait pas de doute possible. Je suis comme toi, ajouta-t-elle vivement; je ne pouvais pas la croire et d'ailleurs je ne la comprends pas. Moi, rien qu'à l'idée d'être touchée par ce pauvre malheureux... Enfin, soupira-t-elle, je suppose qu'il la tient par là.

— Hélas! dit M. Darbédat. Tu te souviens de ce que je t'avais dit quand il est venu nous demander sa main? Je t'ai dit : « Je crois qu'il plaît *trop* à Ève. » Tu n'avais pas voulu me croire. »

Il frappa soudain sur la table et rougit violemment :

« C'est de la perversité! Il la prend dans ses bras et il l'embrasse en l'appelant Agathe et en lui débitant toutes ses calembredaines[15] sur les statues qui volent et je ne sais quoi! Et elle se laisse faire! Mais qu'est-ce qu'il y a donc entre eux? Qu'elle le plaigne de tout son cœur, qu'elle le mette dans une maison de repos où elle puisse le voir tous les jours, à la bonne heure.[16] Mais je n'aurais jamais pensé... Je la considérais comme veuve. Écoute, Jeannette, dit-il d'une voix grave, je vais te parler franchement; eh bien, si elle a des sens, j'aimerais encore mieux qu'elle prenne un amant!

— Charles, tais-toi! » cria Mme Darbédat.

M. Darbédat prit d'un air las le chapeau et la canne qu'il avait déposés en entrant, sur un guéridon.

« Après ce que tu viens de me dire, conclut-il, il ne me reste pas beaucoup d'espoir. Enfin je lui parlerai tout de même parce que c'est mon devoir. »

Mme Darbédat avait hâte qu'il s'en allât.

« Tu sais, dit-elle pour l'encourager, je crois qu'il y a malgré tout chez Ève plus d'entêtement que... d'autre chose. Elle sait qu'il est incurable mais elle s'obstine, elle ne veut pas en avoir le démenti. »

---

[14] c'est-à-dire, un seul mot
[15] **débitant toutes ses calembredaines**   disant toutes ses absurdités
[16] **à la bonne heure**   c'est bien

M. Darbédat se flattait rêveusement la barbe.

« De l'entêtement? Oui, peut-être. Eh bien, si tu as raison, elle finira par se lasser. Il n'est pas commode tous les jours et puis il manque de conversation. Quand je lui dis bonjour, il me tend une main molle et il ne parle pas. Dès qu'ils
5   sont seuls, je pense qu'il revient sur ses idées fixes : elle me dit qu'il lui arrive de crier comme un égorgé[17] parce qu'il a des hallucinations. Des statues. Elles lui font peur parce qu'elles bourdonnent. Il dit qu'elles volent autour de lui et qu'elles lui font des yeux blancs.»

Il mettait ses gants; il reprit :
10   « Elle se lassera, je ne te dis pas.[18] Mais si elle se détraque auparavant? Je voudrais qu'elle sorte un peu, qu'elle voie du monde : elle rencontrerait quelque gentil garçon—tiens, un type comme Schröder qui est ingénieur chez Simplon, quelqu'un d'avenir,[19] elle le reverrait un petit peu chez les uns, chez les autres, et elle s'habituerait tout doucement à l'idée de refaire sa vie.»
15   Mme Darbédat ne répondit point, par crainte de faire rebondir la conversation. Son mari se pencha sur elle.

« Allons, dit-il, il faut que je parte.

— Adieu, papa, dit Mme Darbédat en lui tendant le front. Embrasse-la bien et dis-lui de ma part qu'elle est une pauvre chérie.»
20   Quand son mari fut parti, Mme Darbédat se laissa aller au fond de son fauteuil et ferma les yeux, épuisée. « Quelle vitalité », pensa-t-elle avec reproche. Dès qu'elle eut retrouvé un peu de force, elle allongea doucement sa main pâle et prit un loukoum dans la soucoupe, à tâtons et sans ouvrir les yeux.

Ève habitait avec son mari au cinquième étage d'un vieil immeuble, rue du Bac.
25   M. Darbédat grimpa lestement les cent douze marches de l'escalier. Quand il appuya sur le bouton de la sonnette, il n'était même pas essoufflé. Il se rappela avec satisfaction le mot de Mlle Dormoy : « Pour votre âge, Charles, vous êtes tout simplement merveilleux.» Jamais il ne se sentait plus fort ni plus sain que le jeudi, surtout après ces alertes escalades.[20]
30   Ce fut Ève que vint lui ouvrir : « C'est vrai, elle n'a pas de bonne. Ces filles *ne peuvent pas* rester chez elle : je me mets à leur place.» Il l'embrassa : « Bonjour, la pauvre chérie.»

Ève lui dit bonjour avec une certaine froideur.

« Tu es un peu pâlotte, dit M. Darbédat en lui touchant la joue, tu ne prends pas
35   assez d'exercice.»

Il y eut un silence.

« Maman va bien? demanda Ève.

— Couci couça. Tu l'as vue mardi? Eh bien, c'est comme toujours. Ta tante Louise est venue la voir hier, ça lui a fait plaisir. Elle aime bien recevoir des visites,
40   mais il ne faut pas qu'elles restent longtemps. Ta tante Louise venait à Paris avec les

---

[17] c'est-à-dire, comme une personne qu'on tue
[18] **je ne te dis pas**   je ne dis pas le contraire
[19] c'est-à-dire, qui réussira un jour
[20] **escalades**   montées

petits pour cette histoire d'hypotheques.[21] Je t'en ai parlé, je crois, c'est une drôle d'histoire. Elle est passée à mon bureau pour me demander conseil. Je lui ai dit qu'il n'y avait pas deux partis à prendre : il faut qu'elle vende. Elle a trouvé preneur, d'ailleurs : c'est Bretonnel. Tu te rappelles Bretonnel? Il s'est retiré des affaires à présent. »   5

Il s'arrêta brusquement : Ève l'écoutait à peine. Il songea avec tristesse qu'elle ne s'intéressait plus à rien. « C'est comme les livres. Autrefois il fallait les lui arracher. À présent elle ne lit même plus. »

« Comment va Pierre?

— Bien, dit Ève. Veux-tu le voir?   10

— Mais certainement, dit M. Darbédat avec gaieté, je vais lui faire une petite visite. »

Il était plein de compassion pour ce malheureux garçon, mais il ne pouvait le voir sans répugnance. « J'ai horreur des êtres malsains. » Évidemment, ce n'était pas la faute de Pierre : il avait une hérédité terriblement chargée. M. Darbédat soupirait :   15 « On a beau prendre des précautions, ces choses-là se savent toujours trop tard. » Non, Pierre n'était pas responsable. Mais, tout de même, il avait toujours porté cette tare[22] en lui; elle formait le fond de son caractère; ça n'était pas comme un cancer ou la tuberculose, dont on peut toujours faire abstraction[23] quand on veut juger l'homme tel qu'il est en lui-même. Cette grâce nerveuse et cette subtilité qui 20 avaient tant plu à Ève, quand il faisait sa cour, c'étaient des fleurs de folie. Il était déjà fou quand il l'a épousée; seulement ça ne se voyait pas. On se demande, pensa M. Darbédat, où commence la responsabilité, ou plutôt où elle s'arrête. En tout cas il s'analysait trop, il était tout le temps tourné vers lui-même. Mais, est-ce la cause ou l'effet de son mal? » Il suivait sa fille à travers un long corridor sombre :   25

« Cet appartement est trop grand pour vous, dit-il, vous devriez déménager.

— Tu me dis ça toutes les fois, papa, répondit Ève, mais je t'ai déjà répondu que Pierre ne veut pas quitter sa chambre. »

Ève était étonnante : c'était à se demander si elle se rendait bien compte de l'état de son mari. Il était fou à lier et elle respectait ses décisions et ses avis comme s'il 30 avait tout son bon sens.

« Ce que j'en dis, c'est pour toi, reprit M. Darbédat légèrement agacé. Il me semble que, si j'étais femme, j'aurais peur dans ces vieilles pièces mal éclairées. Je souhaiterais pour toi un appartement lumineux, comme on en a construit, ces dernières années, du côté d'Auteuil,[24] trois petites pièces bien aérées. Ils ont baissé 35 le prix de leurs loyers parce qu'ils ne trouvent pas de locataires; ce serait le moment. »

Ève tourna doucement le loquet de la porte et ils entrèrent dans la chambre. M. Darbédat fut pris à la gorge par une lourde odeur d'encens. Les rideaux étaient tirés. Il distingua, dans la pénombre, une nuque maigre au-dessus du dossier d'un fauteuil : 40 Pierre leur tournait le dos : il mangeait.

[21] **hypothèques** mortgages
[22] **tare** faiblesse (héréditaire)
[23] c'est-à-dire, qu'il n'est pas nécessaire de considérer
[24] quartier résidentiel dans la partie ouest de Paris

« Bonjour, Pierre, dit M. Darbédat en élevant la voix. Eh bien, comment allons-nous aujourd'hui ? »

M. Darbédat s'approcha : le malade était assis devant une petite table ; il avait l'air sournois.

5   « Nous avons mangé des œufs à la coque, dit M. Darbédat en haussant encore le ton. C'est bon, ça !

— Je ne suis pas sourd », dit Pierre d'une voix douce.

M. Darbédat irrité, tourna les yeux vers Ève pour la prendre à témoin. Mais Ève lui rendit un regard dur et se tut. M. Darbédat comprit qu'il l'avait blessée. « Eh
10   bien, tant pis pour elle. » Il était impossible de trouver le ton juste avec ce malheureux garçon : il avait moins de raison qu'un enfant de quatre ans et Ève aurait voulu qu'on le traitât comme un homme. M. Darbédat ne pouvait se défendre d'attendre avec impatience le moment où tous ces égards ridicules ne seraient plus de saison.[25] Les malades l'agaçaient toujours un peu—et tout particulièrement les
15   fous parce qu'ils avaient tort. Le pauvre Pierre, par exemple, avait tort sur toute la ligne, il ne pouvait souffler mot[26] sans déraisonner et cependant il eût été vain de lui demander la moindre humilité, ou même une reconnaissance passagère de ses erreurs.

Ève ôta les coquilles d'œuf et le coquetier. Elle mit devant Pierre un couvert avec une fourchette et un couteau.

20   « Qu'est-ce qu'il va manger, à présent ? dit M. Darbédat, jovial.

— Un bifteck. »

Pierre avait pris la fourchette et la tenait au bout de ses longs doigts pâles. Il l'inspecta minutieusement puis il eut un rire léger :

« Ce ne sera pas pour cette fois, murmura-t-il en la reposant ; j'étais prévenu. »
25   Ève s'approcha et regarda la fourchette avec un intérêt passionné.

« Agathe, dit Pierre, donne m'en une autre. »

Ève obéit et Pierre se mit à manger. Elle avait pris la fourchette suspecte et la tenait serrée dans ses mains sans la quitter des yeux : elle semblait faire un violent effort. « Comme tous leurs gestes et tous leurs rapports sont louches ! » pensa M.
30   Darbédat.

Il était mal à l'aise.

« Attention, dit Pierre, prends-la par le milieu du dos à cause des pinces. »

Ève soupira et reposa la fourchette sur la desserte.[27] M. Darbédat sentit la moutarde lui monter au nez.[28] Il ne pensait pas qu'il fût bon de céder à toutes les fan-
35   taisies de ce malheureux—même du point de vue de Pierre, c'était pernicieux. Franchot l'avait bien dit : « On ne doit jamais entrer dans le délire d'un malade. » Au lieu de lui donner une autre fourchette, il aurait mieux valu le raisonner doucement et lui faire comprendre que la première était toute pareille aux autres. Il s'avança vers la desserte, prit ostensiblement la fourchette et en effleura les dents
40   d'un doigt léger. Puis il se tourna vers Pierre. Mais celui-ci découpait sa viande d'un air paisible ; il leva sur son beau-père un regard doux et inexpressif.

[25] c'est-à-dire, ne seraient plus nécessaires
[26] **ne pouvait souffler mot**   ne pouvait dire quoi que ce soit
[27] **desserte**   petite table destinée à recevoir ce qu'on dessert
[28] c'est-à-dire, il se mettait en colère

« Je voudrais bavarder un peu avec toi », dit M. Darbédat à Ève.

Ève le suivit docilement au salon. En s'asseyant sur le canapé, M. Darbédat s'aperçut qu'il avait gardé la fourchette dans sa main. Il la jeta avec humeur sur une console.

« Il fait meilleur ici, dit-il.   5

— Je n'y viens jamais.

— Je peux fumer?

— Mais oui, papa, dit Ève avec empressement. Veux-tu un cigare? »

M. Darbédat préféra rouler une cigarette. Il pensait sans ennui à la discussion qu'il allait entamer. En parlant à Pierre, il se sentait embarrassé de sa raison comme 10 un géant peut l'être de sa force quand il joue avec un enfant. Toutes ses qualités de clarté, de netteté, de précision se retournaient contre lui. « Avec ma pauvre Jeannette, il faut bien l'avouer, c'est un peu la même chose. » Certes Mme Darbédat n'était pas folle, mais la maladie l'avait... assoupie. Ève, au contraire, tenait de son père, c'était une nature droite et logique; avec elle, la discussion devenait un 15 plaisir. « C'est pour cela que je ne veux pas qu'on me l'abîme. » M. Darbédat leva les yeux; il voulait revoir les traits intelligents et fins de sa fille. Il fut déçu : dans ce visage autrefois si raisonnable et transparent, il y avait maintenant quelque chose de brouillé et d'opaque. Ève était toujours très belle. M. Darbédat remarqua qu'elle s'était fardée avec grand soin, presque avec pompe. Elle avait bleui ses paupières et 20 passé du rimmel[29] sur ses longs cils. Ce maquillage parfait et violent fit une impression pénible à son père :

« Tu es verte sous ton fard, lui dit-il, j'ai peur que tu ne tombes malade. Et comme tu te fardes à présent! Toi qui étais si discrète. »

Ève ne répondit pas et M. Darbédat considéra un instant avec embarras ce visage 25 éclatant et usé, sous la lourde masse des cheveux noirs. Il pensa qu'elle avait l'air d'une tragédienne. « Je sais même exactement à qui elle ressemble. À cette femme, cette Roumaine qui a joué *Phèdre*[30] en français au mur d'Orange. »[31] Il regrettait de lui avoir fait cette remarque désagréable : « Cela m'a échappé! Il vaudrait mieux ne pas l'indisposer pour de petites choses. »   30

« Excuse-moi, dit-il en souriant, tu sais que je suis un vieux naturiste. Je n'aime pas beaucoup toutes ces pommades que les femmes d'aujourd'hui se collent sur la figure. Mais c'est moi qui ai tort, il faut vivre avec son temps. »

Ève lui sourit aimablement. M. Darbédat alluma sa cigarette et en tira quelques bouffées.   35

« Ma petite enfant, commença-t-il, je voulais justement te dire : nous allons bavarder, nous deux, comme autrefois. Allons, assieds-toi et écoute-moi gentiment; il faut avoir confiance en son vieux papa.

— J'aime mieux rester debout, dit Ève. Qu'est-ce que tu as à me dire?

— Je vais te poser une simple question, dit M. Darbédat un peu plus sèchement. 40 À quoi tout cela te mènera-t-il?

---

[29] **rimmel**   mascara
[30] **Phèdre**   tragédie très célèbre de Racine (1639–1699)
[31] **mur d'Orange**   le mur de l'amphithéâtre romain à Orange où l'on donne parfois des représentations de pièces classiques

— Tout cela? répéta Ève étonnée.

— Eh bien oui, tout, toute cette vie que tu t'es faite. Écoute, reprit-il, il ne faut pas croire que je ne te comprenne pas (il avait eu une illumination soudaine). Mais ce que tu veux faire est au-dessus des forces humaines. Tu veux vivre uniquement par
5 l'imagination, n'est-ce pas? Tu ne veux pas admettre qu'il est malade? Tu ne veux pas voir le Pierre d'aujourd'hui, c'est bien cela? Tu n'as d'yeux que pour le Pierre d'autrefois. Ma petite chérie, ma petite fille, c'est une gageure impossible à tenir, reprit M. Darbédat. Tiens, je vais te raconter une histoire que tu ne connais peut-être pas : quand nous étions aux Sables-d'Olonne,[32] tu avais trois ans, ta mère a fait
10 la connaissance d'une jeune femme charmante qui avait un petit garçon superbe. Tu jouais sur la plage avec ce petit garçon, vous étiez hauts comme trois pommes, tu étais sa fiancée. Quelque temps plus tard, à Paris, ta mère a voulu revoir cette jeune femme; on lui a appris qu'elle avait eu un affreux malheur : son bel enfant avait été décapité par l'aile avant[33] d'une automobile. On a dit à ta mère : « Allez la voir
15 mais ne lui parlez surtout pas de la mort de son petit, elle *ne veut pas* croire qu'il est mort. » Ta mère y est allée, elle a trouvé une créature à moitié timbrée : elle vivait comme si son gamin existait encore; elle lui parlait, elle mettait son couvert à table. Eh bien, elle a vécu dans un tel état de tension nerveuse qu'il a fallu, au bout de six mois, qu'on l'emmène de force dans une maison de repos où elle a dû rester trois
20 ans. Non, mon petit, dit M. Darbédat en secouant la tête, ces choses-là sont impossibles. Il aurait bien mieux valu qu'elle reconnaisse courageusement la vérité. Elle aurait souffert une bonne fois et puis le temps aurait passé l'éponge. Il n'y a rien de tel que de regarder les choses en face, crois-moi.

— Tu te trompes, dit Ève avec effort, je sais très bien que Pierre est... »
25 Le mot ne passa pas. Elle se tenait très droite, elle posait les mains sur le dossier d'un fauteuil : il y avait quelque chose d'aride et de laid dans le bas de son visage.

« Eh bien... alors? demanda M. Darbédat étonné.

— Alors quoi?

— Tu...?
30 — Je l'aime comme il est, dit Ève rapidement et d'un air ennuyé.

— Ce n'est pas vrai, dit M. Darbédat avec force. Ce n'est pas vrai : tu ne l'aimes pas; tu ne peux pas l'aimer. On ne peut éprouver de tels sentiments que pour un être sain et normal. Pour Pierre, tu as de la compassion, je n'en doute pas, et sans doute aussi tu gardes le souvenir des trois années de bonheur que tu lui dois. Mais
35 ne me dis pas que tu l'aimes, je ne te croirai pas.»

Ève restait muette et fixait le tapis d'un air absent.

« Tu pourrais me répondre, dit M. Darbédat avec froideur. Ne crois pas que cette conversation me soit moins pénible qu'à toi.

— Puisque tu ne me croiras pas.
40 — Eh bien, si tu l'aimes, s'écria-t-il exaspéré, c'est un grand malheur pour toi, pour moi et pour ta pauvre mère parce que je vais te dire quelque chose que j'aurais préféré te cacher : avant trois ans, Pierre aura sombré dans la démence la plus complète, il sera comme une bête.»

[32] **Sables-d'Olonne**   plage fameuse près de la Rochelle dans l'ouest de la France
[33] **aile avant**   front fender

Il regarda sa fille avec des yeux durs : il lui en voulait[34] de l'avoir contraint, par son entêtement, à lui faire cette pénible révélation.

Ève ne broncha pas, elle ne leva même pas les yeux.

« Je le savais.

— Qui te l'a dit? demanda-t-il stupéfait.

— Franchot. Il y a six mois que je le sais.

— Et moi qui lui avais recommandé de te ménager, dit M. Darbédat avec amertume. Enfin, peut-être cela vaut-il mieux. Mais dans ces conditions tu dois comprendre qu'il serait impardonnable de garder Pierre chez toi. La lutte que tu as entreprise est vouée à l'échec, sa maladie ne pardonne pas. S'il y avait quelque chose à faire, si on pouvait le sauver à force de soins, je ne dis pas.[35] Mais regarde un peu : tu étais jolie, intelligente et gaie, tu te détruis par plaisir et sans profit. Eh bien, c'est entendu, tu as été admirable mais voilà, c'est fini, tu as fait tout ton devoir, plus que ton devoir; à présent il serait immoral d'insister. On a aussi des devoirs envers soi-même, mon enfant. Et puis tu ne penses pas à nous. *Il faut*, répéta-t-il en martelant les mots, que tu envoies Pierre à la clinique de Franchot. Tu abandonneras cet appartement où tu n'as eu que du malheur et tu reviendras chez nous. Si tu as envie de te rendre utile et de soulager les souffrances d'autrui, eh bien, tu as ta mère. La pauvre femme est soignée par des infirmières, elle aurait bien besoin d'être un peu entourée. Et *elle*, ajouta-t-il, elle pourra apprécier ce que tu feras pour elle et t'en être reconnaissante. »

Il y eut un long silence. M. Darbédat entendit Pierre chanter dans la chambre voisine. C'était à peine un chant du reste; plutôt une sorte de récitatif aigu et précipité. M. Darbédat leva les yeux sur sa fille :

« Alors, c'est non?

— Pierre restera avec moi, dit-elle doucement, je m'entends bien avec lui.

— À condition de bêtifier[36] toute la journée. »

Ève sourit et lança à son père un étrange regard moqueur et presque gai. « C'est vrai, pensa M. Darbédat furieux, ils ne font pas que ça,[37] ils couchent ensemble. »

« Tu es complètement folle », dit-il en se levant.

Ève sourit tristement et murmura, comme pour elle-même :

« Pas assez.

— Pas assez? Je ne peux te dire qu'une chose, mon enfant, tu me fais peur. »

Il l'embrassa hâtivement et sortit. « Il faudrait, pensa-t-il en descendant l'escalier, lui envoyer deux solides gaillards qui emmèneraient de force ce pauvre déchet et qui le colleraient sous la douche[38] sans lui demander son avis. »

C'était un beau jour d'automne, calme et sans mystère; le soleil dorait les visages des passants. M. Darbédat fut frappé par la simplicité de ces visages; il y en avait de tannés et d'autres étaient lisses, mais ils reflétaient tous des bonheurs et des soucis qui lui étaient familiers.

[34] **il lui en voulait**   il était fâché contre elle
[35] c'est-à-dire, ce serait différent (comparez note 18)
[36] **bêtifier**   dire des bêtises
[37] **ils ne font pas que ça**   ils font aussi autre chose
[38] c'est-à-dire, le mèneraient à la maison de fous et l'y mettraient sous une douche

« Je sais très exactement ce que je reproche à Ève, se dit-il en s'engageant sur le boulevard Saint-Germain. Je lui reproche de vivre en dehors de l'humain. Pierre n'est plus un être humain : tous les soins, tout l'amour qu'elle lui donne, elle en prive un peu tous ces gens-là. On n'a pas le droit de se refuser aux hommes ; quand
5 le diable y serait,[39] nous vivons en société. »

Il dévisageait les passants avec sympathie ; il aimait leurs regards graves et limpides. Dans ces rues ensoleillées parmi les hommes, on se sentait en sécurité, comme au milieu d'une grande famille.

Une femme en cheveux[40] s'était arrêtée devant un étalage en plein air. Elle
10 tenait une petite fille par la main.

« Qu'est-ce que c'est ? demanda la petite fille en désignant un appareil de T.S.F.[41]

— Touche à rien, dit sa mère, c'est un appareil ; ça fait de la musique. »

Elles restèrent un moment sans parler, en extase. M. Darbédat, attendri, se
15 pencha vers la petite fille et lui sourit.

II

« Il est parti. » La porte d'entrée s'était refermée avec un claquement sec ; Ève était seule dans le salon : « Je voudrais qu'il meure. »

Elle crispa ses mains sur le dossier du fauteuil : elle venait de se rappeler les yeux de son père. M. Darbédat s'était penché sur Pierre d'un air compétent ; il lui avait
20 dit : « C'est bon, ça ! » comme quelqu'un qui sait parler aux malades ; il l'avait re- gardé et le visage de Pierre s'était peint au fond de ses gros yeux prestes. « Je le hais quand il le regarde, quand je pense qu'il le voit. »

Les mains d'Ève glissèrent le long du fauteuil et elle se tourna vers la fenêtre. Elle était éblouie. La pièce était remplie de soleil, il y en avait partout : sur le tapis
25 en ronds pâles ; dans l'air, comme une poussière aveuglante. Ève avait perdu l'habi- tude de cette lumière indiscrète et diligente, qui furetait partout, récurait tous les coins, qui frottait les meubles et les faisait reluire comme une bonne ménagère. Elle s'avança pourtant jusqu'à la fenêtre et souleva le rideau de mousseline qui pendait contre la vitre. Au même instant, M. Darbédat sortait de l'immeuble ; Ève aperçut
30 tout à coup ses larges épaules. Il leva la tête et regarda le ciel en clignant des yeux puis il s'éloigna à grandes enjambées comme un jeune homme. « Il se force, pensa Ève, tout à l'heure il aura son point de côté. »[42] Elle ne le haïssait plus guère : il y avait si peu de chose dans cette tête ; à peine le minuscule souci de paraître jeune. Pourtant la colère la reprit quand elle le vit tourner au coin du boulevard Saint-
35 Germain et disparaître. « Il pense à Pierre. » Un peu de leur vie s'était échappée de la chambre close et traînait dans les rues, au soleil, parmi les gens. « Est-ce qu'on ne pourra donc jamais nous oublier ? »

La rue du Bac était presque déserte. Une vieille dame traversait la chaussée à petits pas ; trois jeunes filles passèrent en riant. Et puis des hommes, des hommes forts

---

[39] **quand le diable y serait**   malgré tout
[40] **en cheveux**   sans chapeau
[41] **appareil de T.S.F.**   radio
[42] **son point de côté**   douleur aiguë au-dessous des côtes

et graves qui portaient des serviettes et qui parlaient entre eux. « Les gens normaux »,
pensa Ève, étonnée de trouver en elle-même une telle puissance de haine. Une belle
femme grasse courut lourdement au-devant d'un monsieur élégant. Il l'entoura de
ses bras et l'embrassa sur la bouche. Ève eut un rire dur et laissa tomber le rideau.

Pierre ne chantait plus, mais la jeune femme du troisième[43] s'était mise au piano ; 5
elle jouait une *Étude* de Chopin. Ève se sentait plus calme ; elle fit un pas vers la
chambre de Pierre mais elle s'arrêta aussitôt et s'adossa au mur avec un peu
d'angoisse : comme chaque fois qu'elle avait quitté la chambre, elle était prise de
panique à l'idée qu'il lui fallait y rentrer. Pourtant elle savait bien qu'elle n'aurait
pas pu vivre ailleurs : elle aimait la chambre. Elle parcourut du regard avec une 10
curiosité froide, comme pour gagner un peu de temps, cette pièce sans ombres et
sans odeur où elle attendait que son courage revînt. « On dirait le salon d'un den-
tiste. » Les fauteuils de soie rose, le divan, les tabourets étaient sobres et discrets,
un peu paternels ; de bons amis de l'homme. Ève imagina que des messieurs graves
et vêtus d'étoffes claires, tout pareils à ceux qu'elle avait vus de la fenêtre, entraient 15
dans le salon en poursuivant une conversation commencée. Ils ne prenaient même
pas le temps de reconnaître les lieux ; ils s'avançaient d'un pas ferme jusqu'au
milieu de la pièce ; l'un d'eux, qui laissait traîner sa main derrière lui comme un
sillage, frôlait au passage des coussins, des objets, sur les tables, et ne sursautait
même pas à ces contacts. Et quand un meuble se trouvait sur leur chemin, ces 20
hommes posés, loin de faire un détour pour l'éviter, le changeaient tranquillement
de place. Ils s'asseyaient enfin, toujours plongés dans leur entretien, sans même
jeter un coup d'œil derrière eux. « Un salon pour gens normaux », pensa Ève. Elle
fixait le bouton de la porte close et l'angoisse lui serrait la gorge : « Il faut que j'y
aille. Je ne le laisse jamais seul si longtemps. » Il faudrait ouvrir cette porte ; ensuite 25
Ève se tiendrait sur le seuil, en tâchant d'habituer ses yeux à la pénombre et la
chambre la repousserait de toutes ses forces. Il faudrait qu'Ève triomphât de cette
résistance et qu'elle s'enfonçât jusqu'au cœur de la pièce. Elle eut soudain une envie
violente de voir Pierre ; elle eût aimé se moquer avec lui de M. Darbédat. Mais Pierre
n'avait pas besoin d'elle ; Ève ne pouvait pas prévoir l'accueil qu'il lui réservait. 30
Elle pensa soudain avec une sorte d'orgueil qu'elle n'avait plus de place nulle part.
« Les normaux croient encore que je suis des leurs. Mais je ne pourrais pas rester
une heure au milieu d'eux. J'ai besoin de vivre là-bas, de l'autre côté de ce mur.
Mais là-bas, on ne veut pas de moi. »

Un changement profond s'était fait autour d'elle. La lumière avait vieilli, elle 35
grisonnait : elle s'était alourdie, comme l'eau d'un vase de fleurs, quand on ne l'a
pas renouvelée depuis la veille. Sur les objets, dans cette lumière vieillie, Ève re-
trouvait une mélancolie qu'elle avait depuis longtemps oubliée : celle d'une après-
midi d'automne qui finit. Elle regardait autour d'elle, hésitante, presque timide :
tout cela était si loin : dans la chambre il n'y avait ni jour ni nuit, ni saison, ni 40
mélancolie. Elle se rappela vaguement des automnes très anciens, des automnes de
son enfance puis, soudain, elle se raidit : elle avait peur des souvenirs.

Elle entendit la voix de Pierre.

---

[43] **du troisième**   du troisième étage

« Agathe ! Où es-tu ?

— Je viens », cria-t-elle.

Elle ouvrit la porte et pénétra dans la chambre.

L'épaisse odeur de l'encens lui emplit les narines et la bouche, tandis qu'elle
5 écarquillait les yeux et tendait les mains en avant—le parfum et la pénombre ne
faisaient plus pour elle, depuis longtemps, qu'un seul élément, âcre et ouaté, aussi
simple, aussi familier que l'eau, l'air ou le feu—et elle s'avança prudemment vers
une tache pâle qui semblait flotter dans la brume. C'était le visage de Pierre : le
vêtement de Pierre (depuis qu'il était malade, il s'habillait de noir) s'était fondu
10 dans l'obscurité, Pierre avait renversé sa tête en arrière et fermé les yeux. Il était
beau. Ève regarda ses longs cils recourbés, puis elle s'assit près de lui sur la chaise
basse. « Il a l'air de souffrir », pensa-t-elle. Ses yeux s'habituaient peu à peu à la
pénombre. Le bureau émergea le premier, puis le lit, puis les objets personnels de
Pierre, les ciseaux, le pot de colle, les livres, l'herbier, qui jonchaient le tapis près
15 du fauteuil.

« Agathe ? »

Pierre avait ouvert les yeux, il la regardait en souriant.

« Tu sais, la fourchette ? dit-il. J'ai fait ça pour effrayer le type. Elle n'avait
presque rien.»

20 Les appréhensions d'Ève s'évanouirent et elle eut un rire léger :

« Tu as très bien réussi, dit-elle, tu l'as complètement affolé.»

Pierre sourit.

« As-tu vu ? Il l'a tripotée un bon moment, il la tenait à pleines mains. Ce qu'il
y a, dit-il, c'est qu'ils ne savent pas prendre les choses ; ils les empoignent.

25 — C'est vrai », dit Ève.

Pierre frappa légèrement sur la paume de sa main gauche avec l'index de sa main
droite.

« C'est avec ça qu'ils prennent. Ils approchent leurs doigts et quand ils ont
attrapé l'objet, ils plaquent leur paume dessus pour l'assommer.»

30 Il parlait d'une voix rapide et du bout des lèvres : il avait l'air perplexe :

« Je me demande ce qu'ils veulent, dit-il enfin. Ce type est déjà venu. Pourquoi
me l'ont-ils envoyé ? S'ils veulent savoir ce que je fais, ils n'ont qu'à le lire sur
l'écran, ils n'ont même pas besoin de bouger de chez eux. Ils font des fautes. Moi
je n'en fais jamais, c'est mon atout. Hoffka, dit-il, hoffka.» Il agitait ses longues
35 mains devant son front : « La garce !⁴⁴ Hoffka paffka suffka. En veux-tu davantage ?

— C'est la cloche ? demanda Ève.

— Oui. Elle est partie.» Il reprit avec sévérité : « Ce type, c'est un subalterne.
Tu le connais, tu es allée avec lui au salon.»

Ève ne répondit pas.

40 « Qu'est-ce qu'il voulait ? demanda Pierre. Il a dû te le dire.»

Elle hésita un instant puis répondit brutalement :

« Il voulait qu'on t'enferme.»

---

⁴⁴ **la garce !** « the bitch ! » (il parle de la cloche qu'il croit entendre sonner. Les mots inventés,
« Hoffka paffka suffka,» sont une incantation pour la faire taire.)

Quand on disait doucement la vérité à Pierre, il se méfiait, il fallait la lui assener avec violence, pour étourdir et paralyser les soupçons. Ève aimait encore mieux le brutaliser que lui mentir : quand elle mentait et qu'il avait l'air de la croire, elle ne pouvait se défendre d'une très légère impression de supériorité qui lui donnait horreur d'elle-même.   5

« M'enfermer! répéta Pierre avec ironie. Ils déraillent. Qu'est-ce que ça peut me faire, des murs. Ils croient peut-être que ça va m'arrêter. Je me demande quelquefois s'il n'y a pas deux bandes.[45] La vraie, celle du nègre. Et puis une bande de brouillons[46] qui cherche à fourrer son nez là-dedans et qui fait sottise sur sottise. »

Il fit sauter sa main sur le bras du fauteuil et la considéra d'un air réjoui :   10

« Les murs, ça se traverse. Qu'est-ce que tu lui as répondu? demanda-t-il en se tournant vers Ève avec curiosité.

— Qu'on ne t'enfermerait pas. »

Il haussa les épaules.

« Il ne fallait pas dire ça. Toi aussi tu as fait une faute à moins que tu ne l'aies fait 15
exprès. Il faut les laisser abattre leur jeu. »[47]

Il se tut. Ève baissa tristement la tête : « Ils les empoignent! » De quel ton méprisant il avait dit ça—et comme c'était juste. « Est-ce que moi aussi j'empoigne les objets? J'ai beau m'observer, je crois que la plupart de mes gestes l'agacent. Mais il ne le dit pas. » Elle se sentit soudain misérable, comme lorsqu'elle avait quatorze ans 20
et Mme Darbédat vive et légère, lui disait : « On croirait que tu ne sais pas quoi faire de tes mains. » Elle n'osait pas faire un mouvement et, juste à ce moment, elle eut une envie irrésistible de changer de position. Elle ramena doucement ses pieds sous sa chaise effleurant à peine le tapis. Elle regardait la lampe sur la table—la lampe dont Pierre avait peint le socle en noir—et le jeu d'échecs. Sur le damier, 25
Pierre n'avait laissé que les pions noirs. Quelquefois il se levait, il allait jusqu'à la table et prenait les pions un à un dans ses mains. Il leur parlait, il les appelait Robots et ils paraissaient s'animer d'une vie sourde entre ses doigts. Quand il les avait reposés, Ève allait les toucher à son tour (elle avait l'impression d'être un peu ridicule) : ils étaient redevenus de petits bouts de bois mort mais il restait sur eux 30
quelque chose de vague et d'insaisissable, quelque chose comme un sens. « Ce sont *ses* objets, pensa-t-elle. Il n'y a plus rien à moi dans la chambre. » Elle avait possédé quelques meubles, autrefois. La glace et la petite coiffeuse en marqueterie qui venait de sa grand'mère et que Pierre appelait par plaisanterie : *ta* coiffeuse. Pierre les avait entraînés avec lui : à Pierre seul les choses montraient leur vrai visage. Ève 35
pouvait les regarder pendant des heures : elles mettaient un entêtement inlassable et mauvais à la décevoir, à ne lui offrir jamais que leur apparence—comme au docteur Franchot et à M. Darbédat. « Pourtant, se dit-elle avec angoisse, je ne les vois plus tout à fait comme mon père. Ce n'est pas possible que je les voie tout à fait comme lui. »   40

Elle remua un peu les genoux : elle avait des fourmis[48] dans les jambes. Son corps

[45] **bandes**   gangs
[46] **brouillons**   muddlers
[47] **abattre leur jeu**   show their hand
[48] **fourmis**   pins and needles

était raide et tendu, il lui faisait mal; elle le sentait trop vivant, indiscret : « Je
voudrais être invisible et rester là; le voir sans qu'il me voie. Il n'a pas besoin de
moi; je suis de trop dans la chambre.» Elle tourna un peu la tête et regarda le mur
au-dessus de Pierre. Sur le mur, des menaces étaient écrites. Ève le savait mais elle
5 ne pouvait pas les lire. Elle regardait souvent les grosses roses rouges de la tenture
murale[49] jusqu'à ce qu'elles se missent à danser sous ses yeux. Les roses flamboyaient
dans la pénombre. La menace était, la plupart du temps, inscrite près du plafond, à
gauche au-dessus du lit : mais elle se déplaçait quelquefois. « Il faut que je me lève.
Je ne peux pas—je ne peux pas rester assise plus longtemps.» Il y avait aussi, sur le
10 mur, des disques blancs qui ressemblaient à des tranches d'oignon. Les disques
tournèrent sur eux-mêmes et les mains d'Ève se mirent à trembler : « Il y a des
moments où je deviens folle. Mais non, pensa-t-elle avec amertume, je ne *peux pas*
devenir folle. Je m'énerve, tout simplement.»

Soudain elle sentit la main de Pierre sur la sienne.

15 « Agathe », dit Pierre avec tendresse.

Il lui souriait mais il lui tenait la main du bout des doigts avec une espèce de ré-
pulsion, comme s'il avait pris un crabe par le dos et qu'il eût voulu éviter ses pinces.

« Agathe, dit-il, je voudrais tant avoir confiance en toi.»

Ève ferma les yeux et sa poitrine se souleva : « Il ne faut rien répondre, sans cela
20 il va se défier, il ne dira plus rien.»

Pierre avait lâché sa main :

« Je t'aime bien, Agathe, lui dit-il. Mais je ne peux pas te comprendre. Pourquoi
restes-tu tout le temps dans la chambre? »

Ève ne répondit pas.

25 « Dis-moi pourquoi.

— Tu sais bien que je t'aime, dit-elle avec sécheresse.

— Je ne te crois pas, dit Pierre. Pourquoi m'aimerais-tu? Je dois te faire horreur :
je suis hanté.» Il sourit mais il devint grave tout d'un coup :

« Il y a un mur entre toi et moi. Je te vois, je te parle, mais tu es de l'autre côté.
30 Qu'est-ce qui nous empêche de nous aimer? Il me semble que c'était plus facile
autrefois. À Hambourg.

— Oui, dit Ève tristement.» Toujours Hambourg. Jamais il ne parlait de leur
vrai passé. Ni Ève ni lui n'avaient été à Hambourg.

« Nous nous promenions le long des canaux. Il y avait un chaland,[50] tu te rap-
35 pelles? Le chaland était noir; il y avait un chien sur le pont.»

Il inventait à mesure;[51] il avait l'air faux.

« Je te tenais par la main, tu avais une autre peau. Je croyais tout ce que tu me
disais. Taisez-vous », cria-t-il.

Il écouta un moment :

40 « Elles vont venir », dit-il d'une voix morne.

Ève sursauta :

« Elles vont venir? Je croyais déjà qu'elles ne viendraient plus jamais.»

[49] **tenture murale**   wallpaper
[50] **chaland**   barge
[51] c'est-à-dire, en parlant

Depuis trois jours, Pierre était plus calme; les statues n'étaient pas venues. Pierre avait une peur horrible des statues, quoiqu'il n'en convînt jamais. Ève n'en avait pas peur : mais quand elles se mettaient à voler dans la chambre, en bourdonnant, elle avait peur de Pierre.

« Donne-moi le ziuthre », [52] dit Pierre. 5

Ève se leva et prit le ziuthre : c'était un assemblage de morceaux de carton que Pierre avait collés lui-même : il s'en servait pour conjurer les statues. Le ziuthre ressemblait à une araignée. Sur un des cartons Pierre avait écrit : « Pouvoir sur l'embûche » et sur un autre « Noir ». Sur un troisième il avait dessiné une tête rieuse avec des yeux plissés : c'était Voltaire. Pierre saisit le ziuthre par une patte 10 et le considéra d'un air sombre.

« Il ne peut plus me servir, dit-il.

— Pourquoi?

— Ils l'ont inversé.

— Tu en feras un autre? » 15

Il la regarda longuement.

« Tu le voudrais bien », dit-il entre ses dents.

Ève était irritée contre Pierre. « Chaque fois qu'elles viennent, il est averti; comment fait-il : il ne se trompe jamais.»

Le ziuthre pendait piteusement au bout des doigts de Pierre : « Il trouve toujours 20 de bonnes raisons pour ne pas s'en servir. Dimanche, quand elles sont venues, il prétendait l'avoir égaré mais je le voyais, moi, derrière le pot de colle et il ne pouvait pas ne pas le voir. Je me demande si ça n'est pas *lui* qui les attire.» On ne pouvait jamais savoir s'il était tout à fait sincère. À certains moments, Ève avait l'impression que Pierre était envahi malgré lui par un foisonnement malsain de 25 pensées et de visions. Mais, à d'autres moments, Pierre avait l'air d'inventer. « Il souffre. Mais jusqu'à quel point *croit-il* aux statues et au nègre? Les statues en tout cas, je sais qu'il ne les voit pas, il les entend seulement : quand elles passent, il détourne la tête; il dit tout de même qu'il les voit; il les décrit.» Elle se rappela le visage rougeaud du docteur Franchot : « Mais, chère madame, tous les aliénés sont 30 des menteurs; vous perdriez votre temps si vous vouliez distinguer ce qu'ils ressentent réellement de ce qu'ils prétendent ressentir.» Elle sursauta : « Qu'est-ce que Franchot vient faire là-dedans? Je ne vais pas me mettre à penser comme lui.»

Pierre s'était levé, il alla jeter le ziuthre dans la corbeille à papiers : « C'est comme *toi* que je voudrais penser », murmura-t-elle. Il marchait à petits pas, sur la 35 pointe des pieds, en serrant les coudes contre ses hanches, pour occuper le moins de place possible. Il revint s'asseoir et regarda Ève d'un air fermé.

« Il faudra mettre des tentures noires, dit-il, il n'y a pas assez de noir dans cette chambre.»

Il s'était tassé dans le fauteuil. Ève regarda tristement ce corps avare, toujours prêt 40 à se retirer, à se recroqueviller : les bras, les jambes, la tête avaient l'air d'organes rétractiles. Six heures sonnèrent à la pendule; le piano s'était tu. Ève soupira : les statues ne viendraient pas tout de suite; il fallait les attendre.

---

[52] **ziuthre**   autre mot que Pierre a inventé

« Veux-tu que j'allume? »

Elle aimait mieux ne pas les attendre dans l'obscurité.

« Fais ce que tu veux », dit Pierre.

Ève alluma la petite lampe du bureau et un brouillard rouge envahit la pièce.
5 Pierre aussi attendait.

Il ne parlait pas mais ses lèvres remuaient, elles faisaient deux taches sombres
dans le brouillard rouge. Ève aimait les lèvres de Pierre. Elles avaient été, autrefois,
émouvantes et sensuelles; mais elles avaient perdu leur sensualité. Elles s'écartaient
l'une de l'autre en frémissant un peu et se rejoignaient sans cesse, s'écrasaient l'une
10 contre l'autre pour se séparer de nouveau. Seules, dans ce visage muré, elles
vivaient; elles avaient l'air de deux bêtes peureuses. Pierre pouvait marmotter
ainsi pendant des heures sans qu'un son sortît de sa bouche et, souvent, Ève se laissait
fasciner par ce petit mouvement obstiné. « J'aime sa bouche. » Il ne l'embrassait plus
jamais; il avait horreur des contacts : la nuit on le touchait, des mains d'hommes,
15 dures et sèches, le pinçaient par tout le corps; des mains de femmes, aux ongles très
longs, lui faisaient de sales caresses. Souvent il se couchait tout habillé mais les mains
se glissaient sous ses vêtements et tiraient sur sa chemise. Une fois il avait entendu
rire et des lèvres bouffies s'étaient posées sur ses lèvres. C'était depuis cette nuit-là,
qu'il n'embrassait plus Ève.

20   « Agathe, dit Pierre, ne regarde pas ma bouche! »

Ève baissa les yeux.

« Je n'ignore pas qu'on peut apprendre à lire sur les lèvres, » poursuivit-il avec
insolence.

Sa main tremblait sur le bras du fauteuil. L'index se tendit, vint frapper trois fois
25 sur le pouce et les autres doigts se crispèrent : c'était une conjuration. « Ça va commencer », pensa-t-elle. Elle avait envie de prendre Pierre dans ses bras.

Pierre se mit à parler très haut, sur un ton mondain :

« Te souviens-tu de San Pauli? »

Ne pas répondre. C'était peut-être un piège.

30   « C'est là que je t'ai connue, dit-il d'un air satisfait. Je t'ai soulevée à un marin
danois. Nous avons failli nous battre, mais j'ai payé la tournée et il m'a laissé
t'emmener. Tout cela n'était que comédie.»

« Il ment, il ne croit pas un mot de ce qu'il dit. Il sait que je ne m'appelle pas
Agathe. Je le hais quand il ment.» Mais elle vit ses yeux fixes et sa colère fondit. « Il
35 ne ment pas, pensa-t-elle, il est à bout. Il sent qu'elles approchent; il parle pour
s'empêcher d'entendre.» Pierre se cramponnait des deux mains aux bras du fauteuil.
Son visage était blafard; il souriait.

Ces rencontres sont souvent étranges, dit-il, mais je ne crois pas au hasard. Je ne
te demande pas qui t'avait envoyée, je sais que tu ne répondrais pas. En tout cas, tu
40 as été assez habile pour m'éclabousser.»

Il parlait péniblement, d'une voix aiguë et pressée. Il y avait des mots qu'il ne
pouvait prononcer et qui sortaient de sa bouche comme une substance molle et
informe.

« Tu m'as entraîné en pleine fête, entre des manèges[53] d'automobiles noires,

[53] **manèges**   merry-go-rounds

mais derrière les autos il y avait une armée d'yeux rouges qui luisaient dès que j'avais le dos tourne Je pense que tu leur faisais des signes, tout en te pendant à mon bras, mais je ne voyais rien. J'étais trop absorbé par les grandes cérémonies du Couronnement. »

Il regardait droit devant lui, les yeux grands ouverts. Il se passa la main sur le 5 front, très vite, d'un geste étriqué et sans cesser de parler : il ne voulait pas cesser de parler.

« C'était le Couronnement de la République, dit-il d'une voix stridente, un spectacle impressionnant dans son genre à cause des animaux de toute espèce qu'envoyaient les colonies pour la cérémonie. Tu craignais de t'égarer parmi les singes. 10 J'ai dit parmi les singes, répéta-t-il d'un air arrogant, en regardant autour de lui. *Je pourrais dire parmi les nègres!* Les avortons qui se glissent sous les tables et croient passer inaperçus sont découverts et cloués sur-le-champ par mon Regard. La consigne[54] est de se taire, cria-t-il. De se taire. Tous en place et garde à vous[55] pour l'entrée des statues, c'est l'ordre. Tralala—Il hurlait et mettait ses mains en cornet[56] 15 devant sa bouche—tralalala, tralalalala. »

Il se tut et Ève sut que les statues venaient d'entrer dans la chambre. Il se tenait tout raide, pâle et méprisant. Ève se raidit aussi et tous deux attendirent en silence. Quelqu'un marchait dans le corridor : c'était Marie, la femme de ménage, elle venait sans doute d'arriver. Ève pensa : « Il faudra que je lui donne de l'argent pour 20 le gaz. » Et puis les statues se mirent à voler ; elles passaient entre Ève et Pierre.

Pierre fit « Han »,[57] et se blottit dans le fauteuil en ramenant ses jambes sous lui. Il détournait la tête ; de temps à autre il ricanait mais des gouttes de sueur perlaient à son front. Ève ne put supporter la vue de cette joue pâle, de cette bouche qu'une moue tremblante déformait : elle ferma les yeux. Des fils dorés se mirent à danser 25 sur le fond rouge de ses paupières ; elle se sentait vieille et pesante. Pas très loin d'elle, Pierre soufflait bruyamment. « Elles volent, elles bourdonnent ; elles se penchent sur lui... » Elle sentit un chatouillement léger, une gêne à l'épaule et au flanc droit. Instinctivement son corps s'inclina vers la gauche comme pour éviter un contact désagréable, comme pour laisser passer un objet lourd et maladroit. Soudain 30 le plancher craqua et elle eut une envie folle d'ouvrir les yeux, de regarder sur sa droite en balayant l'air de sa main.

Elle n'en fit rien ; elle garda les yeux clos et une joie âcre la fit frissonner : « *Moi aussi* j'ai peur », pensa-t-elle. Toute sa vie s'était réfugiée dans son côté droit. Elle se pencha vers Pierre, sans ouvrir les yeux. Il lui suffirait d'un tout petit effort et, 35 pour la première fois, elle entrerait dans ce monde tragique. « J'ai peur des statues », pensa-t-elle. C'était une affirmation violente et aveugle, une incantation · de toutes ses forces elle voulait croire à leur présence ; l'angoisse qui paralysait son côté droit, elle essayait d'en faire un sens nouveau, un toucher. Dans son bras, dans son flanc et son épaule, elle *sentait* leur passage.

40

Les statues volaient bas et doucement ; elles bourdonnaient. Ève savait qu'elles avaient l'air malicieux et que des cils sortaient de la pierre autour de leurs yeux ;

[54] **consigne** orders
[55] **garde à vous** on guard!
[56] **mettre ses mains en cornet** cupped his hands
[57] **fit « Han »** groaned

mais elle se les représentait mal. Elle savait aussi qu'elles n'étaient pas encore tout à fait vivantes mais que des plaques de chair, des écailles tièdes, apparaissaient sur leurs grands corps; au bout de leurs doigts la pierre pelait et leurs paumes les démangeaient. Ève ne pouvait pas *voir* tout cela : elle pensait simplement que

5 d'énormes femmes glissaient tout contre elle, solennelles et grotesques, avec un air humain et l'entêtement compact de la pierre. « Elles se penchent sur Pierre— Ève faisait un effort si violent que ses mains se mirent à trembler—elles se penchent vers moi... » Un cri horrible la glaça tout à coup. « Elles l'ont touché. » Elle ouvrit les yeux : Pierre avait la tête dans ses mains, il haletait. Ève se sentit épuisée : « Un

10 jeu, pas un instant je n'y ai cru sincèrement. Et pendant ce temps-là, il souffrait pour de vrai. »[58]

Pierre se détendit et respira fortement. Mais ses pupilles restaient étrangement dilatées; il transpirait.

« Tu les as vues? demanda-t-il.

15 — Je ne peux pas les voir.

— Ça vaut mieux pour toi, elles te feraient peur. Moi, dit-il, j'ai l'habitude. »

Les mains d'Ève tremblaient toujours, elle avait le sang à la tête. Pierre prit une cigarette dans sa poche et la porta à sa bouche. Mais il ne l'alluma pas :

« Ça m'est égal de les voir, dit-il, mais je ne veux pas qu'elles me touchent;

20 j'ai peur qu'elles ne me donnent des boutons. »[59]

Il réfléchit un instant et demanda :

« Est-ce que tu les as entendues?

— Oui, dit Ève, c'est comme un moteur d'avion. » (Pierre le lui avait dit en propres termes, le dimanche précédent.)

25 Pierre sourit avec un peu de condescendance.

— Tu exagères, dit-il. Mais il restait blême. Il regarda les mains d'Ève : « Tes mains tremblent. Ça t'a impressionnée, ma pauvre Agathe. Mais tu n'as pas besoin de te faire du mauvais sang :[60] elles ne reviendront plus avant demain. »

Ève ne pouvait pas parler, elle claquait des dents et elle craignait que Pierre ne

30 s'en aperçût. Pierre la considéra longuement.

« Tu es rudement[61] belle, dit-il en hochant la tête. C'est dommage, c'est vraiment dommage. »

Il avança rapidement la main et lui effleura l'oreille.

« Ma belle démone ! Tu me gênes un peu, tu es trop belle : ça me distrait. S'il ne

35 s'agissait pas de récapitulation... »

Il s'arrêta et regarda Ève avec surprise :

« Ce n'est pas de ce mot-là... Il est venu... il est venu, dit-il en souriant d'un air vague. J'avais l'autre sur le bout de la langue... et celui-là... s'est mis à sa place. J'ai oublié ce que je te disais. »

40 Il réfléchit un instant et secoua la tête :

« Allons, dit-il, je vais dormir. » Il ajouta d'une voix enfantine : « Tu sais, Agathe, je suis fatigué. Je ne trouve plus mes idées. »

---

[58] **pour de vrai**   for real
[59] **boutons**   pimples
[60] **te faire du mauvais sang**   to fret
[61] **rudement**   très

Il jeta sa cigarette et regarda le tapis d'un air inquiet. Ève lui glissa un oreiller sous la tête.

« Tu peux dormir aussi, lui dit-il en fermant les yeux, elles ne reviendront pas. »

« RÉCAPITULATION. » Pierre dormait, il avait un demi-sourire candide; il penchait la tête : on aurait dit qu'il voulait caresser sa joue à son épaule. Ève n'avait pas 5 sommeil, elle pensait : « Récapitulation. » Pierre avait pris soudain l'air bête et le mot avait coulé hors de sa bouche, long et blanchâtre. Pierre avait regardé devant lui avec étonnement comme s'il voyait le mot et ne le reconnaissait pas; sa bouche était ouverte, molle; quelque chose semblait s'être cassé en lui. « Il a bredouillé.⁶² C'est la première fois que ça lui arrive : il s'en est aperçu, d'ailleurs. Il a dit qu'il 10 ne trouvait plus ses idées. » Pierre poussa un petit gémissement voluptueux et sa main fit un geste léger. Ève le regarda durement : « Comment va-t-il se réveiller ? » Ça la rongeait. Dès que Pierre dormait, il fallait qu'elle y pensât, elle ne pouvait pas s'en empêcher. Elle avait peur qu'il ne se réveillât avec les yeux troubles et qu'il ne se mît à bredouiller. « Je suis stupide, pensa-t-elle, ça ne doit pas commen- 15 cer avant un an; Franchot l'a dit. » Mais l'angoisse ne la quittait pas; un an; un hiver, un printemps, un été, le début d'un autre automne. Un jour ces traits se brouil- leraient, il laisserait pendre sa mâchoire, il ouvrirait à demi des yeux larmoyants. Ève se pencha sur la main de Pierre et y posa ses lèvres : « Je te tuerai avant. »

QUESTIONS

1. Pourquoi Sartre a-t-il choisi de commencer la nouvelle par le dialogue entre M. et Mme Darbédat?
2. Quels sont les « aveux » qu'Ève a faits à sa mère, et pourquoi a-t-elle choisi de les faire?
3. Quelles sont les choses qui irritent et inquiètent M. Darbédat?
4. « On ne doit jamais entrer dans le délire d'un malade. » (p. 72) Commentez.
5. Que pensez-vous du conseil de M. Darbédat: « Il n'y a rien de tel que de regarder les choses en face...»? (p. 74)
6. Que pense Ève des « gens normaux »? (pp. 76–77)
7. « ...à Pierre seul les choses montraient leur vrai visage. » Est-ce Ève qui pense celà? Dans ce cas, pourquoi l'adjectif « vrai »? (p. 79)
8. Comment Sartre suggère-t-il la peur dans cette nouvelle?
9. « Tous les aliénés sont des menteurs... » (p. 81) Commentez cette observation du docteur Franchot.
10. Étudiez les formes du mensonge dans « La Chambre ».
11. Expliquez la « joie âcre » d'Ève. (p. 83)

---

⁶² **bredouillé**   parlé de façon incohérente et incompréhensible

Albert Camus

(1913–1960)

Les vraies tâches sont la
création et le bonheur.

*Camus a toujours refusé l'étiquette d' « existentialiste ». En dépit
d'études de philosophie assez poussées, il n'a rien, en fait, d'un
penseur systématique, rien même d'un esprit véritablement
philosophique. Essayiste, homme de théâtre, romancier, membre
de la Résistance, journaliste, lauréat du prix Nobel (1957),
Albert Camus est avant tout un esprit sobrement lyrique, mais
ému par les idées, et réalisant une œuvre où s'allient la
compassion, le sens de la forme esthétique, et la conviction que
la grandeur de l'homme réside dans l' « exigence généreuse du
bonheur ». Ce bonheur n'est pourtant pas facile, puisque l'homme
dans ce monde (et dans la société) est un « étranger ». Tel est en
effet le titre du court roman, qui, en 1942, rendit son auteur
célèbre. Roman de l'anti-héros, L'Étranger est aussi
l'illustration de certaines idées, idées développées à la même
époque dans Le Mythe de Sisyphe. L'homme y apparaît
condamné à l'absurdité, mais l'acceptation lucide de cette
situation implique le courage d'un certain bonheur. Il faut,
explique Camus, imaginer Sisyphe heureux.*

*Le moralisme païen de Camus, son hédonisme ascétique, se
révèlent pleinement dans un ouvrage antérieur, Noces (1938)—
chant à la gloire du mariage avec la Nature, avec le soleil, le
vent, la Méditerranée. « Hors du soleil, des baisers et des
parfums sauvages, tout me paraît futile.» Mais ce contact direct
avec les choses élémentaires explique aussi le thème de la
solidarité chez Camus, une solidarité qui ne dépend ni du
désespoir ni du sens du péché. C'est bien l'amour—celui des
hommes, du sport, du théâtre—qui anime son sens éthique.
Né en Algérie d'une famille extrêmement pauvre, ayant connu la
maladie tôt dans sa vie (il était tuberculeux), Camus n'a pas les
complexes d'un intellectuel bourgeois; il n'a pas honte d'aimer
la vie et la santé.*

*Son théâtre, qui tend parfois à l'allégorisation, témoigne d'une
conscience aiguë des problèmes de son époque. Le Malentendu
(1944), Caligula.(1945), L'État de siège (1948), Les Justes
(1949) appartiennent certes à la littérature d'idées. Cependant
Camus se méfie des abstractions, et surtout des idéologies, comme
il se méfie de tout désir d'absolu et de toute forme de tyrannie.
C'est ainsi que L'Homme révolté (1951) dénonce le despotisme*

de l'Histoire. Toute l'œuvre de Camus, en fait, répète le
message d'un humanisme qui reste attaché aux valeurs
individuelles dans le contexte d'un drame collectif. La Peste
(1947) propose l'image d'un fléau qui n'est plus la rétribution
pour le péché (Camus prétend n'avoir jamais compris ce que
veut dire le mot « péché »), mais la condition même de
l'existence. Devant ce fléau l'homme doit apprendre à être
courageux sans possibilité de grâce religieuse ou de justification
tragique. « Je n'ai pas de goût... pour l'héroïsme et la
sainteté », dit un de ses personnages. « Ce qui m'intéresse,
c'est d'être un homme.»

L'humanisme de Camus, il le sait bien, n'est pas sans dangers.
La Chute (1956), livre plus amer, en dénonce les pièges : la
fausse liberté, l'orgueil de la tolérance, les alibis de la bonne
conscience, la mauvaise foi. En définitive, c'est la lucidité qui
reste l'arme suprême de l'homme dans son effort pour donner un
sens à sa vie—la lucidité, cette « indifférence clairvoyante »,
c'est-à-dire le courage de faire face à l'absurde. « Je
continuerai à croire que ce monde n'a pas de sens supérieur »,
avait-il écrit dans ses Lettres à un ami allemand (1945).
« Mais je sais que quelque chose en lui a du sens et c'est
l'homme, parce qu'il est le seul être à exiger d'en avoir.»

L'Exil et le Royaume (1957), recueil de contes dont est tiré
« La Femme adultère », répète dans son titre même l'idée du
décalage entre l'homme (l'exilé) et l'univers, ce royaume entrevu.
Dans le froid du désert algérien, dans une ambiance de jeux
d'ombre, de pénombre, et de lumière, Janine, pleine de
passion, « charnelle, et encore désirable » s'oppose à son mari
au « torse pesant », au « regard fixe, inerte ». Elle devient la
femme adultère. Mais quel est son adultère? Tourmentée par
quelque chose qui l'attend ailleurs, et qu'elle a ignoré jusqu'à
présent, elle abandonne son mari au milieu de la nuit pour
retourner seule près d'un camp de nomades entrevu durant une
promenade. Là dans le silence total de la nuit, la lumière
devenant élément liquide, baptême symbolique au seuil d'une
nouvelle expérience, Janine entre dans une union voluptueuse et
extatique avec le cosmos.

BIBLIOGRAPHIE

Brée Germaine. Camus. New Brunswick, N.J. : Rutgers University Press, 1959.
———. (ed.) Camus : A Collection of Critical Essays. Englewood Cliffs, N.J. : Prentice-Hall,
   1962.
Cruickshank, John. Albert Camus and the Literature of Revolt. New York : Oxford University
   Press, 1960.

Lebesque, Morvan. *Camus par lui-même*. Paris : Éditions du Seuil, 1965.

Onimus, Jean. *Camus*. Paris: Desclée de Brouwer, 1965.

Thody, Philip. *Albert Camus: A Study of his Work*. London : H. Hamilton, 1958.

La Femme adultère

Une mouche maigre tournait, depuis un moment, dans l'autocar aux glaces pourtant relevées. Insolite, elle allait et venait sans bruit, d'un vol exténué. Janine la perdit de vue, puis la vit atterrir sur la main immobile de son mari. Il faisait froid. La mouche frissonnait à chaque rafale du vent sableux qui crissait contre les vitres.

5 Dans la lumière rare du matin d'hiver, à grand bruit de tôles et d'essieux, le véhicule roulait, tanguait, avançait à peine. Janine regarda son mari. Des épis de cheveux grisonnants plantés bas sur un front serré, le nez large, la bouche irrégulière, Marcel avait l'air d'un faune boudeur. À chaque défoncement de la chaussée, elle le sentait sursauter contre elle. Puis il laissait retomber son torse pesant sur

10 ses jambes écartées, le regard fixe, inerte de nouveau, et absent. Seules, ses grosses mains imberbes, rendues plus courtes encore par la flanelle grise qui dépassait les manches de chemise et couvrait les poignets, semblaient en action. Elles serraient si fortement une petite valise de toile, placée entre ses genoux, qu'elles ne paraissaient pas sentir la course hésitante de la mouche.

15 Soudain, on entendit distinctement le vent hurler et la brume minérale qui entourait l'autocar s'épaissit encore. Sur les vitres, le sable s'abattait maintenant par poignées comme s'il était lancé par des mains invisibles. La mouche remua une aile frileuse, fléchit sur ses pattes, et s'envola. L'autocar ralentit, et sembla sur le point de stopper. Puis le vent parut se calmer, la brume s'éclaircit un peu et le véhicule

20 reprit de la vitesse. Des trous de lumière s'ouvraient dans le paysage noyé de poussière. Deux ou trois palmiers grêles et blanchis, qui semblaient découpés dans du métal, surgirent dans la vitre pour disparaître l'instant d'après.

« Quel pays! » dit Marcel.

L'autocar était plein d'Arabes qui faisaient mine de dormir, enfouis dans leurs

25 burnous.[1] Quelques-uns avaient ramené leurs pieds sur la banquette et oscillaient plus que les autres dans le mouvement de la voiture. Leur silence, leur impassibilité finissaient par peser à Janine ; il lui semblait qu'elle voyageait depuis des jours avec cette escorte muette. Pourtant, le car était parti à l'aube, du terminus de la voie ferrée, et, depuis deux heures, dans le matin froid, il progressait sur un plateau

30 pierreux, désolé, qui, au départ du moins, étendait ses lignes droites jusqu'à des horizons rougeâtres. Mais le vent s'était levé et, peu à peu, avait avalé l'immense étendue. À partir de ce moment, les passagers n'avaient plus rien vu ; l'un après l'autre, ils s'étaient tus et ils avaient navigué en silence dans une sorte de nuit blanche, essuyant parfois leurs lèvres et leurs yeux irrités par le sable qui s'infiltrait

35 dans la voiture.

---

[1] **burnous**   grand manteau d'homme, en laine, à capuchon, porté par les Arabes

« Janine! » Elle sursauta à l'appel de son mari. Elle pensa une fois de plus combien ce prénom était ridicule, grande et forte comme elle était. Marcel voulait
savoir où se trouvait la mallette d'échantillons. Elle explora du pied l'espace vide
sous la banquette et rencontra un objet dont elle décida qu'il était la mallette. Elle
ne pouvait se baisser, en effet, sans étouffer un peu. Au collège pourtant, elle était   5
première en gymnastique, son souffle était inépuisable. Y avait-il si longtemps de
cela? Vingt-cinq ans. Vingt-cinq ans n'étaient rien puisqu'il lui semblait que c'était
hier qu'elle hésitait entre la vie libre et le mariage, hier encore qu'elle pensait avec
angoisse à ce jour où, peut-être, elle vieillirait seule. Elle n'était pas seule, et cet
étudiant en droit qui ne voulait jamais la quitter se trouvait maintenant à ses côtés.   10
Elle avait fini par l'accepter, bien qu'il fût un peu petit et qu'elle n'aimât pas beaucoup son rire avide et bref, ni ses yeux noirs trop saillants. Mais elle aimait son
courage à vivre, qu'il partageait avec les Français de ce pays. Elle aimait aussi son
air déconfit quand les événements, ou les hommes, trompaient son attente. Surtout,
elle aimait être aimée, et il l'avait submergée d'assiduités. À lui faire sentir si   15
souvent qu'elle existait pour lui, il la faisait exister réellement. Non, elle n'était
pas seule...

L'autocar, à grands coups d'avertisseur, se frayait un passage à travers des obstacles invisibles. Dans la voiture, cependant, personne ne bougeait. Janine sentit
soudain qu'on la regardait et se tourna vers la banquette qui prolongeait la sienne,   20
de l'autre côté du passage. Celui-là n'était pas un Arabe et elle s'étonna de ne pas
l'avoir remarqué au départ. Il portait l'uniforme des unités françaises du Sahara et
un képi de toile bise sur sa face tannée de chacal, longue et pointue. Il l'examinait
de ses yeux clairs, avec une sorte de maussaderie, fixement. Elle rougit tout d'un
coup et revint vers son mari qui regardait toujours devant lui, dans la brume et le   25
vent. Elle s'emmitoufla dans son manteau. Mais elle revoyait encore le soldat français,
long et mince, si mince, avec sa vareuse ajustée, qu'il paraissait bâti dans une
matière sèche et friable, un mélange de sable et d'os. C'est à ce moment qu'elle vit
les mains maigres et le visage brûlé des Arabes qui étaient devant elle, et qu'elle
remarqua qu'ils semblaient au large, malgré leurs amples vêtements, sur les ban-   30
quettes où son mari et elle tenaient à peine. Elle ramena contre elle les pans de son
manteau. Pourtant, elle n'était pas si grosse, grande et pleine plutôt, charnelle, et
encore désirable—elle le sentait bien sous le regard des hommes—avec son visage
un peu enfantin, ses yeux frais et clairs, contrastant avec ce grand corps qu'elle
savait tiède et reposant.   35

Non, rien ne se passait comme elle l'avait cru. Quand Marcel avait voulu l'emmener avec lui dans sa tournée, elle avait protesté. Il pensait depuis longtemps à
ce voyage, depuis la fin de la guerre exactement, au moment où les affaires étaient
redevenues normales. Avant la guerre, le petit commerce de tissus qu'il avait repris
de ses parents, quand il eut renoncé à ses études de droit, les faisait vivre plutôt bien   40
que mal. Sur la côte, les années de jeunesse peuvent être heureuses. Mais il n'aimait
pas beaucoup l'effort physique et, très vite, il avait cessé de la mener sur les plages.
La petite voiture ne les sortait de la ville que pour la promenade du dimanche. Le
reste du temps, il préférait son magasin d'étoffes multicolores, à l'ombre des
arcades de ce quartier mi-indigène, mi-européen. Au-dessus de la boutique, ils   45

vivaient dans trois pièces, ornées de tentures arabes et de meubles Barbès.[2] Ils n'avaient pas eu d'enfants. Les années avaient passé, dans la pénombre qu'ils entretenaient, volets mi-clos. L'été, les plages, les promenades, le ciel même étaient loin. Rien ne semblait intéresser Marcel que ses affaires. Elle avait cru découvrir sa

5 vraie passion, qui était l'argent, et elle n'aimait pas cela, sans trop savoir pourquoi. Après tout, elle en profitait. Il n'était pas avare; généreux, au contraire, surtout avec elle. « S'il m'arrivait quelque chose, disait-il, tu serais à l'abri. » Et il faut, en effet, s'abriter du besoin. Mais du reste, de ce qui n'est pas le besoin le plus simple, où s'abriter? C'était là ce que, de loin en loin, elle sentait confusément. En atten-

10 dant, elle aidait Marcel à tenir ses livres et le remplaçait parfois au magasin. Le plus dur était l'été où la chaleur tuait jusqu'à la douce sensation de l'ennui.

Tout d'un coup, en plein été justement, la guerre, Marcel mobilisé puis réformé, la pénurie des tissus, les affaires stoppées, les rues désertes et chaudes. S'il arrivait quelque chose, désormais, elle ne serait plus à l'abri. Voilà pourquoi, dès le retour

15 des étoffes sur le marché, Marcel avait imaginé de parcourir les villages des hauts plateaux et du Sud pour se passer d'intermédiaires et vendre directement aux marchands arabes. Il avait voulu l'emmener. Elle savait que les communications étaient difficiles, elle respirait mal, elle aurait préféré l'attendre. Mais il était obstiné et elle avait accepté parce qu'il eût fallu trop d'énergie pour refuser. Ils y étaient mainte-

20 nant et, vraiment, rien ne ressemblait à ce qu'elle avait imaginé. Elle avait craint la chaleur, les essaims de mouches, les hôtels crasseux, pleins d'odeurs anisées. Elle n'avait pas pensé au froid, au vent coupant, à ces plateaux quasi polaires, encombrés de moraines. Elle avait rêvé aussi de palmiers et de sable doux. Elle voyait à présent que le désert n'était pas cela, mais seulement la pierre, la pierre partout, dans le ciel

25 où régnait encore, crissante et froide, la seule poussière de pierre, comme sur le sol où poussaient seulement, entre les pierres, des graminées sèches.

Le car s'arrêta brusquement. Le chauffeur dit à la cantonade quelques mots dans cette langue qu'elle avait entendue toute sa vie sans jamais la comprendre. « Qu'est-ce que c'est? » demanda Marcel. Le chauffeur, en français, cette fois, dit que le

30 sable avait dû boucher le carburateur, et Marcel maudit encore ce pays. Le chauffeur rit de toutes ses dents et assura que ce n'était rien, qu'il allait déboucher le carburateur et qu'ensuite on s'en irait. Il ouvrit la portière, le vent froid s'engouffra dans la voiture, leur criblant aussitôt le visage de mille grains de sable. Tous les Arabes plongèrent le nez dans leurs burnous et se ramassèrent sur eux-mêmes.

35 « Ferme la porte », hurla Marcel. Le chauffeur riait en revenant vers la portière. Posément, il prit quelques outils sous le tableau de bord, puis, minuscule dans la brume, disparut à nouveau vers l'avant, sans fermer la porte. Marcel soupirait. « Tu peux être sûre qu'il n'a jamais vu un moteur de sa vie. — Laisse! » dit Janine. Soudain, elle sursauta. Sur le remblai, tout près du car, des formes drapées se

40 tenaient immobiles. Sous le capuchon du burnous, et derrière un rempart de voiles, on ne voyait que leurs yeux. Muets, venus on ne savait d'où, ils regardaient les voyageurs. « Des bergers », dit Marcel.

À l'intérieur de la voiture, le silence était complet. Tous les passagers, tête

---

[2] .neubles Barbès   meubles achetés à bon marché aux Galeries Barbès à Paris

baissée, semblaient écouter la voix du vent, lâché en liberté sur ces plateaux intermi-
nables. Janine fut frappée, soudain, par l'absence presque totale de bagages. Au
terminus de la voie ferrée, le chauffeur avait hissé leur malle, et quelques ballots, sur
le toit. À l'intérieur du car, dans les filets, on voyait seulement des bâtons noueux et
des couffins[3] plats. Tous ces gens du Sud, apparemment, voyageaient les mains 5
vides.

Mais le chauffeur revenait, toujours alerte. Seuls, ses yeux riaient, au-dessus des
voiles dont il avait, lui aussi, masqué son visage. Il annonça qu'on s'en allait. Il ferma
la portière, le vent se tut et l'on entendit mieux la pluie de sable sur les vitres. Le
moteur toussa, puis expira. Longuement sollicité par le démarreur, il tourna enfin et 10
le chauffeur le fit hurler à coups d'accélérateur. Dans un grand hoquet, l'autocar
repartit. De la masse haillonneuse des bergers, toujours immobiles, une main s'éleva,
puis s'évanouit dans la brume, derrière eux. Presque aussitôt, le véhicule commença de sauter sur la route devenue plus mauvaise. Secoués, les Arabes oscillaient
sans cesse. Janine sentait cependant le sommeil la gagner quand surgit devant elle une 15
petite boîte jaune, remplie de cachous.[4] Le soldat-chacal lui souriait. Elle hésita, se
servit, et remercia. Le chacal empocha la boîte et avala d'un coup son sourire. À
présent, il fixait la route, droit devant lui. Janine se tourna vers Marcel et ne vit que
sa nuque solide. Il regardait à travers les vitres la brume plus dense qui montait des
remblais friables. 20

Il y avait des heures qu'ils roulaient et la fatigue avait éteint toute vie dans la
voiture lorsque des cris retentirent au dehors. Des enfants en burnous, tournant
sur eux-mêmes comme des toupies, sautant, frappant des mains, couraient autour de
l'autocar. Ce dernier roulait maintenant dans une longue rue flanquée de maisons
basses; on entrait dans l'oasis. Le vent soufflait toujours, mais les murs arrêtaient les 25
particules de sable qui n'obscurcissaient plus la lumière. Le ciel, cependant, restait
couvert. Au milieu des cris, dans un grand vacarme de freins, l'autocar s'arrêta
devant les arcades de pisé d'un hôtel aux vitres sales. Janine descendit et, dans la rue,
se sentit vaciller. Elle apercevait, au-dessus des maisons, un minaret jaune et gracile.
À sa gauche, se découpaient déjà les premiers palmiers de l'oasis et elle aurait voulu 30
aller vers eux. Mais bien qu'il fût près de midi, le froid était vif; le vent la fit frissonner. Elle se retourna vers Marcel, et vit d'abord le soldat qui avançait à sa rencontre.
Elle attendait son sourire ou son salut. Il la dépassa sans la regarder, et disparut.
Marcel, lui, s'occupait de faire descendre la malle d'étoffes, une cantine noire,
perchée sur le toit de l'autocar. Ce ne serait pas facile. Le chauffeur était seul à 35
s'occuper des bagages et il s'arrêtait déjà, dressé sur le toit, pour pérorer devant le
cercle de burnous rassemblés autour du car. Janine, entourée de visages qui semblaient taillés dans l'os et le cuir, assiégée de cris gutturaux, sentit soudain sa
fatigue. « Je monte », dit-elle à Marcel qui interpellait avec impatience le chauffeur.

Elle entra dans l'hôtel. Le patron, un Français maigre et taciturne, vint au-devant 40
d'elle. Il la conduisit au premier étage, sur une galerie qui dominait la rue, dans une
chambre où il semblait n'y avoir qu'un lit de fer, une chaise peinte au ripolin blanc,
une penderie sans rideaux et, derrière un paravent de roseaux, une toilette dont le

---

[3] **couffins**   paniers plats pour le transport des marchandises
[4] **cachous**   pastilles aromatiques faites d'un extrait d'un acacia des Indes

lavabo était couvert d'une fine poussière de sable. Quand le patron eut fermé la
porte, Janine sentit le froid qui venait des murs nus et blanchis à la chaux. Elle ne
savait où poser son sac, où se poser elle-même. Il fallait se coucher ou rester debout,
et frissonner dans les deux cas. Elle restait debout, son sac à la main, fixant une sorte
5 de meurtrière ouverte sur le ciel, près du plafond. Elle attendait, mais elle ne savait
quoi. Elle sentait seulement sa solitude, et le froid qui la pénétrait, et un poids plus
lourd à l'endroit du cœur. Elle rêvait en vérité, presque sourde aux bruits qui montaient de la rue avec des éclats de la voix de Marcel, plus consciente au contraire de
cette rumeur de fleuve qui venait de la meurtrière et que le vent faisait naître dans les
10 palmiers, si proches maintenant, lui semblait-il. Puis le vent parut redoubler, le doux
bruit d'eaux devint sifflement de vagues. Elle imaginait, derrière les murs, une mer
de palmiers droits et flexibles, moutonnant dans la tempête. Rien ne ressemblait à ce
qu'elle avait attendu, mais ces vagues invisibles rafraîchissaient ses yeux fatigués.
Elle se tenait debout, pesante, les bras pendants, un peu voûtée, le froid montait le
15 long de ses jambes lourdes. Elle rêvait aux palmiers droits et flexibles, et à la jeune
fille qu'elle avait été.

Après leur toilette, ils descendirent dans la salle à manger. Sur les murs nus, on
avait peint des chameaux et des palmiers, noyés dans une confiture rose et violette.
Les fenêtres à arcade laissaient entrer une lumière parcimonieuse. Marcel se rensei-
20 gnait sur les marchands auprès du patron de l'hôtel. Puis un vieil Arabe, qui portait
une décoration militaire sur sa vareuse, les servit. Marcel était préoccupé et
déchirait son pain. Il empêcha sa femme de boire de l'eau. « Elle n'est pas bouillie.
Prends du vin. » Elle n'aimait pas cela, le vin l'alourdissait. Et puis, il y avait du porc
au menu. « Le Coran l'interdit. Mais le Coran ne savait pas que le porc bien cuit ne
25 donne pas de maladies. Nous autres, nous savons faire la cuisine. À quoi penses-tu ? »
Janine ne pensait à rien, ou peut-être à cette victoire des cuisiniers sur les prophètes.
Mais elle devait se dépêcher. Ils repartaient le lendemain matin, plus au sud encore :
il fallait voir dans l'après-midi tous les marchands importants. Marcel pressa le vieil
Arabe d'apporter le café. Celui-ci approuva de la tête, sans sourire, et sortit à petits
30 pas. « Doucement le matin, pas trop vite le soir », dit Marcel en riant. Le café finit
pourtant par arriver. Ils prirent à peine le temps de l'avaler et sortirent dans la rue
poussiéreuse et froide. Marcel appela un jeune Arabe pour l'aider à porter la malle,
mais discuta par principe la rétribution. Son opinion, qu'il fit savoir à Janine une fois
de plus, tenait en effet dans ce principe obscur qu'ils demandaient toujours le
35 double pour qu'on leur donne le quart. Janine, mal à l'aise, suivait les deux
porteurs. Elle avait mis un vêtement de laine sous son gros manteau, elle aurait
voulu tenir moins de place. Le porc, quoique bien cuit, et le peu de vin qu'elle avait
bu, lui donnaient aussi de l'embarras.

Ils longeaient un petit jardin public planté d'arbres poudreux. Des Arabes les
40 croisaient qui se rangeaient sans paraître les voir, ramenant devant eux les pans de
leurs burnous. Elle leur trouvait, même lorsqu'ils portaient des loques, un air de
fierté que n'avaient pas les Arabes de sa ville. Janine suivait la malle qui, à travers la
foule, lui ouvrait un chemin. Ils passèrent la porte d'un rempart de terre ocre,
parvinrent sur une petite place plantée des mêmes arbres minéraux et bordés au

fond, sur sa plus grande largeur, par des arcades et des boutiques. Mais ils s'arrêtèrent sur la place même, devant une petite construction en forme d'obus, peinte à
la chaux bleue. À l'intérieur, dans la pièce unique, éclairée seulement par la porte
d'entrée, se tenait, derrière une planche de bois luisant, un vieil Arabe aux moustaches blanches. Il était en train de servir du thé, élevant et abaissant la théière au- 5
dessus de trois petits verres multicolores. Avant qu'ils pussent rien distinguer
d'autre dans la pénombre du magasin, l'odeur fraîche du thé à la menthe accueillit
Marcel et Janine sur le seuil. À peine franchie l'entrée, et ses guirlandes encom-
brantes de théières en étain, de tasses et de plateaux mêlés à des tourniquets de
cartes postales, Marcel se trouva contre le comptoir. Janine resta dans l'entrée. 10
Elle s'écarta un peu pour ne pas intercepter la lumière. À ce moment, elle aperçut
derriè · · ieux marchand, dans la pénombre, deux Arabes qui les regardaient en
souriant ·ssis sur les sacs gonflés dont le fond de la boutique était entièrement
garni. Des tapis rouges et noirs, des foulards brodés pendaient le long des murs, le
sol était encombré de sacs et de petites caisses emplies de graines aromatiques. Sur le 15
comptoir, autour d'une balance aux plateaux de cuivre étincelants et d'un vieux
mètre aux gravures effacées, s'alignaient des pains de sucre dont l'un, démailloté de
ses langes de gros papier bleu, était entamé au sommet. L'odeur de laine et d'épices
qui flottait dans la pièce apparut derrière le parfum du thé quand le vieux marchand
posa la théière sur le comptoir et dit bonjour.   20

Marcel parlait précipitamment, de cette voix basse qu'il prenait pour parler
affaires. Puis il ouvrait la malle, montrait les étoffes et les foulards, poussait la
balance et le mètre pour étaler sa marchandise devant le vieux marchand. Il s'éner-
vait, haussait le ton, riait de façon désordonnée, il avait l'air d'une femme qui veut
plaire et qui n'est pas sûre d'elle. Maintenant, de ses mains largement ouvertes, il 25
mimait la vente et l'achat. Le vieux secoua la tête, passa le plateau de thé aux deux
Arabes derrière lui et dit seulement quelques mots qui semblèrent décourager
Marcel. Celui-ci reprit ses étoffes, les empila dans la malle, puis essuya sur son front
une sueur improbable. Il appela le petit porteur et ils repartirent vers les arcades.
Dans la première boutique, bien que le marchand eût d'abord affecté le même air 30
olympien, ils furent un peu plus heureux. « Ils se prennent pour le bon Dieu, dit
Marcel, mais ils vendent aussi ! La vie est dure pour tous. »

Janine suivait sans répondre. Le vent avait presque cessé. Le ciel se découvrait par
endroits. Une lumière froide, brillante, descendait des puits bleus qui se creusaient
dans l'épaisseur des nuages. Ils avaient maintenant quitté la place. Ils marchaient 35
dans de petites rues, longeaient des murs de terre au-dessus desquels pendaient les
roses pourries de décembre ou, de loin en loin, une grenade, sèche et véreuse. Un
parfum de poussière et de café, la fumée d'un feu d'écorces, l'odeur de la pierre, du
mouton, flottaient dans ce quartier. Les boutiques, creusées dans des pans de murs,
étaient éloignées les unes des autres ; Janine sentait ses jambes s'alourdir. Mais son 40
mari se rasérénait peu à peu, il commençait à vendre, et devenait aussi plus con-
ciliant ; il appelait Janine « petite », le voyage ne serait pas inutile. « Bien sûr,
disait Janine, il vaut mieux s'entendre directement avec eux. »

Ils revinrent par une autre rue, vers le centre. L'après-midi était avancé, le ciel
maintenant à peu près découvert. Ils s'arrêtèrent sur la place. Marcel se frottait les 45

mains, il contemplait d'un air tendre la malle, devant eux. « Regarde », dit Janine.
De l'autre extrémité de la place venait un grand Arabe, maigre, vigoureux, couvert
d'un burnous bleu ciel, chaussé de souples bottes jaunes, les mains gantées, et qui
portait haut un visage aquilin et bronzé. Seul le chèche[5] qu'il portait en turban
5 permettait de le distinguer de ces officiers français d'Affaires indigènes que Janine
avait parfois admirés. Il avançait régulièrement dans leur direction, mais semblait
regarder au-delà de leur groupe, en dégantant avec lenteur l'une de ses mains. « Eh
bien, dit Marcel en haussant les épaules, en voilà un qui se croit général. » Oui, ils
avaient tous ici cet air d'orgueil, mais celui-là, vraiment, exagérait. Alors que
10 l'espace vide de la place les entourait, il avançait droit sur la malle, sans la voir, sans
les voir. Puis la distance qui les séparait diminua rapidement et l'Arabe arrivait sur
eux, lorsque Marcel saisit, tout d'un coup, la poignée de la cantine, et la tira en
arrière. L'autre passa, sans paraître rien remarquer, et se dirigea du même pas vers
les remparts. Janine regarda son mari, il avait son air déconfit. « Ils se croient tout
15 permis, maintenant », dit-il. Janine ne répondit rien. Elle détestait la stupide
arrogance de cet Arabe et se sentait tout d'un coup malheureuse. Elle voulait partir,
elle pensait à son petit appartement. L'idée de rentrer à l'hôtel, dans cette chambre
glacée, la décourageait. Elle pensa soudain que le patron lui avait conseillé de monter
sur la terrasse du fort d'où l'on voyait le désert. Elle le dit à Marcel et qu'on pouvait
20 laisser la malle à l'hôtel. Mais il était fatigué, il voulait dormir un peu avant le dîner.
« Je t'en prie », dit Janine. Il la regarda, soudain attentif. « Bien sûr, mon chéri »,
dit-il.

Elle l'attendait devant l'hôtel, dans la rue. La foule vêtue de blanc devenait de
plus en plus nombreuse. On n'y rencontrait pas une seule femme et il semblait à
25 Janine qu'elle n'avait jamais vu autant d'hommes. Pourtant, aucun ne la regardait.
Quelques-uns, sans paraître la voir, tournaient lentement vers elle cette face
maigre et tannée qui, à ses yeux, les faisait tous ressemblants, le visage du soldat
français dans le car, celui de l'Arabe aux gants, un visage à la fois rusé et fier. Ils
tournaient ce visage vers l'étrangère, ils ne la voyaient pas et puis, légers et silen-
30 cieux, ils passaient autour d'elle dont les chevilles gonflaient. Et son malaise, son
besoin de départ augmentaient. « Pourquoi suis-je venue ? » Mai· déjà, Marcel
redescendait.

Lorsqu'ils grimpèrent l'escalier du fort, il était cinq heures de l'après-midi. Le
vent avait complètement cessé. Le ciel, tout entier découvert, était maintenant d'un
35 bleu de pervenche.[6] Le froid, devenu plus sec, piquait leurs joues. Au milieu de
l'escalier, un vieil Arabe, étendu contre le mur, leur demanda s'ils voulaient être
guidés, mais sans bouger, comme s'il avait été sûr d'avance de leur refus. L'escalier
était long et raide, malgré plusieurs paliers de terre battue. À mesure qu'ils montaient, l'espace s'élargissait et ils s'élevaient dans une lumière de plus en plus vaste,
40 froide et sèche, où chaque bruit de l'oasis leur parvenait avec une pureté distincte.
L'air illuminé semblait vibrer autour d'eux, d'une vibration de plus en plus longue
à mesure qu'ils progressaient, comme si leur passage faisait naître sur le cristal de la
lumière une onde sonore qui allait s'élargissant. Et au moment où, parvenus sur la

---

[5] **chèche**   longue écharpe portée par des soldats de certaines troupes africaines
[6] **pervenche**   « periwinkle », fleur d'un bleu très clair

terrasse, leur regard se perdit d'un coup au-delà de la palmeraie, dans l'horizon immense, il sembla à Janine que le ciel entier retentissait d'une seule note éclatante et brève dont les échos peu à peu remplirent l'espace au-dessus d'elle, puis se turent subitement pour la laisser silencieuse devant l'étendue sans limites.

De l'est à l'ouest, en effet, son regard se déplaçait lentement, sans rencontrer un seul obstacle, tout le long d'une courbe parfaite. Au-dessous d'elle, les terrasses bleues et blanches de la ville arabe se chevauchaient, ensanglantées par les taches rouge sombre des piments qui séchaient au soleil. On n'y voyait personne, mais des cours intérieures montaient, avec la fumée odorante d'un café qui grillait, des voix rieuses ou des piétinements incompréhensibles. Un peu plus loin, la palmeraie, divisée en carrés inégaux par des murs d'argile, bruissait à son sommet sous l'effet d'un vent qu'on ne sentait plus sur la terrasse. Plus loin encore, et jusqu'à l'horizon, commençait, ocre et gris, le royaume des pierres, où nulle vie n'apparaissait. À quelque distance de l'oasis seulement, près de l'oued[7] qui, à l'occident, longeait la palmeraie, on apercevait de larges tentes noires. Tout autour, un troupeau de dromadaires immobiles, minuscules à cette distance, formaient sur le sol gris les signes sombres d'une étrange écriture dont il fallait déchiffrer le sens. Au-dessus du désert, le silence était vaste comme l'espace.

Janine, appuyée de tout son corps au parapet, restait sans voix, incapable de s'arracher au vide qui s'ouvrait devant elle. À ses côtés, Marcel s'agitait. Il avait froid, il voulait descendre. Qu'y avait-il donc à voir ici? Mais elle ne pouvait détacher ses regards de l'horizon. Là-bàs, plus au sud encore, à cet endroit où le ciel et la terre se rejoignaient dans une ligne pure, là-bas, lui semblait-il soudain, quelque chose l'attendait qu'elle avait ignoré jusqu'à ce jour et qui pourtant n'avait cessé de lui manquer. Dans l'après-midi qui avançait, la lumière se détendait doucement; de cristalline, elle devenait liquide. En même temps, au cœur d'une femme que le hasard seul amenait là, un nœud que les années, l'habitude et l'ennui avaient serré, se dénouait lentement. Elle regardait le campement des nomades. Elle n'avait même pas vu les hommes qui vivaient là, rien ne bougeait entre les tentes noires et, pourtant, elle ne pouvait penser qu'à eux, dont elle avait à peine connu l'existence jusqu'à ce jour. Sans maisons, coupés du monde, ils étaient une poignée à errer sur le vaste territoire qu'elle découvrait du regard, et qui n'était cependant qu'une partie dérisoire d'un espace encore plus grand, dont la fuite vertigineuse ne s'arrêtait qu'à des milliers de kilomètres plus au sud, là où le premier fleuve féconde enfin la forêt. Depuis toujours, sur la terre sèche, raclée jusqu'à l'os, de ce pays démesuré, quelques hommes cheminaient sans trêve, qui ne possédaient rien mais ne servaient personne, seigneurs misérables et libres d'un étrange royaume. Janine ne savait pas pourquoi cette idée l'emplissait d'une tristesse si douce et si vaste qu'elle lui fermait les yeux. Elle savait seulement que ce royaume, de tout temps, lui avait été promis et que jamais pourtant, il ne serait le sien, plus jamais, sinon à ce fugitif instant, peut-être, où elle rouvrit les yeux sur le ciel soudain immobile, et sur ses flots de lumière figée, pendant que les voix qui montaient de la ville arabe se taisaient brusquement. Il lui sembla que le cours du monde venait alors de s'arrêter et que

---

[7] **oued**   cours d'eau temporaire de l'Afrique du Nord

personne, à partir de cet instant, ne vieillirait plus ni ne mourrait. En tous lieux, désormais, la vie était suspendue, sauf dans son cœur où, au même moment, quel qu'un pleurait de peine et d'émerveillement.

Mais la lumière se mit en mouvement, le soleil, net et sans chaleur, déclina vers
5 l'ouest qui rosit un peu, tandis qu'une vague grise se formait à l'est, prête à déferler lentement sur l'immense étendue. Un premier chien hurla, et son cri lointain monta dans l'air, devenu encore plus froid. Janine s'aperçut alors qu'elle claquait des dents. « On crève, dit Marcel, tu es stupide. Rentrons. » Mais il lui prit gauchement la main. Docile maintenant, elle se détourna du parapet et le suivit. Le vieil
10 Arabe de l'escalier, immobile, les regarda descendre vers la ville. Elle marchait sans voir personne, courbée sous une immense et brusque fatigue, traînant son corps dont le poids lui paraissait maintenant insupportable. Son exaltation l'avait quittée. À présent, elle se sentait trop grande, trop épaisse, trop blanche aussi pour ce monde où elle venait d'entrer. Un enfant, la jeune fille, l'homme sec, le chacal furtif
15 étaient les seules créatures qui pouvaient fouler silencieusement cette terre. Qu'y ferait-elle désormais, sinon s'y traîner jusqu'au sommeil, jusqu'à la mort ?

Elle se traîna, en effet, jusqu'au restaurant, devant un mari soudain taciturne, ou qui disait sa fatigue, pendant qu'elle-même luttait faiblement contre un rhume dont elle sentait monter la fièvre. Elle se traîna encore jusqu'à son 1t, où Marcel vint la
20 rejoindre, et éteignit aussitôt sans rien lui demander. La chambre était glacée Janine sentait le froid la gagner en même temps que s'accélérait la fièvre Elle respirait mal, son sang battait sans la réchauffer ; une sorte de peur grandissait en elle. Elle se retournait, le vieux lit de fer craquait sous son poids. Non, elle ne voulait pas être malade. Son mari dormait déjà, elle aussi devait dormir, il le fallait. Les bruits
25 étouffés de la ville parvenaient jusqu'à elle par la meurtrière. Les vieux phonographes des cafés maures nasillaient des airs qu'elle reconnaissait vaguement, et qui lui arrivaient, portés par une rumeur de foule lente. Il fallait dormir. Mais elle comptait des tentes noires ; derrière ses paupières paissaient des chameaux immobiles ; d'immenses solitudes tournoyaient en elle. Oui, pourquoi était-elle venue ? Elle s'endormit
30 sur cette question.

Elle se réveilla un peu plus tard. Le silence autour d'elle était total. Mais, aux limites de la ville, des chiens enroués hurlaient dans la nuit muette. Janine frissonna. Elle se retourna encore sur elle-même, sentit contre la sienne l'épaule dure de son mari et, tout d'un coup, à demi endormie, se blottit contre lui. Elle dérivait sur le
35 sommeil sans s'y enfoncer, elle s'accrochait à cette épaule avec une avidité inconsciente, comme à son port le plus sûr. Elle parlait, mais sa bouche n'émettait aucun son. Elle parlait, mais c'est à peine si elle s'entendait elle-même. Elle ne sentait que la chaleur de Marcel. Depuis plus de vingt ans, chaque nuit, ainsi, dans sa chaleur, eux deux toujours, même malades, même en voyage, comme à présent... Qu'aurait-
40 elle fait d'ailleurs, seule à la maison ? Pas d'enfant ! N'était-ce pas cela qui lui manquait ? Elle ne savait pas. Elle suivait Marcel, voilà tout, contente de sentir que quelqu'un avait besoin d'elle. Il ne lui donnait pas d'autre joie que de se savoir nécessaire. Sans doute ne l'aimait-il pas. L'amour, même haineux, n'a pas ce visage renfrogné. Mais quel est son visage ? Ils s'aimaient dans la nuit, sans se voir, à tâtons.
45 Y a-t-il un autre amour que celui des ténèbres, un amour qui crierait en plein jour ?

Elle ne savait pas, mais elle savait que Marcel avait besoin d'elle et qu'elle avait besoin de ce besoin, qu'elle en vivait la nuit et le jour, la nuit surtout, chaque nuit, où il ne voulait pas être seul, ni vieillir, ni mourir, avec cet air buté qu'il prenait qu'elle reconnaissait parfois sur d'autres visages d'hommes, le seul air commun de ces fous qui se camouflent sous des airs de raison, jusqu'à ce que le 5 délire les prenne et les jette désespérément vers un corps de femme pour y enfouir, sans désir, ce que la solitude et la nuit leur montrent d'effrayant.

Marcel remua un peu comme pour s'éloigner d'elle. Non, il ne l'aimait pas, il avait peur de ce qui n'était pas elle, simplement, et elle et lui depuis longtemps auraient dû se séparer, et dormir seuls jusqu'à la fin. Mais qui peut dormir toujours 10 seul ? Quelques hommes le font, que la vocation ou le malheur ont retranchés des autres et qui couchent alors tous les soirs dans le même lit que la mort. Marcel, lui, ne le pourrait jamais, lui surtout, enfant faible et désarmé, que la douleur effarait toujours, son enfant, justement, qui avait besoin d'elle et qui, au même moment, fit entendre une sorte de gémissement. Elle se serra un peu plus contre lui, posa la 15 main sur sa poitrine. Et, en elle-même, elle l'appela du nom d'amour qu'elle lui donnait autrefois et que, de loin en loin encore, ils employaient entre eux, mais sans plus penser à ce qu'ils disaient.

Elle l'appela de tout son cœur. Elle aussi, après tout, avait besoin de lui, de sa force, de ses petites manies, elle aussi avait peur de mourir. « Si je surmontais cette 20 peur, je serais heureuse… » Aussitôt, une angoisse sans nom l'envahit. Elle se détacha de Marcel. Non, elle ne surmontait rien, elle n'était pas heureuse, elle allait mourir, en vérité, sans avoir été délivrée. Son cœur lui faisait mal, elle étouffait sous un poids immense dont elle découvrait soudain qu'elle le traînait depuis vingt ans, et sous lequel elle se débattait maintenant de toutes ses forces. Elle voulait être délivrée, 25 même si Marcel, même si les autres ne l'étaient jamais ! Réveillée, elle se dressa dans son lit et tendit l'oreille à un appel qui lui sembla tout proche. Mais, des extrémités de la nuit, les voix exténuées et infatigables des chiens de l'oasis lui parvinrent seules. Un faible vent s'était levé dont elle entendait couler les eaux légères dans la palmeraie. Il venait du sud, là où le désert et la nuit se mêlaient maintenant 30 sous le ciel à nouveau fixe, là où la vie s'arrêtait, où plus personne ne vieillissait ni ne mourait. Puis les eaux du vent tarirent et elle ne fut même plus sûre d'avoir rien entendu, sinon un appel muet qu'après tout elle pouvait à volonté faire taire ou percevoir, mais dont plus jamais elle ne connaîtrait le sens, si elle n'y répondait à l'instant. À l'instant, oui, cela du moins était sûr !   35

Elle se leva doucement et resta immobile, près du lit, attentive à la respiration de son mari. Marcel dormait. L'instant d'après, la chaleur du lit la quittait, le froid la saisit. Elle s'habilla lentement, cherchant ses vêtements à tâtons dans la faible lumière qui, à travers les persiennes en façade, venait des lampes de la rue. Les souliers à la main, elle gagna la porte. Elle attendit encore un moment, dans l'obs- 40 curité, puis ouvrit doucement. Le loquet grinça, elle s'immobilisa. Son cœur battait follement. Elle tendit l'oreille et, rassurée par le silence, tourna encore un peu la main. La rotation du loquet lui parut interminable. Elle ouvrit enfin, se glissa dehors, et referma la porte avec les mêmes précautions. Puis, la joue collée contre le bois, elle attendit. Au bout d'un instant, elle perçut, lointaine, la respiration de 45

Marcel. Elle se retourna, reçut contre le visage l'air glacé de la nuit et courut le long de la galerie. La porte de l'hôtel était fermée. Pendant qu'elle manœuvrait le verrou, le veilleur de nuit parut dans le haut de l'escalier, le visage brouillé, et lui parla en arabe. « Je reviens », dit Janine, et elle se jeta dans la nuit.

5 Des guirlandes d'étoiles descendaient du ciel noir au-dessus des palmiers et des maisons. Elle courait le long de la courte avenue, maintenant déserte, qui menait au fort. Le froid, qui n'avait plus à lutter contre le soleil, avait envahi la nuit; l'air glacé lui brûlait les poumons. Mais elle courait, à demi aveugle, dans l'obscurité. Au sommet de l'avenue, pourtant, des lumières apparurent, puis descendirent vers elle
10 zigzaguant. Elle s'arrêta, perçut un bruit d'élytres et, derrière les lumières qui grossissaient, vit enfin d'énormes burnous sous lesquels étincelaient des roues fragiles de bicyclettes. Les burnous la frôlèrent; trois feux rouges surgirent dans le noir derrière elle, pour disparaître aussitôt. Elle reprit sa course vers le fort. Au milieu de l'escalier, la brûlure de l'air dans ses poumons devint si coupante qu'elle
15 voulut s'arrêter. Un dernier élan la jeta malgré elle sur la terrasse, contre le parapet qui lui pressait maintenant le ventre. Elle haletait et tout se brouillait devant ses yeux. La course ne l'avait pas réchauffée, elle tremblait encore de tous ses membres. Mais l'air froid qu'elle avalait par saccades coula bientôt régulièrement en elle, une chaleur timide commença de naître au milieu des frissons. Ses yeux
20 s'ouvrirent enfin sur les espaces de la nuit.

Aucun souffle, aucun bruit, sinon, parfois, le crépitement étouffé des pierres que le froid réduisait en sable, ne venait troubler la solitude et le silence qui entouraient Janine. Au bout d'un instant, pourtant, il lui sembla qu'une sorte de giration pesante entraînait le ciel au-dessus d'elle. Dans les épaisseurs de la nuit sèche et
25 froide, des milliers d'étoiles se formaient sans trêve et leurs glaçons étincelants, aussitôt détachés, commençaient de glisser insensiblement vers l'horizon. Janine ne pouvait s'arracher à la contemplation de ces feux à la dérive. Elle tournait avec eux et le même cheminement immobile la réunissait peu à peu à son être le plus profond, où le froid et le désir maintenant se combattaient. Devant elle, les étoiles
30 tombaient, une à une, puis s'éteignaient parmi les pierres du désert, et à chaque fois Janine s'ouvrait un peu plus à la nuit. Elle respirait, elle oubliait le froid, le poids des êtres, la vie démente ou figée, la longue angoisse de vivre et de mourir. Après tant d'années où, fuyant devant la peur, elle avait couru follement, sans but, elle s'arrêtait enfin. En même temps, il lui semblait retrouver ses racines, la sève montait à
35 nouveau dans son corps qui ne tremblait plus. Pressée de tout son ventre contre le parapet, tendue vers le ciel en mouvement, elle attendait seulement que son cœur encore bouleversé s'apaisât à son tour et que le silence se fît en elle. Les dernières étoiles des constellations laissèrent tomber leurs grappes un peu plus bas sur l'horizon du désert, et s'immobilisèrent. Alors, avec une douceur insupportable,
40 l'eau de la nuit commença d'emplir Janine, submergea le froid, monta peu à peu du centre obscur de son être et déborda en flots ininterrompus jusqu'à sa bouche pleine de gémissements. L'instant d'après, le ciel entier s'étendait au-dessus d'elle, renversée sur la terre froide.

Quand Janine rentra, avec les mêmes précautions, Marcel n'était pas réveillé.
45 Mais il grogna lorsqu'elle se coucha et, quelques secondes après, se dressa brusque-

ment. Il parla et elle ne comprit pas ce qu'il disait. Il se leva, donna la lumière qui la gifla en plein visage. Il marcha en tanguant vers le lavabo et but longuement à la bouteille d'eau minérale qui s'y trouvait. Il allait se glisser sous les draps quand, un genou sur le lit, il la regarda, sans comprendre. Elle pleurait, de toutes ses larmes, sans pouvoir se retenir. « Ce n'est rien, mon chéri, disait-elle, ce n'est rien.»   5

QUESTIONS

1. Comment les descriptions physiques aident-elles à révéler la vie intérieure des person-nages et des choses—par exemple, Marcel, Janine, les Arabes, le sable, le paysage, la lumière?

2. Pour quelles raisons Janine s'est-elle mariée avec Marcel?

3. Quelles déceptions y a-t-il dans la vie de Janine?

4. Pourquoi Janine a-t-elle accepté d'accompagner son mari pendant ce voyage?

5. Pourquoi Janine est-elle si nerveuse?

6. Comment Janine regarde-t-elle   mari et les autres hommes?

7. À quoi Janine rêve-t-elle dans la chambre de son hôtel?

8. Quelle est l'attitude de Janine et de Marcel envers les Arabes? Décrivez les Arabes.

9. Quelles sont les sensations de Janine sur la terrasse du fort? Pourquoi ne peut-elle pas s'arracher de l'endroit? Comparez ceci avec sa deuxième visite.

10. Quel est le « royaume » que Janine entrevoit et dont elle se sent exilée?

11. Pourquoi Janine pense-t-elle que sans doute son mari ne l'aime pas? Est-ce une justifi-cation possible de l'« adultère »?

12. Revenue seule au fort la nuit, quelles visions, quelles sensations physiques et quelles émotions Janine éprouve-t-elle?

13. Expliquez le sens du titre. Janine est-elle vraiment « adultère »?

14. Pourquoi « la femme adultère » pleure-t-elle à la fin du récit?

15. À quoi Janine a-t-elle renoncé?

André Pieyre de Mandiargues

(1909–   )

*Amateur des beaux-arts, collectionneur, voyageur motivé par une
curiosité savante, André Pieyre de Mandiargues a créé une
œuvre riche, étrange et hautement personnelle. Né à Paris, il
abandonne ses études universitaires pour s'initier à l'archéologie
et pour voyager en Europe et en Orient méditerranéen. Après la
guerre, il se lie avec André Breton et le groupe surréaliste. Il
publie poèmes, essais d'art, contes, récits;* La Motocylette
*(1963), plus accessible au grand public que les œuvres qui le
précèdent, est son premier roman, suivi par* La Marge *(1967),
qui reçoit le Prix Goncourt.*

*C'est peut-être surtout dans les contes qu'il publie depuis 1946—
dans ces volumes aux beaux titres :* Le Musée noir, Soleil des
loups, Feu de braise, Marbre, Porte dévergondée—*que
Mandiargues déploie tous les sortilèges de son art. L'atmosphère
de ces contes doit beaucoup au Surréalisme, par leur côté
magique, par le « délire » qui s'installe au cœur du récit, où le
réel cède pour faire place aux rites de l'inconscient, à la réalité
supérieure appelée à l'existence par le désir. C'est que
Mandiargues veut donner, dit-il, « une représentation concrète à
certain égarement des sens et de l'esprit qui s'est parfois emparé
des hommes et auquel se rapporte bien le mot panique. » Cette
« panique » est cependant évoquée avec une précision, on dirait
même une lucidité parfaite : le baroque, l'hallucinatoire
prennent forme dans un style qui se veut toujours exact, voire
précieux. Le narrateur abandonne rarement sa pose de mondain
curieux; ses jeux de terreur sont aussi des jeux d'esprit. Le style
verbal de Mandiargues n'est pas sans analogies avec le style
pictural de son artiste préféré, Giorgio de Chirico, qui par une
géométrie savante crée un monde troublant, menaçant. Ces contes
aboutissent souvent dans un domaine entre rêve et réalité, où l'on
distingue mal la démarcation entre le merveilleux et l'ordinaire;
la présence du narrateur se rétablit, pour nous laisser à la fin
l'image du collectionneur de bizarreries humaines, de l'aristocrate
quelque peu eccentrique*

*Délire, panique, égarement marquent le monde extérieur chez
Mandiargues. La nature, investie des rêves les plus intimes de
l'homme, se réduit souvent à des formes sculpturales qui évoquent
une sensualité primitive. On parlerait volontiers de décor dans
les contes de Mandiargues, car le monde extérieur s'est mué en
théâtre pour la mise en scène de rituels. Le drame qui s'y*

déroule frôle une cruauté antique, païenne, et il puise ses sources très souvent dans l'érotisme. Car au cœur de cet univers on découvre presque toujours la sensualité sous sa forme la plus aiguë, la plus consciente aussi. Tout chez Mandiargues retourne aux grands rites du désir, de l'extase, du sacrifice.

« Le Fils de rat » est tiré du recueil Porte dévergondée (1965), titre que l'auteur commente ainsi : « La porte dévergondée ouvre sur la spirale d'un escalier par lequel on descend dans un espace qui est quelque peu au-dessous du niveau où la plupart des hommes font aller leurs pieds, leurs pensées et leurs propos.» C'est dire que par cette porte nous pénétrons dans un domaine souterrain, interdit, dégradé mais privilégié aussi car l'âme humaine y baigne dans une lumière trouble et révélatrice. Le récit du « fils de rat »— récit d'humiliation, de dégradation, de solitude radicale— fascine, et les amants qui l'écoutent (qui sont encore une fois des touristes animés par le désir qui s'appelle curiosité) sont pris dans l'envoûtement. Ils ne réussissent pas à exorciser cette image abjecte et menaçante qui surgit du brouillard des canaux vénitiens. C'est peut-être dans le transfert qui s'opère entre celui qui parle et ceux qui ne peuvent que l'écouter que se trouve la pleine signification de ce récit.

BIBLIOGRAPHIE

Gascht, André. « André Pieyre de Mandiargues, un réaliste de l'imaginaire », Livres de France, 17 (nov. 1966), 3–8.

Pingaud, Bernard (éd.). Écrivains d'aujourd'hui 1940–1960. Paris : Grasset, 1960. Pp. 399–407.

Robin, André. « André Pieyre de Mandiargues ou l'initiation panique », Cahiers du Sud, 52 (1965), 138–150, 295–313.

Seltz, Jean. « Pieyre de Mandiarques et l'esthétique de la représentation », Les Lettres nouvelles, 6 (janv. 1958), 102–108.

Temmer, Mark J. "André Pieyre de Mandiargues," Yale French Studies, No. 31 (May 1964), pp. 99–104.

Le Fils de rat

— Dînons là, nous dînerons de poisson, dit-elle.

L'endroit montré de la main et du pan frangé d'une longue écharpe rose était une friturerie populaire, dans un petit espace où nous avait conduits une ruelle peu différente de toutes les autres qu'en la soirée nous avions prises. Nous venions du

Rialto, nous allions vers l'Ange Raphaël ; nous n'étions plus qu'à quelques pas du
Campo San Pantalon.

C'était moins une maison qu'une baraque, mais il y avait dans la vitrine un
copieux étalage de nourritures, marines presque exclusivement, affriolantes en vé-
5 rité. Je lui dis qu'en pareil lieu la cuisine devait se faire à peu près dans la salle, et
que ses cheveux risquaient d'y prendre une odeur de graillon.[1] Alors elle les couvrit
de cette écharpe épaisse qu'elle avait rapportée du Mexique, deux mois plus tôt, et
elle sourit avec un air têtu que je connaissais. Nous étions en octobre ; déjà les soirées
étaient fraîches. Un léger brouillard semblait naître des canaux, ou bien il était
10 produit par la retombée des fumées des raffineries de pétrole, le vent soufflant de la
terre.

L'aspect de certaines anguilles,[2] tronçonnées incomplètement avant d'avoir été
mises dans le bain et qui ressemblaient à des bracelets nègres, m'avait donné, sinon
de la faim, au moins un appétit de curiosité, et, sachant comme elle était résolue
15 dans ses désirs, je n'insistai pas pour aller plus loin, à la recherche d'un restaurant
véritable, qui ne nous aurait offert de mieux que le service et la pureté de l'atmosphère. Je poussai la porte, après avoir abaissé la poignée, et elle entra superbement
dans le pauvre lieu, tandis que je m'effaçais sur le seuil. Pour la voir, j'aurais voulu me
trouver dans le corps de quelqu'un des hommes qui mangeaient, ou plutôt qui
20 buvaient du vin, dans l'arrière-boutique, et en imagination j'empruntai leur regard
que la fumée n'empêchait pas de se fixer sur elle. Hormis dans les exotiques fantas-
magories du film en couleurs (le café-concert ayant disparu depuis beaucoup d'années,
les salles de spectacle ne servant qu'au cinéma désormais), où donc avaient-ils pu
contempler une merveille approchant ce qu'elle était en chair et en os et des pieds à
25 la tête, depuis les hautes sandales dorées qui laissaient nus ses orteils aux ongles
peints de nacre, la robe d'un gros jersey blanc qui moulait bien le corps en laissant
nus ses bras aussi, jusqu'à l'ovale précieux de son visage affiné par les grands penden-
tifs d'or qui tombaient de ses oreilles menues presque monstrueusement, sous les
boucles de ses cheveux très bruns, sous la laine violemment fuchsia de l'écharpe
30 zapotèque ?[3] Où eussent-ils rencontré des yeux aussi grands que les siens, des pupilles
aussi sombrement éclatantes sur la blancheur des globes ? Et sa bouche aux lèvres un
peu renflées, à peine accentuées d'un fard moins coloré que luisant, quels mots s'at-
tendaient-ils à ce qu'elle prononçât que d'une langue incompréhensible pour eux,
comme sur l'écran quand le doublage est interrompu et qu'une chanson, en faisant
35 entendre la vraie voix de l'actrice, rétablit la distance que d'humbles spectateurs
n'auraient pas dû oublier. Or, c'est le contraire qui se produisit, pour leur stupéfac-
tion, et sous le théâtral assemblage de blanc pur, d'or et d'ardent rose, l'étrangère
supposée, quand elle ouvrit la bouche, articula des phrases qui arrivaient un peu
confusément à leurs oreilles, mais qui appartenaient sans aucun doute à leur quoti-
40 dien et familier dialecte. Elle s'accoudait sur le comptoir, son écharpe pendant
jusqu'à toucher la sciure mêlée de vin qui traînait sur le zinc, et son profil au petit
nez svelte se dessinait précisément sur le vitrage terne qui séparait de la rue. Je me

---

[1] **graillon**   burnt fat
[2] **anguilles**   eels
[3] **zapotèque**   fabriquée par les indiens du Mexique

tenais près d'elle, et j'attendais qu'elle s'interrompît parfois pour essayer de dire ce que je voulais moi aussi, mais je n'avais pas tant de facilité à me faire comprendre, et elle reprenait aussitôt la parole sous prétexte de me corriger ou de venir à mon secours.

Le friturier, un vieux homme plutôt bouffi que gros, chauve à demi et le regard 5 affligé d'une chassie⁴ légère, probablement causée par la fumée des bassines, s'affairait de l'autre côté pour fournir à toutes nos exigences. Dans un grand plat, il disposait les mets à mesure que nous les demandions, et il donnait tant de soin, semblait-il, à l'ordonnance, qu'elle fit pour moi la remarque qu'il s'était trompé de métier et qu'il aurait eu beaucoup de talent s'il avait peint des natures mortes. Sous 10 nos yeux, en effet, s'organisait une sorte de tableau qui rappelait les compositions flamandes du XVIIᵉ siècle. Il y avait deux muges dont les flancs bleutés portaient sous un hachis de persil et d'ail les marques du gril sur lequel on les avait rôtis, deux anguilles ployées en anneaux, quelques menues seiches, des calamars et des scampi (ou, plus exactement, de petits encornets et des queues de langoustines), une touffe 15 de blanchaille,⁵ enfin des *moleghe*, qui sont des crabes mous que la friture rend un peu croustillants sans que plus rien de leur carapace ou de leur cartilage ne résiste aux dents. Ceux-là, c'est elle qui les avait voulus, et elle avait regretté qu'ils ne fussent pas cuits au ragoût de fines herbes et de tomate, comme il lui était arrivé de s'en régaler dans des tavernes du delta. Des branches de céleri et des citrons coupés en 20 deux vinrent à point pour achever l'ouvrage, que nous allions avoir le plaisir de piller tout à l'heure. J'avais prié le friturier de nous servir à part, sous un linge pour les tenir au chaud, deux grosses tranches de cette polente⁶ blanche qui est le pain et le légume des repas populaires dans la cité adriatique, et je lui commandai un litre de son vin blanc le plus sec. Là-dessus, elle lui ordonna de nous porter le tout à une 25 table, dans le fond de la salle. Nous prendrions pour dessert et pour digestif⁷ un verre de marc à la rue, dont il se voyait une grande bouteille sur l'étagère aux liqueurs. Dans l'alcool un peu jaune se découpait un fin rameau de cette « herbe aux sorcières », ou « herbe de grâce », pour laquelle elle avait une affection légèrement craintive depuis qu'elle avait appris son ancien renom.   30

Notre hôte eut l'air d'être flatté que nous eussions décidé de manger dans la boutique, car son commerce était plutôt de vendre des repas à emporter que de les servir sur un coin de ses quatre tables. L'une d'elles n'était occupée que par deux jeunes gens, des ouvriers en plâtre ou en peinture à juger par les taches de leurs vestes, qui sommeillaient devant une carafe et des verres vides. Nous les saluâmes, 35 et ils nous rendirent la politesse tandis qu'à l'autre bout nous nous asseyions, côte à côte, le dos contre le mur, et que le friturier essuyait le bois avant de disposer des serviettes propres, qui allaient donner à notre repas un caractère de distinction assez inutile. Devant nous, aux tables plus proches du comptoir, il y avait un certain nombre d'hommes et deux femmes encore jeunes mais qui avaient une apparence 40

⁴ **chassie**   rheum
⁵ **muges, anguilles, seiches, calamars, scampi, encornets, langoustines, blanchaille**   sortes de poissons et de fruits de mer, mullet, eels, cuttle-fish, squid, prawns (*scampi* en italien, *langoustines* en français), sleeve-fish, whitebait
⁶ **polente**   thick corn flour paste
⁷ **digestif**   petit verre de liqueur après la fin du repas

usagée comme si elles avaient bu sans discontinuer depuis le matin. La lumière était
pauvre et pâle. Une odeur de megot voisinait avec celle de la friture, sans s'y mêler
vraiment, sans que l'on sût laquelle était la plus mauvaise.

Elle regardait alentour avec autant de contentement que si une nappe de lin avait
5   été étalée pour nous dans une fraîche prairie, parmi des saules, au bord d'une
rivière, et quand le beau plat eut été posé devant elle, et quand je l'eus servie de vin,
je vis qu'elle rayonnait comme un astre. En dehors de la satisfaction qu'elle ne
s'était jamais cache d'avoir quand triomphait l'un de ses caprices, elle s'était mis, je
crois bien, dans l'idée, de faire entrer ce soir-là le luxe en un lieu parmi les plus bas
10 de la ville. C'était ainsi que pour une noble mission qu'elle se rengorgeait. C'était
par une sorte de charitable élan qu'elle relevait la tête et que littéralement elle
s'exposait en faisant briller ses ors sur le fond d'un vieux mur où la peinture s'ecail-
lait sous les coulees grasses et sous la chiasse de mouches. Nos voisins, pourtant,
avaient cessé de la regarder quand elle s'était éloignée du comptoir et qu'elle était
15 allée vers eux. Une actrice qui fût descendue de la scène ou sortie de l'écran pour
s'asseoir au milieu des spectateurs les aurait pareillement déçus, peut-être, et je me
demandai si en croyant donner à ces gens par sa présence elle ne leur avait pas porte
de la gêne, au contraire. Ils s'étaient remis à causer tout de suite après notre passage,
mais ils parlaient bas et nous n'entendions que des bribes de ce qu'ils disaient.
20 Propos d'ivrognes, d'ailleurs; plaisanteries sempiternelles sur l'eau des canaux qui,
si on l'eût changée en vin de messe, aurait suffi à peine à tous les prêtres de la ville;
discussions sur les aptitudes de la femme à jeter de l'encre comme la seiche pour
dissimuler ses ecarts; allusion au voisin pont de la Femme Honnête, où de nuit
facilement l'on trébuche; ricaneries diverses. Alors j'attirai le plat et nous nous
25 partageâmes la petite friture, en gardant pour la suite la polente et les poissons plus
gros.

Bien saupoudré de sel, bien arrosé de citron, le mélange marin, comme d'habitude, nous parut délicieux, et nous n'eûmes pas honte de nous le dire, une fois de
plus après tant d'autres. Les satisfactions de la bouche allaient sans doute incliner la
30 soirée vers le bonheur ténu de la souvenance. Chacun devrait savoir que l'on digère
mieux la friture en évoquant de plaisants petits faits du passe, entre deux verres de
vin, et qu'un leger exercice de la mémoire nourrit la bonne humeur en ne laissant
pas trop tôt monter le sommeil. Ainsi, nous servant de nouveau, allions-nous commencer l'agréable jeu des retours en arrière, et je m'apprêtais à lui rappeler les
35 circonstances qui avaient accompagne l'achat de son écharpe au marche d'Oaxaca,
peu après les pétarades des « judas »[8] du jeudi saint, quand nous fûmes dérangés par
des éclats de voix qui venaient du comptoir. Un homme était entre, sans que nous
eussions entendu le bruit de la porte, qu'il avait dû refermer avec beaucoup
d'humilite pour éviter le claquement habituel, et le friturier, auquel il avait adresse
40 quelque demande qui n'était pas non plus arrivee jusqu'a nous, lui répondait sur un
ton si aigu et si haut que je pensai a un eunuque ou a une vieille femme en colère, et
que je ne reconnus pas celui qui nous avait parlé avec tant de respectueuse onction.

— Cent grammes de sardines frites et une tranche de polente, disait-il, je vais te

---

[8] **« judas »**   petites effigies de Judas qu'on brûle dans les rues au Mexique pendant la semaine sainte

les servir dans un bout de papier, puisque tu as payé d'avance pendant que j'avais le dos tourné, fils de rat. Mais tu iras manger dehors. Personne ici ne veut de toi.

— Pas dehors, s'il vous plaît, dit l'autre après un petit silence. Il fait un temps à n'y pas mettre un chrétien, pas même un chien. Le brouillard est descendu du ciel, le noir *caligo*[9] qui va dans la poitrine et qui étouffe.   5

— Un chrétien, un chien, tu me fais rire... dit le friturier. Ce n'est pas de femme ou de chienne que tu es né, fils de rat. Il y a du monde à toutes mes tables. Personne ne voudra d'une créature comme toi pour voisin. Va manger dans le brouillard et, s'il t'étouffe, personne ne te regrettera.

— Pitié, dit l'homme encore.   10

Favorisé par la position du friturier, qui pour lui barrer le passage aurait dû sortir de derrière le comptoir, il fit quelques pas vers l'intérieur de la salle, en tenant à la main son petit paquet de nourriture. Peut-être à cause du nom que j'avais entendu qu'on lui donnait, je trouvai qu'il s'avançait à la manière d'une sorte de rongeur. Non pas en ligne droite, mais avec des crochets à droite et à gauche, son allure était 15 celle d'un animal craintif que le besoin a poussé dans un milieu où il ne s'attend qu'à des embûches et à de l'hostilité. « S'il était malin, me dis-je, il comprendrait qu'à venir ainsi vers des gens brutaux, et qui sont un peu ivres, on les rend encore plus mauvais qu'à leur naturel. » Je ne savais trop, moi-même, si j'étais bien intentionné envers le couard, ou si j'avais envie de l'injurier ou de lui donner des coups. 20 Soudain, je sentis qu'elle se levait, à mon côté, et elle se tint debout, comme une grande statue appuyée contre le mur dégoûtant, sous la lumière blanche d'un tube au néon qui se trouvait au-dessus de nos têtes. J'aurais voulu qu'elle me fît part de ses pensées, mais non, elle ne dit rien, tournée vers lui avec une inquiète attention, cependant qu'il allait d'une table à l'autre et que les occupants partout le repous- 25 saient, lui opposaient des moqueries ou bien la constante insulte, lui arrachaient des mains toute chaise qu'il essayait de prendre, lui jetaient le dossier contre la poi-trine, lui tapaient sur les pieds. Il s'entêtait, préservant du mieux qu'il pouvait le paquet où était sa part de friture, mais ses tentatives n'étaient dirigées que vers les tables les plus peuplées, et il évitait de s'approcher de la nôtre, où pourtant la place 30 ne manquait pas. Les autres s'échauffaient ; ils essayaient de le faire tomber, et apparemment, s'ils y étaient arrivés, ils auraient été assez en humeur de l'assommer sous nos yeux. C'est alors qu'elle intervint.

— Viens ici, dit-elle au misérable.

Elle lui prit la main, quand il se fut exécuté, et elle le fit asseoir à sa droite. Après 35 quoi elle se rassit, entre lui et moi. Je m'attendais un peu à des malédictions où nous eussions été confondus avec lui, mais il n'y eut rien de cela, et ni nos voisins ni ceux des autres tables ne firent le moindre commentaire sur le geste qu'elle avait eu pour inviter l'homme contre lequel ils s'étaient ligués. À voix basse, ils se remirent à causer, sans regarder vers lui plus que vers nous deux. En passant de notre côté, en 40 s'asseyant avec nous, il était sorti d'un certain espace où les plus mauvais traitements étaient licites à son égard, il s'était mis hors de portée de ses persécuteurs. Pourtant sa protectrice semblait l'inquiéter plus que ceux-là, et il tenait les yeux baissés sur

[9] **caligo** (mot italien) brouillard, brume

ses sardines, sans oser les toucher encore, non plus que la polente, quoique la
première chose qu'il avait faite eût été d'ouvrir devant soi le papier d'emballage.

Ses cheveux, d'un gris tirant sur le jaune comme celui de l'herbe morte en hiver,
étaient proprement incultes et, sans trace d'avoir été coupés dans un passé quelcon-
5 que, ils n'étaient pas très épais ni démesurément longs. Sa barbe et sa moustache, ou
plutôt les poils de son visage, étaient de la même nature usée, avec moins de vigueur
encore. Attablé comme il se trouvait, il remuait peu le visage, ce qui faisait remarquer la mobilité de ses petits yeux roux, qui couraient perpétuellement sans s'arrêter
nulle part et sans jamais se laisser saisir. Son cou était maigre, avec des rides
10 soulignées par la crasse. Le col de sa veste, si vieille que le tissu en était devenu
problématique, était relevé, cachant la chemise ou l'absence de chemise.

Elle me fit signe de prendre un verre vide qui traînait sur la table et, quand j'eus
obéi, elle le posa devant lui et versa du vin. Puis, usant d'un charme dont il n'avait
pas dû avoir souvent l'expérience (pensai-je), elle lui parla.

15 — Fils de rat? dit-elle. Pourquoi donc te donnent-ils ce nom-là? Tu as pourtant
l'apparence humaine.

Hostie! madame, *dit-il,* c'est que ce fut à cause d'un rat si je suis en vie présente-
ment. Dans un passé lointain, je suis probablement sorti d'une femme, qui avait été
ensemencée par un homme, au mépris de la loi et de la bénédiction peut-être, mais
20 suivant le naturel usage, comme tous et comme vous-même, malgré l'or qui vous
fait gloire et le respect qui vous est dû et donné. Dans le passé, oui. Ceux qui disent
que je suis sorti d'une rate, hostie! je dis qu'ils sont des médisants. Ils savent bien
que c'est mensonge, et qu'il n'y a jamais eu de rate qui m'ait porté dans son ventre.
Quelques-uns doivent même savoir quelle est la femme qui m'a porté, en ces temps
25 lointains, mais ils ne le diront pas, pour mieux me séparer de leur espèce. Et moi,
hostie! je ne sais plus. J'ai oublié tout cela quand j'ai reçu la vie de nouveau, et
alors je l'ai reçue d'un rat, et le père et la mère que j'ai dû avoir à la manière de tout
le monde ont été effacés de mon souvenir à ce moment-là Mon vrai père est un rat,
on peut le dire sans être un médisant, hostie! puisque je le dis moi-même en
30 premier.

Tout ce que j'ai peut-être été, tout ce qui a pu m'arriver avant d'être pris, hostie! je l'ai oublié. On dit que la naissance vous fait oublier les temps antérieurs; on
dit que mettre au jour, c'est mettre à jour,[10] comme un carnet qu'on fait débuter à
blanc[11] en lui arrachant des pages. Eh bien, tout en ayant oublié beaucoup, j'ai
35 meilleure mémoire que la plupart de vous, puisque je me rappelle un peu ce qui
m'est arrivé après qu'ils m'eurent pris, avant que je naisse à nouveau par le mérite
du rat.

Ceux qui me prirent, qui donc étaient-ils? Je ne l'ai pas oublié puisque je ne l'ai
jamais su, pas plus que je n'ai su pourquoi ils m'avaient pris. Tout ce que je sais est
40 que c'étaient des hommes à chemises, et que c'était au temps où les hommes se
tuaient pour la couleur de leurs chemises.[12] Ils avaient aussi des pantalons, entendons-

---

[10] **mettre au jour** donner naissance à; **mettre à jour** mettre au courant
[11] c'est-à-dire, recommencer à neuf
[12] allusion peut-être à l'ère du fascisme italien (1922–1943): les fascistes étaient connus sous le nom
de « chemises brunes », de la couleur de leurs uniformes

nous, et parfois des bottes; ils avaient des foulards, des épaulettes, des ceinturons, des insignes, mais c'est à la couleur de la chemise qu'ils se reconnaissaient, et quand ils se rencontraient ils se tuaient plus souvent qu'ils ne se disaient « frère », ou « bonjour », ou qu'ils ne se donnaient la main ou ne s'offraient du tabac. Ce fut dans les marais du delta qu'ils me pri ent. Est-ce que j'y pêchais des anguilles, plus 5 grasses que ~ lles qui sont dans vos assiettes? Cela se pourrait, hostie! mais je l'ai oublié.

Vous qui avez des bijoux d'or et un châle, et vous qui avez une cravate au col, vous qui savez la bonté et la malignité de la parure et de l'uniforme, assurément vous attendez que je vous dise la couleur de ces chemises, pour que vous puissiez com- 10 prendre et pour m'expliquer. Je voudrais vous donner une bonne occasion de m'instruire, mais toute votre science n'y pourra rien, car je ne me rappelle pas. Il est vrai que nous étions dans les derniers temps des tueries, et les chemises étaient vieilles; elles avaient souffert du soleil, de la pluie et de la sueur, hostie! et elles avaient été lavées souvent, et raccommodées après avoir été frottées aux pierres et 15 aux roseaux. Tout avait déteint en ces temps-là, même les drapeaux, dans lesquels ne suent pourtant que les officiers. Hostie! comment les chemises auraient-elles gardé leur couleur? Je nommerai partisans ceux qui m'avaient pris, puisqu'ils portaient la chemise d'un parti sans doute, mais ne me demandez pas quel parti c'était puisque je n'ai jamais bien vu la couleur des chemises. Ne me demandez pas si c'étaient des 20 partisans de droite ou de gauche, comme on dit, puisque je n'en sais rien. Et d'ailleurs, depuis que d'un rat j'ai reçu la vie, la droite est devenue pour moi l'égale de la gauche, le haut est devenu l'égal du bas, le blanc l'égal du noir, le chaud du froid, et réciproquement. Fils de rat, je suis bien l'égal du comte Dona des Roses; je suis de Saint-Dona-des-Rats; un roi des rats à huit queues me couronne. Ma 25 nouvelle naissance a été commandée par les lois de la géométrie, et elle m'a donné une place qui est à égale distance de tout ce qui existe et de tout ce que vous pourriez imaginer dans le vaste monde.

Il s'était échauffé, et je ne comprenais guère ce qu'il contait. Quoiqu'elle eût l'air de comprendre mieux que moi, elle avait dû perdre un peu le fil, car elle lui tapota la main avec 30 *gentillesse, pour l'apaiser, et elle versa du vin dans son verre Après avoir bu, il reprit son histoire.*

Hostie! *dit-il*, la géométrie vaut bien les archives municipales, et si la naissance de quelqu'un est inscrite excellemment dans la géométrie, c'est la mienne, croyez-m'en sur parole. Mais je reviens aux chemises, ou plutôt aux partisans. Ils m'avaient 35 bandé les yeux et, en me donnant des coups avec des choses dures qui étaient peut-être leurs armes, ils me firent marcher jusqu'à un endroit où ils me rendirent la vue. J'aperçus de hauts murs et des tours de briques, sombres sur un ciel clair, devant des peupliers courbés au vent avec des mouvements de filles, et je pensai que c'était un château ou une villa des anciens âges, comme il en est beaucoup dans la région. Les 40 murs, en se coupant, formaient de nombreux angles, où étaient de petites portes grillees, qui donnaient dans des sortes de caves ou de casemates que les paysans avaient dû employer à loger le bétail, car on y arrivait par des sentiers marqués de traces de sabots. Après avoir ouvert le cadenas et ôté la chaîne de l'une de ces grilles, les partisans me poussèrent dans une cellule garnie d'une paille qui sentait pis que 45 la chèvre, hostie! mais sur laquelle étaient couchés des hommes, prisonniers comme

moi. Six hommes, oui, je me souviens de leur nombre; quant à ce qu'ils me dirent alors, ou plus tard, cela m'est sorti de la mémoire à peu près totalement. Je crois qu'ils se plaignaient d'avoir peu de nourriture et de n'avoir pas de vin, et d'être loin des femmes. S'ils avaient eu des chèvres, ils auraient eu un rien de consolation. La
5 nuit, nous peinions à dormir, non pas tellement à cause de la vermine que par la faute des grenouilles, qui, dans les fossés, criaient comme si elles avaient été au point de mourir d'amour ou si on les avait écorchées vives.

Les partisans nous donnaient un peu de mauvais pain ou de polente, un reste de poisson parfois, quand ils en avaient eu plus qu'à leur faim, des croûtes de fromage,
10 des pommes gâtées. Tout cela, qui n'était guère, ils nous le passaient à travers les barreaux de la grille, pour ne pas fatiguer leurs mains à déclencher la serrure du cadenas, qui était d'autant plus dure qu'elle fonctionnait moins souvent. Comme le pavement était en pente légère, nous avions amassé, au fond de la cellule, au plus haut, la litière, et dans un coin, contre la grille, nous allions nous vider le ventre du
15 rebut de nos pauvres mangeailles. Un seau d'eau jeté là-dessus par nos maîtres était tout ce qu'il se pouvait espérer du service d'hygiène. S'il avait été quotidien, hostie! nous eussions été comme à l'hôtel.

Quelques jours après que la porte eut été ouverte pour moi, il fallut l'ouvrir pour un nouveau compagnon, le septième, et les partisans nous obligèrent à venir
20 sur le seuil afin d'être comptés, hostie! comme des pécores, tandis que l'un d'eux allait au fond remuer la paille à coups de botte pour voir si nul de nous n'y était dissimulé. Eux non plus n'avaient pas bonne mémoire. Ils auraient dû savoir leur compte, hostie! ou bien s'ils nous suspectaient de nous entre-dévorer. « Quand il y en aura huit, on fera le jugement du rat », disaient-ils en riant fort, heureux de leur
25 dernière capture et du vin dont je crois qu'ils ne s'étaient pas privés. « D'ailleurs, vous êtes tous condamnés à mort par avance », disaient-ils en riant encore. Ils étaient bien aises, ils juraient comme au jeu de cartes, ils disaient « hostie » plus souvent, hostie! que je ne le dis moi-même, et à cela je jugeai qu'ils n'étaient pas étrangers au pays.
30 Une semaine, au moins, s'écoula. Enfin arriva le huitième, que nous attendions sans désirer sa venue, un pêcheur de l'estuaire, qu'ils avaient pris dans le marais et qui sentait la vase. Nos maîtres eurent leur fête, et pour nous ce fut la cérémonie.

D'abord, ils nous firent sortir un à un, sous la menace d'une mitraillette, et nous aligner contre un pan de mur, et je crus qu'ils allaient nous tuer tout de suite. Mais
35 non, et ils nous ordonnèrent seulement de nous déshabiller, en ne gardant que notre chemise, car nous n'aurions plus besoin, ajoutèrent-ils, de vêtements désormais. Hostie! je me sentais dans l'espace comme un saint ermite au désert, comme un bernard-l'ermite[13] hors de sa coquille, je me serais senti mieux si j'avais pu retourner dans la paille. Puis ils nous commandèrent de suivre l'un d'eux, qui allait
40 nous montrer le chemin. Docilement, nous nous mîmes à trottiner en regardant le sol où des cailloux et des éclats de verre blessaient parfois nos pieds nus, tandis que les autres suivaient, à distance assez courte pour ne nous laisser aucun espoir de fuite. Nos vêtements abandonnés étaient en tas, au pied du mur. Le vent, dont

---

[13] **bernard-l'ermite**   hermit crab

j'avais presque oublie l'existence pendant ma captivite, soulevait nos chemises un peu. Hostie! nous devions avoir l'air d'une procession de fous.

Pour se donner de l'exercice, peut-être, ou pour nous vexer, ils nous firent faire, comme à des visiteurs venus en car de luxe, le tour complet du château, qui avait huit façades pareilles, avec une tour à chaque sommet de l'octogone. J'avais espéré, 5 voyant que nous revenions au point de départ, qu'ils allaient nous permettre de reprendre nos nippes, et qu'après s'être bien divertis à nous terroriser ils allaient nous remettre dans notre paille et boucler sur nous le cadenas, mais nous repassâmes devant la grille et le tas au pas accéléré, sans avoir eu licence que d'y jeter un regard triste. Le commandement suivant fut d'entrer dans le château derrière notre guide, 10 et ainsi nous montâmes les quelques marches disjointes du plus proche escalier, l'un de ceux que nous avions vus sur quatre des huit façades. Nous pénétrâmes par la porte correspondante, l'une des quatre qui donnaient identiquement accès à l'édifice dans la direction de chacun des points cardinaux. Des statues de marbre, hostie! ouvraient les bras sous le portique, comme pour nous offrir la nudite de leurs corps, 15 plus grands que ceux des femmes de l'ordinaire espèce. Sur la blancheur de leurs considérables seins, quels piteux époux eussions-nous faits, dans nos chemises sales!

A l'intérieur, d'autres statues nous accueillirent, qui pour l'embrassement auraient été mieux appropriées a notre taille, mais la plupart étaient mutilees. Je veux dire, hostie! qu'on leur avait rompu des membres dont les fragments traînaient sur 20 le carrelage au risque de nous faire tomber si nous n'avions ete attentifs à nos pas, et que nombre de leurs têtes avaient servi évidemment à jouer aux boules, dans une longue galerie que sans nous arrêter nous traversâmes. Plutôt que pour des épousailles, hostie! celles-là étaient mûres pour montrer leurs débris aux touristes, dans les musees d'antiques. A part ces femmes de marbre, ou ces morceaux de femelle, 25 et quelques bancs de marbre également, il n'y avait là aucun meuble; cependant, un tas de cendres et de charbons, sous une fenêtre dépourvue de vitrage, témoignait que l'on avait brûle quantite de choses de bois.

Une dernière porte fut ouverte; il nous fut enjoint de passer seuls, et derriere nous elle fut refermee, verrouillee de l'extérieur. Nous nous trouvions au centre 30 du château, dans une grande salle aux parois nues, octogonale comme tout le bâtiment, entouree par un balcon de même forme a la hauteur du premier etage, dominee par une coupole dont la voûte etait peinte de poissons qui semblaient nager dans le bleu du ciel. Le pourtour du balcon était garni de figures de stuc, qui me laisserent beant de surprise lorsqu'un de mes compagnons m'eut pousse le 35 coude pour me les montrer. Nulle part, hostie! ni a la mairie, ni a l'église, ni en prison, ni a l'hôpital, je n'avai vu rien de pareil, et vous-même, hostie! qui ete riches et qui prenez le monde en spectacle, je parierais, eussé-je quelque chose a parier, que vous ne l'avez jamais vu. C'etait une tribu de filles un peu plus petites que nature, roses de chair, les cheveux couleur de maïs, qui étaient agrippées a la 40 balustrade en des postures de contorsion, subissant ou essayant de repousser les violences d'un peuple de petits hommes lubriques, bruns de corps et de crins. Sous ce peuple et sous cette tribu nous nous étions groupés, tournés vers le haut pour examiner mieux, béants, je l'ai dit, et semblables à des noyés au-dessous des poissons du ciel.

Nous n'eûmes pas loisir de nous émerveiller longtemps, car soudain il se fit du bruit là-haut, hostie! et le balcon fut envahi par les partisans, qui étaient montés à l'étage supérieur après nous avoir enfermés. Dans ce vilain voisinage, hostie! le charme des jolies petites figures de stuc fut effacé de notre contemplation, et nous
5   n'eûmes plus que des regards inquiets pour nos maîtres et pour leurs armes, qui occupaient tout le circuit de la balustrade, derrière la parade immobile des épaules et des gorges roses pressées par les muscles bruns. Celui qui nous avait guidés prit la parole. Il nous commanda de nous séparer et d'aller chacun dans un angle de la salle octogonale. Notre intérêt avait été si vivement attiré vers les stucs, et vers le
10 balcon notre œil, hostie! que nous n'avions pas encore aperçu huit caisses de bois, toutes pareilles, qui se trouvaient aux huit sommets de l'octogone. Chacune de ces caisses était percée d'un trou rond, près de la base, au centre, exactement au même endroit, et devant chaque trou, hostie! il y avait exactement le même petit tas de farine

15   Le guide avait quitté la balustrade. Un autre, qui déjà nous avait donné des ordres, prit sa place, et d'abord il nous dit que nous devions monter chacun sur la caisse à côté de laquelle nous nous trouvions, et nous y tenir immobiles. Nous le conten-tâmes, car il avait l'air d'un chef et il avait parlé sur un ton peu doux. Mais quand il eut fait encore un petit discours, hostie! nous nous demandâmes si nous avions
20 compris vraiment son langage, et si à notre insu nous avions été des criminels pour mériter d'être traités comme il nous était annoncé que nous allions l'être. Les partisans, étions-nous informés, allaient lâcher au milieu de la salle un rat de marais, une *pantegana*, comme on appelle ces malignes bêtes dont il n'y avait que trop, hostie! dans les fossés du château, et l'homme dans la caisse duquel la bête irait se
25 loger, hostie! serait gracié, tandis que tous les autres, hostie! seraient exécutés sans autre forme de jugement. Nos vies allaient être jouées, en somme, à la manière des sous d'enjeu sur les roulettes à cochon d'Inde[14] ou à souris blanche que promènent dans les foires en temps de paix des hommes de la Calabre ou des Pouilles, ces hommes qui parlent sans dire « hostie » et que nous méprisons parce qu'ils refusent
30 le riz et la polente et parce qu'ils sont nés là-bas, dans les terres qui tremblent.

Nous fîmes des protestations, cette fois, hostie! tandis qu'au balcon les autres se moquaient de nous; nous voulûmes nous défendre; nous jurâmes de refuser le jugement du rat, si véritablement il nous était appliqué, et d'effrayer la bête par des cris, de la repousser par des gestes, pour qu'elle ne veuille entrer dans aucune
35 de nos caisses, de façon qu'enfin notre sort fût d'être tous graciés ou, plus vrai-semblablement, de périr tous ensemble. Mais le canon d'une mitraillette fut braqué sur chacun de nous, et quand nous vîmes un groupe de partisans, comme des pêcheurs à la ligne, se servir d'une longue canne pour faire descendre une cage au milieu de l'octogone, nous oubliâmes, hostie! nos projets de révolte, et nous
40 restâmes à suer dans nos chemises, muets et quasiment perclus sur nos socles enfarinés. La cage tournait au bout du fil qui la portait, la sale bête était visible à travers les barreaux, puis, commandé par un autre fil, le fond s'ouvrit. Hostie! le rat était libre, tapi ou plutôt recueilli sur le pavement, au centre juste de la pièce.

[14] **cochon d'Inde** gu.i. a pig

La cage fut remontée. Elle disparut avec la canne derrière la balustrade d'où nos maîtres s'en mettaient plein la vue comme aux places chères du cinéma. Sans bouger encore, la bête se concentrait, se faisait toute ronde; elle fut comme une boule velue, comme un petit soleil gris qui eût marqué le point mitan[15] de l'octo gone de mosaïque. On voyait battre son cœur avec autant de violence que si elle n'avait été rien qu'un cœur habillé de duvet. Puis, dégageant sa queue, que jus qu'alors elle avait tenue cachée, après s'être un peu allongée, elle remua.

Hostie! je me rappelle ce moment-là comme si je m'y trouvais en cet instant même, avec mes compagnons, sous l'œil de nos maîtres, et que le rat fût au milieu de nous, en train de se déplacer précautionneusement. Hostie! mon cœur battait plus fort que je n'avais vu battre auparavant celui du rat, et je suis sûr que dans la poitrine de tous mes compagnons le leur n'était pas moins agité ni tumultueux Hostie! je suis sûr que chacun d'eux, comme moi, dans le secret de son âme, implorait de toutes ses forces le rongeur pour qu'il se détournât des autres et pour qu'il vînt vers lui. Hostie! je suis sûr que jamais un homme possédé par le désir d'amour n'a prié silencieusement une fille comme j'ai prié ce rat, moi, en ces moments qui, vivrais-je plus de mille ans, seront toujours présents dans ma mémoire. Hostie!

Le rat regardait autour de lui. Il regardait chacun de nous avec une sorte de terreur, il faisait quelques pas en avant, ou à droite, puis il revenait à gauche, ou en arrière, mais on voyait qu'il avait flairé la farine et qu'il était intéressé. Comme à remords, en plusieurs fois, il se rapprocha de l'angle où je me trouvais, et il regarda haineusement vers moi et vers mes deux compagnons les plus proches. Puis il eut l'air de se décider, et il se dirigea franchement vers la caisse de mon voisin de gauche. Un homme, dans l'un des angles d'en face, se mit à hurler contre lui et à le maudire, à l'injurier, le traitant de chien de rat, de cochon de rat, de charogne de rat, de putain de rat. Alors la bête fit un petit saut et elle changea d'allure et de direction; elle courut directement jusqu'à l'ouverture de la caisse où j'étais; elle entra tout d'un trait dedans.

Celui qui avait hurlé haussa encore la voix, et tous hurlèrent de concert avec lui. Tous maudirent le rat; tous me maudirent. Mais les partisans s'étaient écartés de la balustrade, ils avaient quitté le balcon, et la vocifération cessa comme si on lui eût coupé le souffle, quand s'ouvrit la porte par laquelle on nous avait fait entrer et quand nous vîmes reparaître ceux dont nous étions captifs. Ils nous ordonnèrent de descendre des caisses sur lesquelles nous restions juchés avec un air stupide, dans nos chemises, maintenant que le client velu avait fait son choix, et selon les instructions reçues nous nous alignâmes, le dos contre la paroi, sur l'un des huit côtés de la salle. Dans la caisse où il était, celle qui m'avait servi de support, le rat se tenait tranquille. On ne l'entendait pas même grignoter, mais j'espère qu'il aura pu manger en paix sa farine. Si les partisans avaient eu la prodigalité d'en mettre ailleurs que sur le trou, ce qui, hostie! n'est point sûr.

Nul de nous n'osait ouvrir la bouche ou remuer la moindre partie de son corps. Je suais. Dans ces moments-là, hostie! la vie n'est plus que transpiration. Chez les

[15] **point mitan**   centre

autres, nos maîtres, la bonne humeur, apparemment, régnait, mais il y avait tant de distance entre eux et nous, et nous étions si évidemment au-dessous du bétail dans leur appréciation, que leur rire et leurs plaisanteries soulageaient moins notre peur qu'ils ne la confirmaient. Celui qui à plusieurs reprises nous avait commandés
5 s'approcha, comme un officier d'un rang de recrues, et, hostie! nous nous raidîmes. Fut-il satisfait par notre attitude, l'estima-t-il réglementaire? Hostie! il distribua familièrement quelques tapes sur les corps maigres qu'il avait passés en revue, puis, non sans application, il dessina au pastel rouge un cœur sur la chemise de mes sept compagnons, au bon endroit de leur poitrine. Venu vers moi en dernier, il dessina
10 un rat au même endroit de mon linge, avec un pastel vert C'est alors que je sentis vraiment qu'il y avait eu séparation entre nous, et que j'avais cessé d'appartenir à l'espèce de mes compagnons. L'air qu'ils respiraient n'était plus le mien, le sol qui les portait n'était plus celui où je posais les pieds. « Une souris verte, hostie! » me dis-je, songeant que c'était là signe de chance, et pour la première fois depuis que
15 j'avais été pris j'eus un peu d'espoir.

— Fils de rat, me dit le partisan qui m'avait marqué, voilà ce que dorénavant tu seras, puisque c'est d'un rat que tu tiens la vie. Tu vivras, oui, réjouis-toi si tu veux, mais tu ne seras plus un homme. Les autres mourront en hommes.

On fit sortir les derniers qu'il avait nommés, ceux qui avaient été mes compag-
20 nons, mes frères, jusqu'au changement de marque, et comme ils passaient devant moi, hostie! ils me regardaient avec une fierté méprisante, en répétant « fils de rat ». L'un d'eux cracha par terre, presque sur mes pieds, et tous après lui crachèrent dans ma direction. La porte fut refermée derrière eux.

Ensuite, les partisans me conduisirent au seuil du château, sous l'un des quatre
25 portiques, et ils me poussèrent dehors, ils me jetèrent à bas des marches de pierre, dans l'herbe courte, et je dus m'enfuir comme j'étais vêtu, en chemise, tandis qu'en tirant des coups de feu ils criaient : « Le fils de rat est lâché… au rat… au rat . » Je me sauvai, en vérité, comme un rat battu de cailloux ou poursuivi par des chiens Je courus, hostie! je me dissimulai dans des buissons, parmi des menthes, au bord
30 d'un canal. Puis je m'aperçus que nul ne m'avait donné la chasse et que j'étais sauf, dans la solitude des basses terres que je connaissais assez bien pour m'orienter. Il me fallut marcher longtemps avant de trouver une maison habitée, où l'on me fit l'au-mône d'un vieux pantalon.

Après cela, hostie! que m'est-il arrivé? Mes souvenirs sont troubles de nouveau,
35 mais je crois que l'hiver est venu, puis le printemps, puis une autre saison. J'ai eu froid, j'ai souffert de la pluie et du vent, j'ai eu faim et soif, j'ai mendié, je ne suis pas mort, je continue à vivre parmi les hommes en m'aidant d'un métier de ré-mouleur, que je dois à une meule à pédale qui avait l'air d'être à l'abandon et que j'ai ramassée. Quoi que je fasse, pourtant, je ne suis pas mieux accueilli que si je
40 marchais à quatre pattes, et je sens, moi aussi, que je ne suis plus de la race de mes anciens pareils depuis que j'ai reçu la vie d'un rat dans le salon octogonal. Jamais plus je n'ai osé proposer à une femme de venir dans mes bras. Si je m'y risquais, hostie! toutes se moqueraient de moi, et leurs frères me casseraient le dos. Pour subsister, je dois fuir la grande lumière et les lieux d'affluence ; je ne sors pas avant
45 le soir, je vais en me coulant au long des murs. Quand je mourrai, je sais que je ne

serai pas enseveli dans le cimetière des chrétiens, ni dans celui des Mores, mais que je sécherai entre des gravats et du sable, ou que je serai jeté dans l'eau d'une lagune, ou que je pourrirai parmi les immondices, hostie! comme la charogne d'une bête.

Il se tut, et il regarda rapidement autour de lui, comme s'il avait craint d'être attaqué maintenant que son histoire avait abouti et qu'il n'était plus défendu par des 5 mots. Peut-être fut-il rassuré en voyant que la salle s'était vidée pendant qu'il parlait, et qu'il était seul à côté de nous deux. Elle lui versa du vin encore; il but, mais sans vider complètement le verre, qu'il repoussa en le posant; il ne s'essuya pas la bouche; il se leva si brusquement que la chaise cria, et il partit sans nous saluer ni saluer le friturier, qui semblait aux aguets, ramassé derrière son comptoir. 10 Derrière le fugitif, la porte se referma, et nous entendîmes, cette fois, le claquement.

Je me sentais vague et vidé tout ensemble, comme si, après une tempétueuse traversée, nous venions de retrouver la terre ferme. Un alcool un peu fort, en ces moments-là, fait du bien. J'appelai le friturier, pour qu'il nous portât deux petits 15 verres du marc que nous avions remarqué en entrant. Quand il nous eut servis (à ras de bord), quand je l'eus payé et qu'il fut reparti, nous dégustâmes, tranquillement, l'âcre liqueur. Puis je me tournai vers elle, qui songeait.

— Ses paroles, dis-je, m'ont rappelé quelquefois l'Évangile apocryphe de Thomas. Mais cette « hostie », n'en fait-il pas un excessif usage?   20

— Même à la Giudecque, dit-elle, et même quand on n'a pas beaucoup d'éducation, on dit plutôt « huître » aujourd'hui. Ce qui, d'ailleurs, revient à dire pareille chose. Quant à lui, c'est un homme du delta, où le langage ne s'est poli pas plus que ·es manières. Et puis, de son propre aveu, n'a-t-il pas tout reçu d'un rat, la vie et les façons? Je me demande s'il a cherché à revoir son bienfaiteur, après le retour de 25 la paix

Nous quittâmes la table. Le friturier s'empressa pour nous ouvrir la porte, sur laquelle il avait posé déjà les volets de clôture. Dehors, le brouillard avait considérablement épaissi, et nous ne nous dîmes plus un mot jusqu'au petit pont de notre logis, car nous gardions le souvenir de l'effroi du malheureux, et nous pen- 30 sions qu'une humeur caligineuse aurait empli nos bronches de pestilence si nous avions seulement ouvert la bouche.

QUESTIONS

1. Comment savez-vous que le couple est un couple de voyageurs?
2. Comment Pieyre de Mandiargues met-il en relief la distance qui sépare ce couple des autres personnages? À quelle classe sociale croyez-vous qu'ils appartiennent?
3. Qui est le personnage dominant du couple? Quelles sont les décisions importantes prises par ce personnage?
4. Essayez de préciser le sens de l'expression « l'appétit de curiosité » (p. 102). Quelle est l'importance de cet « appétit » dans le développement de ce conte?
5. Décrivez « fils de rat. » Quel rapport voyez-vous entre son apparence et ses mouvements et ceux du rat?
6. Quels sont les éléments qui font du « jugement du rat » une sorte de rite? Que veut dire le mot « hostie »?

7. Comment l'architecture et le décor de la salle octogonale soulignent-ils le côté théâtral de la cérémonie? Voyez-vous d'autres images théâtrales dans cette nouvelle?

8. Comment « fils de rat » nous décrit-il sa vie avant et après le rite? Quelle valeur est ainsi donnée au récit détaillé de la grande aventure cérémoniale?

9. Quelles sont les réactions du couple après avoir entendu le récit de « fils de rat »? Comment comprenez-vous leur commentaire sur son style?

10. Peut-on deviner en lisant ce conte que Pieyre de Mandiargues est aussi un critique d'art?

Samuel Beckett

(1906–   )

*Critique, poète, romancier, nouvelliste, dramaturge, Samuel
Beckett est né en 1906, à Foxrock, dans la banlieue sud de
Dublin. Comme un autre célèbre écrivain irlandais, James Joyce,
dont il deviendra l'ami, Beckett quittera son pays natal. Il
abandonne le professorat et après des séjours à Londres et en
Allemagne se fixe à Paris vers 1938. À la différence de Joyce,
Beckett abandonne aussi sa langue maternelle. Ayant déjà écrit
des poèmes en français avant la guerre, Beckett choisit en 1945
le français comme sa langue d'expression littéraire. Il reviendra
à l'anglais en 1956 lors de la composition de la pièce
radiophonique* All That Fall. *Désormais, à deux exceptions
près, son œuvre théâtrale sera écrite en anglais et sa fiction en
français. Pour Beckett le choix du français représente un
appauvrissement linguistique et une discipline au moyen desquels
il se libère de sa facilité verbale en anglais. Ce dépouillement
s'accorde avec celui de l'univers qu'il crée. En 1969 on lui décerne
le Prix Nobel de littérature.*

Parmi les nombreux ouvrages de Beckett on doit mentionner son
Proust *(1931); les poèmes de* Echo's Bones and Other
Precipitates *(1935); six romans,* Murphy *(1938),* Watt
(écrit de 1942 à 1945, publié en 1953), la trilogie de
Molloy *(1951),* Malone meurt *(1951),* L'Innommable
(1953), Comment c'est *(1961); les pièces,* En attendant
Godot *(1952),* Fin de partie *(1957).*

*L'œuvre de Beckett traite surtout des modalités de l'exil. Celui
de la vie commence au moment de la naissance, de l'expulsion
traumatique dans l'espace et dans le temps. Souvent le passage
de la vie prend la forme d'un voyage, dans le cours duquel le
personnage beckettien, typiquement un clochard, se désintègre
corporellement, s'écarte de la société et se détache d'un monde où
le langage et les catégories perdent leur signification. Cette
mort au monde aboutit à une attente, un purgatoire qui, dans
l'œuvre de Beckett, est sans espoir de paradis. Le but du voyage
et de l'attente qui le prolonge est de mettre fin au temps ou, ce
qui revient au même, de saisir le moi essentiel—un néant en
dehors du temps et de l'espace. Cette fin du temps est l'éternité
conçue comme un instant d'une durée infinie mais où existent
simultanément tous les instants. Mais au fur et à mesure qu'on
s'en approche, le temps passe de plus en plus lentement. Ainsi
reste-t-on toujours séparé de sa destination, exilé du moi.*

Pour ceux d'entre les personnages beckettiens qui cherchent leur moi au moyen du langage, un autre problème se pose : comment décrire et donc faire naître un moi qui par sa nature existe en dehors du langage, comment dire « je »? Il leur faut trouver les mots qui puissent ne rien dire pour dire le rien. Puisqu'ils ne peuvent parler du rien qu'en termes de quelque chose, ils deviennent victimes d'un solipsisme. Le moi qui essaie de se saisir est forcé à parler d'autre chose, de quelqu'un d'autre, et donc à proliférer en des fictions d'où il est absent.

Ainsi l'œuvre de Beckett est caractérisée par la réduction et la contraction. Le personnage tend à se transformer en une voix entièrement intériorisée, le langage se disloque et se vide de son pouvoir créateur et les formes littéraires se dépouillent de leurs structures traditionnelles. À cause de ses prémisses mêmes l'art de Beckett est né de sa propre négation.

« Le Calmant » est la deuxième de trois nouvelles publiées en volume dans Nouvelles et Textes pour rien *(1955). Toutes les trois datent de 1945–46 mais la première, « L'Expulsé », et la troisième, « La Fin », avaient été publiées séparément en 1946— « La Fin » sous le titre « Suite » —et puis remaniées avant de paraître dans l'édition de 1955. Dans les* Nouvelles *il s'agit de trois aspects d'un même protagoniste-narrateur qui raconte rétrospectivement des histoires décrivant une période d'errance. Il essaie en vain d'y trouver une identité, des traces de son moi.*

« L'Expulsé » et « La Fin » traitent de l'expulsion d'une chambre et de la tentative de récupérer cet espace enclos, semblable à la matrice maternelle, où le protagoniste peut être séparé du monde extérieur et, enroulé en lui-même, plus près de son moi. Qu'il parcoure la ville ou la campagne, il ne trouve finalement que la solitude ou l'hostilité. Divers abris remplacent la chambre perdue, tels qu'un fiacre ou une caverne au bord de la mer, mais ils ne sont que provisoires et la quête doit toujours recommencer. À la fin de « L'Expulsé » le protagoniste est encore en train de vagabonder. Celui de « La Fin » fabrique un refuge d'un canot recouvert de planches. Un soir il prend le large et, ayant ouvert un trou pour laisser entrer l'eau et avalé une fiole de calmant, disparaît dans le vide. Pourtant, quoi qu'il arrive au clochard, la présence du narrateur nous assure que l'errance est toujours sans fin car elle se fait maintenant dans les mots.

Le narrateur du « Calmant » se situe dans cette zone particulière aux récitants beckettiens où le ralentissement du temps et l'approche de la simultanéité font estomper la

distinction entre passé et présent. Cependant il existe encore entre
les deux un décalage suffisant pour que le temps continue à
passer et, ce faisant, à tourmenter le narrateur. Par conséquent
il décide de raconter une histoire pour se distraire de sa situation,
pour se calmer. Son histoire apparaît comme une quête d'identité,
un effort pour faire coïncider passé et présent afin d'abolir le
temps. Il la compare à celle que son père lui racontait.
L'histoire de Joe Breem avait un commencement et une fin tandis
que la sienne n'a pas de limites.

Dans la narration de son vagabondage, il se révèle en train de
chercher le calmant de la fraternité humaine et d'une place dans
la société. La ville ne lui offre que la désolation de sa lumière
blafarde et des rencontres assez équivoques avec ses habitants.
L'incident du garçon à la chèvre préfigure celui de l'homosexuel
où la fraternité se réduit à un échange dérisoire d'une histoire
et d'une fiole de calmant contre un baiser. Tout se passe comme si
le protagoniste se trouvait sur une planète étrangère où les
coutumes et la langue n'avaient pas de sens. Un bref élan
d'enthousiasme est provoqué par le passage d'un cycliste capable
de rouler et de lire le journal en même temps. À la différence du
vagabond décrépit qui doit résoudre un problème statodynamique
chaque fois qu'il se déplace, le cycliste représente
l'homme-machine idéal tel que Descartes l'imaginait. Exempt du
vieillissement, pourvu d'un corps parfait, guidé par sa raison, sans
qu'il y ait interpénétration du corps et de l'esprit, l'homme assimilé
à la bicyclette incarne un rêve impossible à atteindre. L'errance
du protagoniste-narrateur n'aura pas de fin. Ni l'existence ni le
langage ne peuvent lui donner le calmant qu'il désire.

BIBLIOGRAPHIE

Coe, Richard N. *Samuel Beckett.* New York : Grove, 1964.
Esslin, Martin (ed.). *Samuel Beckett : A Collection of Critical Essays.* Englewood Cliffs, N J. : Spectrum Books, 1965.
Federman, Raymond. *Journey to Chaos : Samuel Beckett's Early Fiction.* Berkeley and Los Angeles : University of California Press, 1965.
Fletcher, John. *The Novels of Samuel Beckett.* London : Chatto & Windus, 1964.
Janvier, Ludovic. *Pour Samuel Beckett.* Paris : Éditions de Minuit, 1966.

Le Calmant

Je ne sais plus quand je suis mort. Il m'a toujours semblé être mort vieux, vers quatre-vingt-dix ans, et quels ans, et que mon corps en faisait foi, de la tête jusqu'aux pieds. Mais ce soir, seul dans mon lit glacé, je sens que je vais être plus vieux

que le jour, la nuit, où le ciel avec toutes ses lumières tomba sur moi, le même que j'avais tant regardé, depuis que j'errais sur la terre lointaine. Car j'ai trop peur ce soir pour m'écouter pourrir, pour attendre les grandes chutes rouges du cœur, les torsions du caecum sans issue et que s'accomplissent dans ma tête les longs assas-
5 sinats, l'assaut aux piliers inébranlables, l'amour avec les cadavres. Je vais donc me raconter une histoire, je vais donc essayer de me raconter encore une histoire, pour essayer de me calmer, et c'est là-dedans que je sens que je serai vieux, vieux, plus vieux encore que le jour où je tombai, appelant au secours, et que le secours vint. Ou se peut-il que dans cette histoire je sois remonté sur terre, après ma mort. Non,
10 cela ne me ressemble pas, de remonter sur terre, après ma mort.

   Pourquoi avoir bougé, n'étant chez personne? Me jetait-on dehors? Non, il n'y avait personne. Je vois une sorte d'antre, au sol jonché de boîtes de conserves. Cependant ce n'est pas la campagne. C'est peut-être de simples ruines, c'est peut-être les ruines d'une folie, aux abords de la ville, dans un champ, car les champs
15 venaient jusque sous nos murs, leurs murs, et la nuit les vaches se couchaient à l'abri des fortifications. J'ai tellement changé de refuge, au cours de ma déroute, que me voilà confondant antres et décombres. Mais ce fut toujours la même ville. Il est vrai qu'on va souvent dans un rêve, l'air devient noir de maisons et d'usines, on voit passer des tramways et sous vos pieds que l'herbe mouille il y a soudain des
20 pavés. Je ne connais que la ville de mon enfance, j'ai dû voir l'autre, mais sans pouvoir y croire. Tout ce que je dis s'annule, je n'aurai rien dit. Avais-je seulement faim? Le temps me tentait-il? Il faisait nuageux et frais, je le veux,[1] mais pas au point de m'attirer dehors. Je ne pus me lever à la première tentative, ni mettons à la seconde, et une fois debout enfin, et appuyé au mur, je me demandai si j'allais
25 pouvoir le rester, je veux dire debout, appuyé au mur. Sortir et marcher, impossible. J'en parle comme si c'était d'hier. Hier en effet est récent, mais pas assez. Car ce que je raconte ce soir se passe ce soir, à cette heure qui passe. Je ne suis plus chez ces assassins, dans ce lit de terreur, mais dans mon lointain refuge, les mains nouées ensemble, la tête penchée, faible, haletant, calme, libre, et plus vieux que
30 je ne l'aurai jamais été, si mes calculs sont justes. Je mènerai néanmoins mon histoire au passé, comme s'il s'agissait d'un mythe ou d'une fable ancienne, car il me faut ce soir un autre âge, que devienne un autre âge celui où je devins ce que je fus. Ah je vous en foutrai des temps,[2] salauds de votre temps.

   Mais petit à petit je sortis et me mis à marcher, à petits pas, au milieu des arbres,
35 tiens, des arbres. Une végétation folle envahissait les sentiers d'autrefois. Je m'appuyais aux troncs, pour reprendre haleine, ou, saisissant une branche, me tirais en avant. De mon dernier passage il ne restait plus trace. C'étaient les chênes périssants de d'Aubigné[3]. Ce n'était qu'un bosquet. La lisière était proche, un jour moins vert et comme déguenillé le disait, tout bas. Oui, où qu'on se tînt, dans ce
40 petit bois, et fût-ce au plus profond de ses pauvres secrets, de toutes parts on voyait luire ce jour plus pâle, gage de je ne sais quelle sotte éternité. Mourir sans

---

[1] **je le veux** j'en conviens
[2] **je vous en foutrai des temps** I'll stuff you with tenses
[3] **les chênes périssants de d'Aubigné** allusion aux *Stances* d'Agrippa d'Aubigné (1552–1630), poète français

trop de douleur, un peu, cela en vaut la peine, fermer soi-même devant le ciel
aveugle ses yeux à cave, puis vite passer charogne, pour pas que les corbeaux se
meprennent.[4] C'est là l'avantage de la mort par noyade, un des avantages, les
crabes eux n'arrivent jamais trop tôt. Tout cela est affaire d'organisation. Mais chose
etrange, issu[5] enfin du bois, ayant franchi distraitement le fossé qui le ceinturait, je 5
me pris à songer à la cruaute, la riante. Devant moi s'étendait un herbage épais, de
la minette[6] peut-être, quel intérêt, ruisselant de rosee vesperale ou de pluie récente.
Au delà de ce pre, je le savais, un chemin, puis un champ, puis enfin les remparts,
fermant la perspective. Ceux-ci, cyclopeen et denteles, se découpant faiblement
sur un ciel à peine plus clair qu'eux, n'avaient pas l'air en ruines, vus des miennes, 10
mais l'etaient, je le savais. Telle la scène qui s'offrait à moi, inutilement, car je la
connaissais et l'avais en horreur. Ce que je voyais c'etait un homme chauve en
costume marron, un diseur. Il racontait une histoire drôle, à propos d'un fiasco. Je
n'y comprenais rien. Il prononça le mot escargot, limace peut-être, à la joie
générale. Les femmes semblaient s'amuser encore plus que leurs cavaliers, si c'était 15
possible. Leurs rires aigus crevaient les applaudissements et, calmés ceux-ci, fusaient
toujours, par-ci par-là, et jusqu'à troubler l'exorde de l'histoire suivante. Elles
ongeaient peut-être au pénis en titre, assis qui sait à côté d'elles, et de cette suave
côte lancaient leurs cris de joie, vers la tempête comique, quel talent. Mais c'est à
moi ce soir que doit arriver quelque chose, à mon corps, comme dans les mythes et 20
metamorphoses, à ce vieux corps auquel rien n'est jamais arrive, ou si peu, qui n'a
jamais rien rencontre, rien aime, rien voulu, dans son univers étamé, mal étamé,
rien voulu sinon que les glaces s'écroulent, les planes, les courbes, les grossissantes,
les rapetissantes, et qu'il disparaisse, dans le fracas de ses images. Oui, il faut ce soir
que ce soit comme dans le conte que mon père me lisait, soir après soir, quand 25
j'étais petit, et lui en bonne santé, pour me calmer, soir après soir, pendant des
années il me semble ce soir, et dont je n'ai pas retenu grand'chose, sauf qu'il
s'agissait des aventures d'un nomme Joe Breem, ou Breen, fils d'un gardien de phare,
jeune gaillard de quinze ans fort et musclé, c'est la phrase exacte, qui nagea pendant
des milles, la nuit, un couteau entre les dents, à la poursuite d'un requin, je ne sais 30
plus pourquoi, par simple héroisme. Ce conte, il aurait pu simplement me le con
ter, il le savait par cœur, moi aussi, mais cela ne m'aurait pas calmé, il devait me le
lire, soir après soir, ou faire semblant de me le lire, en tournant les pages et en
m'expliquant les images, qui étaient moi déjà, soir après soir les mêmes images,
jusqu'à ce que je m'assoupisse contre son épaule. Il aurait sauté un seul mot du texte 35
que je l'aurais frappe,[7] de mon petit poing, dans son gros ventre débordant du gilet
de tricot et du pantalon déboutonne qui le reposaient de sa tenue de bureau. À moi
maintenant le départ, la lutte et le retour peut-être, à ce vieillard qui est moi ce
soir, plus vieux que ne le fut jamais mon père, plus vieux que je ne le serai jamais.
Me voilà acculé à des futurs. Je traversai le pré, à petits pas raides et en même temp 40

[4] c'est-a-dire, pour que les corbeaux ne se meprennent pas (ne se nettert pas à vous manger avant que
la mort arrive)
[5] issu sorti (du verbe issir)
[6] minette une fleur, nonsuch
[7] c'est-à-dire, je l'aurais frappé s'il avait saute...

mous, les seuls que je pouvais. Il ne subsistait de mon dernier passage aucune trace,
il y avait loin de mon dernier passage. Et les petites tiges froissées se relèvent vite,
ayant besoin d'air et de lumière, et quant aux cassées elles sont vite remplacées. Je
pénétrai dans la ville par la porte dite des Bergers, sans avoir vu personne, seulement
5 les premières chauves-souris qui sont comme des crucifiées volantes, ni rien entendu
à part mes pas, mon cœur dans ma poitrine et puis enfin, comme je passais sous la
voûte, l'hululement d'un hibou, ce cri à la fois si doux et si féroce et qui la nuit,
appelant, répondant, dans mon petit bois et dans les autres voisins, parvenait dans
ma hutte comme un tocsin. La ville, à mesure que je m'y engageais, me frappait par
10 son aspect désert. Elle était éclairée comme d'habitude, plus que d'habitude, quoique les magasins fussent fermés. Mais leurs vitrines restaient illuminées, dans le but
sans doute d'attirer le client et de lui faire dire, Tiens, c'est beau ça, et pas cher, je
repasserai demain, si je vis encore. Je faillis me dire. Tiens, c'est dimanche. Les
tramways roulaient, les autobus aussi, mais peu nombreux, au ralenti, vides, sans
15 bruit et comme sous l'eau. Je ne vis pas un seul cheval! Je portais mon grand
manteau vert avec col en velours, genre manteau d'automobiliste 1900, celui de
mon père, mais il n'avait plus de manches ce jour-là, ce n'était plus qu'une vaste
cape. Mais c'était toujours sur moi le même grand poids mort, sans chaleur, et les
basques balayaient la terre, la râclaient plutôt, tant elles avaient raidi, tant j'avais
20 rapetissé. Qu'allait-il, que pouvait-il m'arriver, dans cette ville vide? Mais je
sentais les maisons pleines à craquer de gens, tapis derrière les rideaux ils regardaient dans les rues ou, assis au fond de la pièce, la tête dans les mains, s'abandonnaient au songe. Là-haut, au faîte, mon chapeau, toujours le même, je n'allais
pas plus loin. Je traversai la ville de part en part et arrivai devant la mer, ayant
25 suivi le fleuve jusqu'à son embouchure. Je disais, Je vais rentrer, sans trop
y croire. Les bateaux dans le port, à l'ancre, maintenus par des filins contre la
jetée, ne me paraissaient pas moins nombreux qu'en temps normal, comme si
je savais quelque chose du temps normal. Mais les quais étaient déserts et rien
n'annonçait un mouvement de navires proche, ni un départ ni une arrivée. Mais
30 tout pouvait changer d'un instant à l'autre, se transformer sous mes yeux en un
tournemain. Et ce serait tout l'affairement des gens et des choses de la mer, des
grands navires l'imperceptible balancement de la mâture et celui plus dansant des
petits, j'y tiens, et j'entendrais le terrible cri des mouettes et peut-être aussi celui
des matelots, ce cri comme blanc et dont on ne sait au juste s'il est triste ou joyeux
35 et qui contient de l'effroi et de la colère, car ils n'appartiennent pas qu'à la mer, les
matelots, mais à la terre aussi. Et je pourrais peut-être me glisser à bord d'un cargo
en partance, inaperçu, et partir loin, et passer au loin quelques bons mois, peut-être
même une année ou deux, au soleil, en paix, avant de mourir. Et sans aller jusque-là
ce serait bien le diable,[8] dans cette foule grouillante et désabusée, si je ne parvenais
40 pas à faire une petite rencontre qui me calmât un peu ou à échanger quelques mots
avec un navigateur par exemple, mots que j'emporterais avec moi, dans ma hutte,
pour les ajouter à ma collection. J'attendais donc, assis sur une sorte de cabestan
sans chapeau, en me disant, Il n'est pas jusqu'aux cabestans ce soir qu'on n'ait mis
hors d'état de servir. Et je scrutais le large, au-delà des brise-lames, sans y voir la

---

[8] **ce serait bien le diable**　it would be a sorry state of affairs

moindre embarcation. Il faisait déjà nuit, ou presque, je voyais des lumières, au ras
de l'eau. Les jolis fanaux à l'entréᴄ du port, je les voyais aussi, et d'autres au loin,
clignant sur les côtes, les îles, les promontoires. Mais ne voyant aucune animation
se produire je m'apprêtais à m'en aller, à me détourner, tristement, de ce havre
mort, car il est des scènes qui contraignent à d'étranges adieux. Je n'avais qu'à   5
baisser la tête et à regarder à terre sous mes pieds, devant mes pieds, car c'est dans
cette attitude que j'ai toujours puisé la force de, comment dire, je ne sais pas, et
c'est de la terre plutôt que du ciel, pourtant mieux coté, que m'est venu le secours,
dans les instants difficiles. Et là, sur la dalle, que je ne fixais pas, car pourquoi la
fixer, je vis le havre au loin, au plus périlleux de cette houle noire, et tout autour de   10
moi la tempête et la perdition. Je ne reviendrai jamais ici, dis-je. Mais m'étant
relevé, en prenant appui des deux mains sur le bord du cabestan, je me trouvai
devant un jeune garçon qui tenait une chèvre par les cornes. Je me rassis. Il se taisait,
en me regardant sans crainte apparemment ni dégoût. Il est vrai qu'il faisait sombre.
Qu'il se tût me semblait naturel, à moi l'aîné de parler le premier. Il était nu-pieds   15
et en guenilles. Familier des lieux,⁹ il s'était écarté de son chemin pour voir quelle
était cette masse sombre abandonnée au bord du bassin. C'est ainsi que je raisonnais.
Tout près de moi maintenant, et avec son coup d'œil de petit voyou, il était impossible qu'il n'eût pas compris. Cependant il restait. Est-ce vraiment de moi, cette
bassesse? Touché, car après tout je devais être sorti pour cela, dans un sens, et tout   20
en n'escomptant qu'un mince profit de ce qui pouvait s'ensuivre, je pris le parti de
lui adresser la parole. Je préparai donc ma phrase et ouvris la bouche, croyant que
j'allais l'entendre, mais je n'entendis qu'une sorte de râle, inintelligible même pour
moi qui connaissais mes intentions. Mais ce n'était rien, rien que l'aphonie due au
long silence, comme dans le bosquet où s'ouvrent les enfers, vous rappelez-vous,   25
moi tout juste.¹⁰ Lui, sans lâcher la chèvre, vint se mettre tout contre moi et m'offrit
un bonbon, dans un cornet de papier, comme on en trouvait pour un penny. Il y
avait au moins quatre-vingts ans qu'on ne m'avait offert un bonbon, mais je le pris
avidement et le mis dans ma bouche, je retrouvai le vieux geste, de plus en plus
ému, puisque j'y tenais. Les bonbons étaient collés ensemble et j'eus du mal, de mes   30
mains tremblantes, à séparer des autres le premier venu, un vert, mais il m'y aida et
sa main frôla la mienne. Merci, dis-je. Et comme quelques instants plus tard il
s'éloignait, en traînant sa chèvre, je lui fis signe, d'un grand mouvement de tout le
corps, de rester, et je dis, dans un murmure impétueux, Où vas-tu ainsi, mon petit
bonhomme, avec ta biquette? Cette phrase à peine prononcée, de honte je me   35
couvris le visage. C'était pourtant la même que j'avais voulu sortir tout à l'heure.
Où vas-tu, mon petit bonhomme, avec ta biquette! Si j'avais su rougir je l'aurais fait,
mais mon sang n'allait plus jusqu'aux extrémités. Si j'avais eu un penny dans ma
poche je le lui aurais donné, pour me faire pardonner, mais je n'avais pas un penny
dans ma poche, ni rien d'approchant, rien qui pût faire plaisir à un petit malheureux,   40
à l'orée¹¹ de la vie. Je crois que ce jour-là, étant sorti pour ainsi dire sans prémédita-
tion, je n'avais sur moi que ma pierre. De sa petite personne il était écrit que je ne
verrais que les cheveux crépus et noirs et le joli galbe des longues jambes nues, sales

⁹ **familier des lieux**   habitué de ce quartier
¹⁰ **tout juste**   just barely
¹¹ **à l'orée**   on the brink

et musclées. La main aussi, fraîche et vive, je n'étais pas près de l'oublier. Je
cherchai une autre phrase à lui dire. Je la trouvai trop tard, il était déjà loin, oh pas
loin, mais loin. Hors de ma vie aussi, tranquillement il s'en allait, jamais plus une
seule de ses pensées ne serait pour moi, sinon peut-être quand il serait vieux et que,
5 fouillant dans sa prime jeunesse, il retrouverait cette joyeuse nuit et tiendrait encore
la chèvre par les cornes et s'arrêterait encore un instant devant moi, avec qui sait
cette fois une pointe de tendresse, même de jalousie, mais je n'y compte pas.
Pauvres chères bêtes, vous m'aurez aidé. Que fait ton papa, dans la vie? Voilà ce que
je lui aurais dit, s'il m'en avait laissé le temps. Je suivis du regard les pattes de
10 derrière de la chèvre, décharnées, cagneuses, écartées, secouées de brusques
révoltes. Bientôt ils ne furent plus qu'une petite masse sans détails et que non
prévenu j'aurais pu prendre pour un jeune centaure. J'allais faire crotter la chèvre,
puis ramasser une poignée des petites boules si vite froides et dures, les renifler et
même y goûter, mais non, cela ne m'aiderait pas ce soir. Je dis ce soir, comme si
15 c'était toujours le même soir, mais y a-t-il deux soirs? Je m'en allai, avec l'intention
de rentrer au plus vite, car je ne rentrais pas tout à fait bredouille,[12] en répétant,
Je ne reviendrai plus ici. Mes jambes me faisaient mal, volontiers chaque pas eût
été le dernier. Mais les coups d'œil rapides et comme sournois que je coulais vers
les vitrines me montraient un vaste cylindre lancé à toute allure et qui semblait
20 glisser sur l'asphalte. Je devais en effet avancer vite, car je rattrapai plus d'un
piéton, voilà les premiers hommes, sans me forcer, moi que d'habitude les parkinsoniens[13] distançaient, et alors il me semblait que derrière moi les pas s'arrêtaient.
Et cependant chacun de mes petits pas eût été volontiers le dernier. À tel point
que, débouchant sur une place que je n'avais pas remarquée en venant, et au fond
25 de laquelle se dressait une cathédrale, je décidai d'y entrer, si elle était ouverte, et
de m'y cacher, comme au Moyen Age, pendant un moment. Je dis cathédrale, mais
je n'en sais rien. Mais cela me ferait de la peine, dans cette histoire qui se veut la
dernière, d'être allé me réfugier dans une simple église. Je remarquai le Stützenwechsel[14] de la Saxe, d'un effet charmant, mais qui ne me charma pas. Éclairée à
30 giorno[15] la nef semblait déserte. J'en fis plusieurs fois le tour, sans voir âme qui vive.
On se cachait peut-être, sous les stalles du chœur ou en tournant autour des
colonnes, comme les piverts. Soudain tout près de moi, et sans que j'eusse entendu
les longs grincements préliminaires, les orgues se mirent à mugir. Je me levai vivement du tapis sur lequel je m'étais allongé, devant l'autel, et courus à l'extrémité
35 de la nef, comme si je voulais sortir, mais ce n'était pas la nef, c'était un bas-côté,
et la porte qui m'avala n'était pas la bonne. Car au lieu d'être rendu à la nuit je me
trouvai au pied d'un escalier à vis que je me mis à gravir à toutes jambes, oublieux
de mon cœur, comme celui que serre de près un maniaque homicide. Cet escalier,
faiblement éclairé, je ne sais par quoi, par des soupiraux peut-être, je le montai en
40 haletant jusqu'à la plate-forme en saillie à laquelle il aboutissait et qui, flanquée du

---

[12] **bredouille**   empty handed
[13] **parkinsoniens**   qui souffrent de la maladie de Parkinson, caractérisée par tremblements et
paralysie
[14] **Stützenwechsel de la Saxe**   succession de piliers dans la nef de certaines basiliques romanes,
trait architectural qu'on trouve particulièrement dans les églises de la Saxe
[15] **à giorno** (ital.)   brightly

côté du vide d'un garde-fou cynique, courait autour d'un mur lisse et rond sur-
monté d'un petit dôme recouvert de plomb, ou de cuivre verdi, ouf, pourvu que
ce soit clair. On devait venir là pour jouir du coup d'œil. Ceux qui tombent de cette
hauteur sont morts avant d'arriver en bas, c'est connu. M'écrasant contre le mur
j'entrepris d'en faire le tour, dans le sens des aiguilles. Mais à peine eus-je fait 5
quelques pas que je rencontrai un homme qui tournait dans l'autre sens, avec une
circonspection extrême. Comme j'aimerais le précipiter, ou qu'il me précipite, en
bas. Il me fixa un instant avec des yeux hagards et puis, n'osant passer devant moi
du côté du parapet et prévoyant avec raison que je ne m'écarterais pas du mur pour
lui être agréable, me tourna brusquement le dos, la tête plutôt, car le dos restait 10
agglutiné au mur, et repartit dans la direction d'où il venait, ce qui le réduisit en
peu de temps à une main gauche. Celle-ci hésita un instant, puis disparut, dans un
glissement. Il ne me restait plus que l'image de deux yeux exorbités et embrasés,
sous une casquette à carreaux. Quelle est cette horreur chosesque[16] où je me suis
fourré? Mon chapeau s'envola, mais n'alla pas loin, grâce au cordon. Je tournai la 15
tête du côté de l'escalier et prêtai l'œil. Rien. Puis une petite fille apparut, suivie
d'un homme qui la tenait par la main, tous deux collés au mur. Il la poussa dans
l'escalier, s'y engouffra à son tour, se retourna et leva vers moi un visage qui me fit
reculer. Je ne voyais que sa tête, nue, au-dessus de la dernière marche. Plus tard,
quand ils furent partis, j'appelai. Je fis rapidement le tour de la plateforme. Personne. 20
Je vis à l'horizon, là où rejoignent le ciel montagne, mer et plaine, quelques basses
étoiles, à ne pas confondre avec les feux qu'allument les hommes, la nuit, ou qui
s'allument tout seuls. Assez. À nouveau dans la rue je cherchai mon chemin, dans
le ciel où je connaissais bien les chariots.[17] Si j'avais vu quelqu'un je l'aurais
abordé, l'aspect le plus cruel ne m'aurait pas arrêté. Je lui aurais dit, en touchant 25
mon chapeau, Pardon Monsieur, pardon Monsieur, la porte des Bergers, par pitié.
Je pensais ne plus pouvoir avancer, mais à peine l'impulsion parvenue aux jambes
je me portai en avant, mon Dieu avec une certaine rapidité. Je ne rentrais pas tout
à fait bredouille, je remportais chez moi la quasi-certitude d'être encore de ce
monde, de ce monde-là aussi, dans un sens, mais je la payais le prix. J'aurais mieux 30
fait de passer la nuit dans la cathédrale, sur le tapis devant l'autel, j'aurais repris mon
chemin au petit jour, ou l'on m'aurait trouvé étendu raide mort de la vraie mort
charnelle, sous les yeux bleus puits de tant d'espérance,[18] et on aurait parlé de moi
dans les journaux du soir Mais voilà que je dévalais une large voie vaguement
familière, mais où je n'avais jamais dû mettre les pieds, de mon vivant. Mais bientôt 35
m'apercevant de la pente je fis demi-tour et repartis dans l'autre sens, car je craignais
en descendant de retourner à la mer, où j'avais dit que je ne retournerais plus. Je fis
demi-tour, mais en fait ce fut une large boucle décrite sans perte de vitesse, car je
craignais en m'arrêtant de ne plus pouvoir partir, oui, je craignais cela aussi. Et ce
soir non plus je n'ose plus m'arrêter. Je fus de plus en plus frappé par le contraste 40
entre l'éclairage des rues et leur aspect désert. Dire que j'en fus angoissé, non, mais

---

[16] c'est-à-dire, cette obsession des choses, de parler des objets
[17] **les chariots**   constellations, La Grande Ourse et La Petite Ourse, appelées aussi Grand Chariot et
Petit Chariot
[18] c'est-à-dire, les « yeux bleus » du ciel

je le dis néanmoins, dans l'espoir de me calmer. Dire qu'il n'y avait personne dans la rue, non, je n'irai pas jusque-là, car je remarquai plusieurs silhouettes, aussi bien de femme que d'homme, étranges, mais pas plus qu'à l'ordinaire. Quant à l'heure qu'il pouvait être, je n'en avais pas la moindre idée, sauf qu'il devait être une heure
5 quelconque de la nuit. Mais il pouvait être trois ou quatre heures du matin comme il pouvait être dix ou onze heures du soir, selon probablement qu'on s'étonnait de la pénurie de passants ou de l'éclat extraordinaire que jetaient les réverbères et feux de circulation. Car de l'un ou de l'autre de ces deux phénomènes il fallait s'étonner, sous peine d'avoir perdu la raison. Pas une seule voiture particulière, mais bien de
10 temps en temps un véhicule public, lente trombe de lumière silencieuse et vide. Je m'en voudrais d'insister sur ces antinomies,[19] car nous sommes bien entendu dans une tête, mais je suis tenu d'ajouter les quelques remarques suivantes. Tous les mortels que je voyais étaient seuls et comme noyés en eux-mêmes. On doit voir ça tous les jours, mais mélangé à autre chose j'imagine. Le seul couple était formé
15 par deux hommes luttant corps à corps les jambes emmêlées. Je ne vis qu'un seul cycliste! Il allait dans le même sens que moi. Tous allaient dans le même sens que moi, les véhicules aussi, je viens seulement de la réaliser. Il roulait lentement au milieu de la chaussée, en lisant un journal que des deux mains il tenait déployé devant ses yeux. De temps en temps il sonnait, sans quitter sa lecture. Je le suivis
20 des yeux jusqu'à ce qu'il ne fût plus qu'un point à l'horizon. À un moment donné une jeune femme, de mauvaise vie peut-être, échevelée et les vêtements en dé-sordre, fila à travers la chaussée, comme un lapin. Voilà tout ce que je voulais ajouter. Mais chose étrange, encore une, je n'avais mal nulle part, même pas aux jambes. La faiblesse. Une bonne nuit de cauchemar et une boîte de sardines me
25 rendraient la sensibilité. Mon ombre, une de mes ombres, s'élançait devant moi, se raccourcissait, glissait sous mes pieds, prenait ma suite, à la manière des ombres. Que je fusse à ce degré opaque me semblait concluant. Mais voilà devant moi un homme, sur le même trottoir et allant dans le même sens que moi, puisqu'il faut toujours ressasser la même chose, histoire de ne pas l'oublier. La distance entre
30 nous était grande, soixante-dix pas au moins, et craignant qu'il ne m'échappât je pressai le pas, ce qui me fit voler en avant, comme sur des patins. Ce n'est pas moi, dis-je, mais profitons, profitons. Arrivé en un clin d'œil à une dizaine de pas de lui je ralentis, afin de ne pas ajouter, en surgissant avec fracas, à l'aversion qu'inspirait ma personne, même dans ses attitudes les plus veules et plates. Et peu après,
35 Pardon Monsieur, dis-je, en me maintenant humblement à sa hauteur, la porte des Bergers pour l'amour de Dieu. Vu de près il me semblait plutôt normal, enfin, à part cet air de reflux vers son centre que j'ai déjà signalé. Je pris une petite avance, quelques pas, me retournai, me courbai, touchai mon chapeau et dis, L'heure juste, de grâce! J'aurais pu tout aussi bien ne pas exister. Mais alors le bonbon? Du feu!
40 m'écriai-je. Vu mon besoin d'assistance je me demande pourquoi je ne lui barrai pas le chemin. Je n'aurais pas pu, voilà, je n'aurais pas pu le toucher. Voyant un banc au bord du trottoir je m'y assis et croisai les jambes, comme Walther.[20] Je dus m'assoupir, car voilà soudain un homme assis à côté de moi. Pendant que je le

---

[19] **antinomies** paradoxes
[20] **Walther** personnage non identifié

détaillais il ouvrit les yeux et les posa sur moi, on aurait dit pour la première fois, car il se recula avec naturel. D'où sortez-vous? dit-il. M'entendre adresser de nouveau la parole à si peu d'intervalle me fit un gros effet. Qu'avez-vous? dit-il. J'essayai de prendre l'air de celui qui n'a que ce que, de par sa nature, il a. Pardon Monsieur, dis-je, en levant légèrement mon chapeau et en me soulevant d'un mouve- 5 ment ausitôt réprimé, l'heure juste, par pitié! Il me dit une heure, je ne sais plus laquelle, une heure qui n'expliquait rien, c'est tout ce que je sais, et qui ne me calma pas. Mais laquelle eût pu le faire. Je sais, je sais, une viendra qui le fera, mais d'ici là? Vous dites? dit-il. Malheureusement je n'avais rien dit. Mais je me rattrapai en lui demandant s'il pouvait m'aider à retrouver mon chemin que j'avais perdu. Non, 1 dit-il, car je ne suis pas d'ici, et si je suis assis sur cette pierre c'est que les hôtels sont complets ou qu'ils n'ont pas voulu me recevoir, moi je n'ai pas d'opinion. Mais racontez-moi votre vie, après nous aviserons.[21] Ma vie! m'écriai-je. Mais oui, dit-il, vous savez, cette sorte de—comment dirai-je? Il réfléchit longuement, cher- chant sans doute ce dont la vie pouvait bien être une sorte. Enfin il reprit, d'une 15 voix irritée, Voyons, tout le monde connaît ça. Il me poussa du coude. Pas de détails, dit-il, les grandes lignes, les grandes lignes. Mais comme je me taisais toujours il dit, Voulez-vous que je vous raconte la mienne, comme ça vous com- prendrez. Le récit qu'il fit fut bref et touffu, des faits, sans explication. Voilà ce que j'appelle une vie, dit-il, y êtes-vous, à présent? Ce n'était pas mal, son histoire, 20 féerique même par endroits. À vous, dit-il. Mais cette Pauline, dis-je, vous êtes toujours avec elle? Oui, dit-il, mais je vais l'abandonner et me mettre avec une autre, plus jeune et plus grasse. Vous voyagez beaucoup, dis-je. Oh énormément, énormément, dit-il. Les mots me revenaient petit à petit, et la façon de les faire sonner. Tout cela est fini pour vous sans doute, dit-il. Vous pensez demeurer 25 longtemps parmi nous? dis-je. Cette phrase me sembla particulièrement bien tournée. Sans indiscrétion, dit-il, quel âge avez-vous? Je ne sais pas, dis-je. Vous ne savez pas! s'écria-t-il. Pas exactement, dis-je. Vous pensez souvent aux cuisses, dit-il, culs, cons et environs? Je ne comprenais pas. Vous ne bandez plus naturelle- ment, dit-il. Bander? dis-je. La pine, dit-il, vous savez ce que c'est, la pine? Je ne 30 savais pas. Là, dit-il, entre les jambes. Ah ça, dis-je. Elle s'épaissit, s'allonge, se raidit et se soulève, dit-il, pas vrai? Ce n'était pas les termes que j'aurais employés. Cependant j'assentis. C'est ce que nous appelons bander, dit-il. Il se recueillit, puis s'exclama, Phénoménal! Vous ne trouvez pas? C'est bizarre, dis-je, en effet. D'ailleurs tout est là, dit-il. Mais qu'est-ce qu'elle deviendra? dis-je. Qui? dit-il. 35 Pauline, dis-je. Elle vieillira, dit-il, avec une tranquille assurance, d'abord lentement, puis de plus en plus vite, dans la douleur et la rancune, en tirant le diable par la queue.[22] Le visage n'était pas gras, mais j'eus beau le regarder, il restait vêtu de ses chairs, au lieu de devenir tout crayeux et comme travaillé à la gouge. Le vomer lui- même conservait son bourrelet. D'ailleurs les discussions ne m'ont jamais rien valu. 40 Je pleurais la tendre minette, je l'aurais foulé doucement en tenant mes chaussures à la main, et l'ombre de mon bois, loin de cette terrible lumière. Qu'avez-vous à grimacer ainsi? dit-il. Il tenait sur ses genoux un grand sac noir, on aurait dit une

---

[21] **nous aviserons**   nous verrons ce qu'il faut faire
[22] **en tirant le diable par la queue**   ayant peine à viᵛre avec des ressources maigres

trousse d'accoucheur j'imagine. Il l'ouvrit et me dit de regarder. Il était plein de
fioles. Elles étincelaient. Je lui demandai si elles étaient toutes pareilles. Oho non,
dit-il, c'est selon. Il en prit une et me la tendit. Un shilling, dit-il, six pence. Que
voulait-il de moi? Que je l'achète? Partant de cette hypothèse je lui dis que je
5 n'avais pas d'argent. Pas d'argent! s'écria-t-il. Brusquement sa main s'abattit sur
ma nuque, ses doigts puissants se resserrèrent et d'une secousse il me fit basculer
contre lui. Mais au lieu de m'achever[23] il se mit à murmurer des choses si douces
que je me laissai aller et ma tête roula dans son giron. Entre cette voix caressante
et les doigts qui me labouraient[24] le cou le contraste était saisissant. Mais peu à peu
10 les deux choses se fondirent, en une espérance accablante, si j'ose dire, et j'ose.
Car ce soir je n'ai rien à perdre, que je puisse distinguer. Et si je suis arrivé au
point où j'en suis (de mon histoire) sans qu'il y ait rien de changé, car s'il y avait
quelque chose de changé je pense que je le saurais, il n'en reste pas moins que j'y
suis arrivé, et c'est déjà quelque chose, et qu'il n'y a rien de changé, et c'est tou-
15 jours ça. Ce n'est pas une raison pour brusquer les choses. Non, il faut cesser
doucement, sans traîner mais doucement, comme cessent dans l'escalier les pas de
l'aimé qui n'a pu aimer et qui ne reviendra plus, et dont les pas le disent, qu'il n'a
pu aimer et qu'il ne reviendra plus. Il me repoussa soudain et me montra de
nouveau la fiole. Tout est là, dit-il. Cela ne devait pas être le même tout que tout à
20 l'heure. Vous voulez? dit-il. Non, mais je dis oui, pour ne pas le vexer. Il me pro-
posa un échange. Donnez-moi votre chapeau, dit-il. Je refusai. Quelle véhémence!
dit-il. Je n'ai rien, dis-je. Cherchez dans vos poches, dit-il. Je n'ai rien, dis-je, je
suis sorti sans rien. Donnez-moi un lacet, dit-il. Je refusai. Long silence. Et si vous
me donniez un baiser, dit-il enfin. Je savais qu'il y avait des baisers dans l'air.
25 Pouvez-vous enlever votre chapeau? dit-il. Je l'enlevai. Remettez-le, dit-il, vous
êtes mieux avec. Il réfléchit, c'était un pondéré. Allons, dit-il, donnez-moi un
baiser et n'en parlons plus. Ne redoutait-il pas d'être éconduit? Non, un baiser
n'est pas un lacet, et il avait dû lire sur mon visage qu'il me restait un fond de tem-
pérament. Allez, dit-il. Je m'essuyai la bouche, au fond des poils, et l'avançai
30 vers la sienne. Un instant, dit-il. Je suspendis mon vol. Vous savez ce que c'est,
un baiser? dit-il. Oui, oui, dis-je. Sans indiscrétion, dit-il, quand c'était, votre
dernier. Il y a un moment, dis-je, mais je sais encore les faire. Il enleva son
chapeau, un melon, et se tapota au milieu du front. Là, dit-il, pas ailleurs. Il
avait un beau front haut et blanc. Il se pencha, en baissant les paupières. Vite,
35 dit-il. Je fis la bouche en cul de poule, comme maman me l'avait appris, et la
posai sur l'endroit indiqué. Assez, dit-il. Il leva la main vers l'endroit, mais ce
geste, il ne l'acheva pas. Il remit son chapeau. Je me détournai et regardai l'autre
trottoir. Ce fut alors que je remarquai que nous étions assis en face d'une boucherie chevaline. Tenez, dit-il, prenez. Je n'y pensais plus. Il se leva. Debout
40 il était tout petit. Donnant donnant, dit-il, avec un sourire radieux. Ses dents
brillaient. J'écoutai s'éloigner ses pas. Quand je relevai la tête il n'y avait plus
personne. Comment dire la suite? Mais c'est la fin. Ou est-ce que j'ai rêvé, est-ce
que je rêve? Non, non, pas de ça, voilà ce que je réponds, car le rêve n'est rien,

---

[23] **m'achever** finish me off
[24] **labouraient** furrowed

une rigolade. Et avec ça significatif! Je dis, Reste là, jusqu'à ce que le jour se lève. Attends, en dormant, que les lampes s'éteignent et que les rues s'animent. Tu demanderas ton chemin, à un sergent de ville[25] s'il le faut, il sera obligé de te renseigner, sous peine de manquer à son serment. Mais je me levai et m'éloignai. Mes douleurs étaient revenues, mais avec je ne sais quoi d'inhabituel qui m'empê- 5 chait de m'y blottir. Mais je disais, Petit à petit tu reviens à toi. À considérer uniquement ma démarche, lente, raide, et qui à chaque pas semblait résoudre un problème statodynamique sans précédent, on m'aurait reconnu, si on m'avait connu. Je traversai et m'arrêtai devant la boucherie. Derrière la grille les rideaux étaient fermés, de grossiers rideaux en toile rayée bleu et blanc, couleurs de la 10 Vierge, et tachés de grandes taches roses. Mais ils se rejoignaient mal au milieu et à travers la fente je pus distinguer les carcasses ténébreuses des chevaux vidés, suspendus à des crocs la tête en bas. Je rasais les murs, affamé d'ombre. Penser qu'en un instant tout sera dit, tout sera à recommencer. Et les horloges publiques, qu'avaient-elles à la fin, elles dont l'air m'assénait, jusque dans mon bois, les 15 grandes claques froides? Quoi encore? Ah oui, mon butin. J'essayai de penser à Pauline, mais elle m'échappa, ne fut éclairée que le temps d'un éclair, comme la jeune femme de tantôt. Sur la chèvre aussi ma pensée glissait désolée, impuissante à s'arrêter. Ainsi j'allais, dans l'atroce clarté, enfoui dans mes vieilles chairs, tendu vers une voie de sortie et les dépassant toutes, à droite et à gauche, et l'esprit 20 haletant vers ceci et cela et toujours renvoyé, là où il n'y avait rien. Je réussis néanmoins à m'accrocher brièvement à la petite fille, le temps de la distinguer un peu mieux que tout à l'heure, de sorte qu'elle portait une sorte de bonnet et serrait dans sa main libre un livre, de prières peut-être, et d'essayer de la faire sourire, mais elle ne sourit pas, mais s'engloutit dans l'escalier, sans m'avoir 25 fourni son petit visage. Je dus m'arrêter. D'abord rien, puis peu à peu, je veux dire s'enflant hors du silence et aussitôt stabilisé, un genre de chuchotement massif, provenant peut-être de la maison qui me soutenait. Cela me rappela que les maisons étaient pleines de gens, d'assiégés, non, je ne sais pas. Ayant reculé pour regarder les fenêtres je pus me rendre compte, malgré les volets, stores et 30 mystères,[26] que de nombreuses pièces étaient éclairées. C'était une lumière si faible, en regard de celle qui inondait le boulevard, qu'à moins d'être averti du contraire, ou de le soupçonner, on aurait pu supposer que tout le monde dormait. La rumeur n'était pas continue, mais entrecoupée de silences sans doute consternés. J'envisageai de sonner à la porte et de demander abri et protection jusqu'au matin. 35 Mais me revoilà en marche. Mais peu à peu, d'une chute à la fois vive et douce, le noir se fit autour de moi. Je vis s'éteindre, dans une ravissante cascade de tons lavés, une énorme masse de fleurs éclatantes. Je me surpris à admirer, tout le long des façades, le lent épanouissement des carrés et rectangles, barrés et unis, jaunes, verts, roses, selon les rideaux et les stores, à trouver cela joli. Puis enfin, avant de 40 tomber, d'abord à genoux, à la manière des bœufs, puis à plat ventre, je fus au milieu d'une foule. Je ne perdis pas connaissance, moi quand je perdrai connaissance ce ne sera pas pour la reprendre. On ne faisait pas attention à moi, tout en

---

[25] **sergent de ville**   agent de police
[26] **mystères**   muslins

évitant de me marcher dessus, égard qui dut me toucher, j'étais sorti pour cela.
J'étais bien, abreuvé de noir et de calme, au pied des mortels, au fond du jour
profond, s'il faisait jour. Mais la réalité, trop fatigué[27] pour chercher le mot juste,
ne tarda pas à se rétablir, la foule reflua, la lumière revint, et je n'avais pas besoin
5 de lever la tête de l'asphalte pour savoir que je me retrouvais dans le même vide
éblouissant que tout à l'heure. Je dis, Reste là, étalé sur ces dalles amicales ou tout
au moins neutres, n'ouvre pas les yeux, attends que vienne le Samaritain, ou que
vienne le jour et avec lui les sergents de ville ou qui sait un salutiste.[28] Mais me
revoilà debout, repris par le chemin qui n'était pas le mien, le long du boulevard
10 qui montait toujours. Heureusement qu'il ne m'attendait pas, le pauvre père
Breem, ou Breen. Je dis, La mer est à l'est, c'est vers l'ouest qu'il faut aller, à
gauche du nord. Mais ce fut en vain que je levai sans espoir les yeux au ciel, pour
y chercher les chariots. Car la lumière où je macérais aveuglait les étoiles, à supposer qu'elles fussent là, ce dont je doutais, me rappelant les nuages.

QUESTIONS

1. Lorsque le narrateur parle de sa mort, s'agit-il de sa mort physique?
2. Quel est le rapport temporel entre ce que raconte le narrateur et sa situation actuelle?
3. Pourquoi compare-t-il son histoire à un mythe ou à une fable ancienne?
4. Que suggère l'hululement du hibou?
5. Quels aspects du garçon et de la chèvre attirent l'attention du protagoniste? Que suggèrent-ils?
6. Que cherche l'homosexuel dans sa rencontre avec le protagoniste?
7. Quelle image de la société le narrateur nous donne-t-il?
8. Pourquoi le protagoniste cherche-t-il l'ombre?
9. Sur quelle note la nouvelle se termine-t-elle?
10. Le héros beckettien ressemble-t-il au héros romanesque traditionnel?
11. Quelle est l'attitude du narrateur envers l'histoire qu'il raconte?
12. Voyez-vous des différences entre la nouvelle traditionnelle et la nouvelle telle que Beckett la conçoit? Sur quoi se fondent-elles?

[27] c'est-à-dire, je suis trop fatigué...
[28] **salutiste**   membre de l'armée du Salut

Nathalie Sarraute
(1902–   )

Romancière d'origine russe, Nathalie Sarraute est née en 1902, à Ivanovo-Voznessensk. Le divorce et les remariages de ses parents lui font passer son enfance en un va-et-vient continuel entre la Russie, la Suisse et la France. En 1910 elle se fixe avec son père à Paris, où elle reçoit une formation en russe et en français. Après avoir obtenu une licence d'anglais à la Sorbonne elle étudie l'histoire à Oxford et ensuite la sociologie à Berlin. De 1922 à 1925 elle fait des études de droit à Paris, à la fin desquelles elle s'inscrit au barreau. Pendant douze ans elle s'occupera d'affaires correctionnelles, avant de se consacrer à la littérature.

Tropismes, *son premier livre, paraît en 1939 (nos textes sont empruntés à la réédition de 1957). Depuis, elle a publié cinq romans :* Portrait d'un inconnu *(1948), précédé d'une importante préface de J.-P. Sartre;* Martereau *(1953);* Le Planétarium *(1959);* Les Fruits d'or *(1963) et* Entre la vie et la mort *(1968). Elle est aussi l'auteur de deux pièces radiophoniques,* Le Silence *(1964) et* Le Mensonge *(1966) et d'un recueil d'essais critiques,* L'Ère du soupçon *(1956).*

Le mot « tropisme » est emprunté à la biologie et se définit comme le mouvement réflexe d'un organisme causé par une excitation de l'extérieur. Dans l'œuvre de Sarraute il s'applique aux mouvements indéfinissables et fuyants qui glissent aux limites de la conscience et qui sont, selon Sarraute, à l'origine de nos gestes, sentiments et paroles. Ces mouvements, déclenchés le plus souvent par la présence d'autrui, constituent ce que Sarraute appellera une « sous-conversation » et révèlent les drames véritables de l'existence qui se cachent sous les clichés et les actions banales de notre vie quotidienne. Dans les romans de Sarraute l'intrigue et les personnages ne servent que de supports aux tropismes, qui sont les mêmes chez tout le monde. La tâche de l'écrivain devient la traduction en images de ces pulsations souterraines pour les faire éprouver au lecteur. S'écartant également du roman psychologique et du roman behavioriste, Sarraute fait découvrir la tension entre conversation et « sous-conversation », geste extérieur et convulsion intérieure; entre le moi social inauthentique qui se crée un personnage et un « ça » authentique et anonyme. Le rejet des conventions du roman traditionnel et le concept du roman comme recherche font rattacher Sarraute au groupe des nouveaux romanciers.

Tropismes *contient en germe toute l'œuvre future de Sarraute. Le livre est un recueil de vingt-quatre textes brefs numérotés.*

Nous y assistons à une série de « minidrames » où Sarraute fait
ses premières explorations d'une nouvelle zone de sensibilité et
fait entrevoir ce qui se dissimule sous la carapace de l'apparence.
Dans « Tropisme V » le protagoniste est une femme recroquevillée
dans la tranquillité d'une maison où les autres dorment et qui
désire surtout ne pas les réveiller de peur qu'elle ne provoque un
échange dégoûtant de tropismes. Elle y oppose une ataraxie et un
univers neutre, nettoyé de toute tache humaine. « Tropisme IX »
traite du jeu entre conversation et « sous-conversation ».
L'homme s'aperçoit que sous la « douceur » de son
interlocutrice il y a quelque chose qui est prêt à éclater, une
agressivité qui menace de susciter de dangereux remous chez lui.
Il s'efforce donc de la distraire, de l'apaiser, en lui racontant de
banales histoires de famille. Une autre sorte d'angoisse parcourt
le « Tropisme XIV». Cette fois-ci les « ils » qui mènent la
conversation craignent de laisser échapper un mot qui blesserait
la femme à qui ils parlent et la ferait se contracter à la façon
d'une amibe qu'on touche d'une aiguille électrique. Leurs efforts
pour limiter la conversation à des lieux communs les
transforment en clowns grotesques. Le drame souterrain de
« Tropisme XX » n'est pas déclenché par les mots mais par les
choses. Ce qui était autrefois peur enfantine devient chez l'adulte
hypersensible une lutte contre un univers hostile. L'association
des objets en question aux activités humaines les a investis d'une
malveillance sinistre.

BIBLIOGRAPHIE

Cranaki, Mimica et Belaval, Yvon. *Nathalie Sarraute*. Paris : Gallimard,   « Bibliothèque idéale », 1965.

Jacquard, Jean-Luc. *Nathalie Sarraute*. Zürich : Juris Verlag, 1967.

Micha, René. *Nathalie Sarraute*. Paris : Éditions Universitaires, « Classiques du XXe siècle », 1966.

Temple, Ruth Z. *Nathalie Sarraute*. New York : Columbia University Press, "Columbia Essays on Modern Writers," 1968.

Tropismes

V

Par les journées de juillet très chaudes, le mur d'en face jetait sur la petite cour humide une lumière éclatante et dure.

Il y avait un grand vide sous cette chaleur, un silence, tout semblait en suspens ; on entendait seulement, agressif, strident, le grincement d'une chaise traînée sur le carreau, le claquement d'une porte. C'était dans cette chaleur, dans ce silence—un froid soudain, un déchirement.

Et elle restait sans bouger sur le bord de son lit, occupant le plus petit espace possible, tendue, comme attendant que quelque chose éclate, s'abatte sur elle dans ce silence menaçant.   5

Quelquefois le cri aigu des cigales, dans la prairie pétrifiée sous le soleil et comme morte, provoque cette sensation de froid, de solitude, d'abandon dans un univers hostile où quelque chose d'angoissant se prépare.

Étendu dans l'herbe sous le soleil torride, on reste sans bouger, on épie, on attend.   10

Elle entendait dans le silence, pénétrant jusqu'à elle le long des vieux papiers à raies bleues du couloir, le long des peintures sales, le petit bruit que faisait la clef dans la serrure de la porte d'entrée. Elle entendait se fermer la porte du bureau.

Elle restait là, toujours recroquevillée, attendant, sans rien faire. La moindre action, comme d'aller dans la salle de bains se laver les mains, faire couler l'eau du 15 robinet, paraissait une provocation, un saut brusque dans le vide, un acte plein d'audace. Ce bruit soudain de l'eau dans ce silence suspendu, ce serait comme un signal, comme un appel vers eux, ce serait comme un contact horrible, comme de toucher avec la pointe d'une baguette une méduse[1] et puis d'attendre avec dégoût qu'elle tressaille tout à coup, se soulève et se replie.   20

Elle les sentait ainsi, étalés, immobiles derrière les murs, et prêts à tressaillir, à remuer.

Elle ne bougeait pas. Et autour d'elle toute la maison, la rue semblaient l'encourager, semblaient considérer cette immobilité comme naturelle.

Il paraissait certain, quand on ouvrait la porte et qu'on voyait l'escalier, plein 25 d'un calme implacable, impersonnel et sans couleur, un escalier qui ne semblait pas avoir gardé la moindre trace des gens qui l'avaient parcouru, pas le moindre souvenir de leur passage, quand on se mettait derrière la fenêtre de la salle à manger et qu'on regardait les façades des maisons, les boutiques, les vieilles femmes et les petits enfants qui marchaient dans la rue, il paraissait certain qu'il fallait le plus 30 longtemps possible—attendre, demeurer ainsi immobile, ne rien faire, ne pas bouger, que la suprême compréhension, que la véritable intelligence, c'était cela, ne rien entreprendre, remuer le moins possible, ne rien faire.

Tout au plus pouvait-on, en prenant soin de n'éveiller personne, descendre sans le regarder l'escalier sombre et mort, et avancer modestement le long des trottoirs, 35 le long des murs, juste pour respirer un peu, pour se donner un peu de mouvement, sans savoir où l'on va, sans désirer aller nulle part, et puis revenir chez soi, s'asseoir au bord du lit et de nouveau attendre, replié, immobile.

IX

Elle était accroupie sur un coin du fauteuil, se tortillait, le cou tendu, les yeux protubérants : « Oui, oui, oui, oui, disait-elle, et elle approuvait chaque membre 40 de phrase d'un branlement de la tête. Elle était effrayante, douce et plate, toute

[1] **méduse**   jellyfish

lisse, et seuls ses yeux étaient protubérants. Elle avait quelque chose d'angoissant, d'inquiétant et sa douceur était menaçante.

Il sentait qu'à tout prix il fallait la redresser, l'apaiser, mais que seul quelqu'un doué d'une force surhumaine pourrait le faire, quelqu'un qui aurait le courage de
5 rester en face d'elle, là, bien assis, bien calé dans un autre fauteuil, qui oserait la regarder calmement, bien en face, saisir son regard, ne pas se détourner de son tortillement. « Eh bien ! Comment allez-vous donc ?. » il oserait cela. « Eh bien ! Comment vous portez-vous ? » il oserait le lui dire—et puis il attendrait. Qu'elle parle, qu'elle agisse, qu'elle se révèle, que cela sorte, que cela éclate enfin—il n'en
10 aurait pas peur.

Mais lui n'aurait jamais la force de le faire. Aussi lui fallait-il contenir cela le plus longtemps possible, empêcher que cela ne sorte, que cela ne jaillisse d'elle, le comprimer en elle, à tout prix, n'importe comment.

Mais quoi donc ? Qu'était-ce ? Il avait peur, il allait s'affoler, il ne fallait pas
15 perdre une minute pour raisonner, pour réfléchir. Et, comme toujours dès qu'il la voyait, il entrait dans ce rôle où par la force, par la menace, lui semblait-il, elle le poussait. Il se mettait à parler, à parler sans arrêt, de n'importe qui, de n'importe quoi, à se démener (comme le serpent devant la musique ? comme les oiseaux devant le boa ? il ne savait plus) vite, vite, sans s'arrêter, sans une minute à perdre,
20 vite, vite, pendant qu'il en est temps encore, pour la contenir, pour l'amadouer. Parler, mais parler de quoi ? de qui ? de soi, mais de soi, des siens, de ses amis, de sa ᶜamille, de leurs histoires, de leurs désagréments, de leurs secrets, de tout ce qu'il valait mieux cacher, mais puisque cela pouvait l'intéresser, mais puisque cela pourrait la satisfaire, il n'y avait pas à hésiter ; il fallait le lui dire, tout lui dire, se
25 dépouiller de tout, tout lui donner, tant qu'elle serait là, accroupie sur un coin du fauteuil, toute douce, toute plate, se tortillant.

XIV

Bien qu'elle se tût toujours et se tînt à l'écart, modestement penchée, comptant tout bas un nouveau point,[2] deux mailles à l'endroit, maintenant trois à l'envers[3] et puis maintenant un rang tout à l'endroit, si féminine, si effacée (ne faites pas
30 attention, je suis très bien ainsi, je ne demande rien pour moi), ils sentaient sans cesse, comme en un point sensible de leur chair, sa présence.

Toujours fixés sur elle, comme fascinés, ils surveillaient avec effroi chaque mot, la plus légère intonation, la nuance la plus subtile, chaque geste, chaque regard ; ils avançaient sur la pointe des pieds, en se retournant au moindre bruit, car ils
35 savaient qu'il y avait partout des endroits mystérieux, des endroits dangereux qu'il ne fallait pas heurter, pas effleurer, sinon, au plus léger contact, des clochettes, comme dans un conte d'Hoffmann,[4] des milliers de clochettes à la note claire comme sa voix virginale—se mettraient en branle.

[2] **point**   stitch (knitting, etc.)
[3] **mailles à l'endroit, à l'envers**   plain stitches, purl stitches
[4] Hoffmann : Ernst Theodore Amadeus (1776–1822), romancier allemand, auteur des *Contes Fantastiques*

Mais parfois, malgré les précautions, les efforts, quand ils la voyaient qui se tenait silencieuse sous la lampe, semblable à une fragile et douce plante sous-marine toute tapissée de ventouses[5] mouvantes, ils se sentaient glisser, tomber de tout leur poids écrasant tout sous eux : cela sortait d'eux, des plaisanteries stupides, des ricanements, d'atroces histoires d'anthropophages, cela sortait et éclatait sans 5 qu'ils pussent le retenir. Et elle se repliait doucement—oh! c'était trop affreux!—songeait à sa petite chambre, au cher refuge où elle irait bientôt s'agenouiller sur sa descente de lit, dans sa chemise de toile froncée autour du cou, si enfantine, si pure, la petite Thérèse de Lisieux, sainte Catherine, Blandine...[6] et, serrant dans sa main la chaînette d'or de son cou, prierait pour leurs péchés.   10

Parfois aussi, quand tout allait si bien, quand elle se pelotonnait déjà tout aguichée,[7] sentant qu'on abordait une de ces questions qu'elle aimait tant, quand on les discutait avec sincérité, gravement, ils s'esquivaient dans une pirouette de clown, le visage distendu par un sourire idiot, horrible.

XX

Quand il était petit, la nuit il se dressait sur son lit, il appelait. Elles accouraient, 15 allumaient la lumière, elles prenaient dans leurs mains les linges blancs, les serviettes de toilette, les vêtements, et elles les lui montraient. Il n'y avait rien. Les linges entre leurs mains devenaient inoffensifs, se recroquevillaient, devenaient figés et morts dans la lumière.

Maintenant qu'il était grand, il les faisait encore venir pour regarder partout, 20 chercher en lui, bien voir et prendre entre leurs mains les peurs blotties en lui dans les recoins et les examiner à la lumière.

Elles avaient l'habitude d'entrer et de regarder et il allait au devant d'elles, il éclairait lui-même partout pour ne pas sentir leurs mains tâtonner dans l'obscurité. Elles regardaient—il se tenait immobile, sans oser respirer—mais il n'y avait rien 25 nulle part, rien qui pût effrayer, tout semblait bien en ordre, à sa place, elles reconnaissaient partout des objets familiers, depuis longtemps connus, et elles les lui montraient. Il n'y avait rien. De quoi avait-il peur? Parfois, ici ou là, dans un coin, quelque chose semblait trembler vaguement, flageoler légèrement, mais d'une tape elles remettaient cela d'aplomb, ce n'était rien, une de ses craintes familières—elles 30 la prenaient et elles la lui montraient : la fille de son ami était déjà mariée? C'était cela? Ou bien un tel qui était pourtant de la même promotion[8] que lui avait eu de l'avancement, allait être décoré? Elles arrangeaient, elles redressaient cela, ce n'était rien. Pour un instant, il se croyait plus fort, soutenu, rafistolé,[9] mais déjà il sentait que ses membres devenaient lourds, inertes, s'engourdissaient dans cette attente 35 figée, il avait, comme avant de perdre connaissance, des picotements dans les narines; elles le voyaient se replier tout à coup, prendre son air bizarrement absorbé et

---

[5] **ventouses**   suckers
[6] **Blandine**   sainte Blandine, martyre à Lyon, livrée aux bêtes (177)
[7] **tout aguichée**   très curieuse
[8] **promotion**   class, year, rank
[9] **rafistolé**   fixed up

absent; alors, avec des tapes légères sur les joues—les voyages des Windsor, Lebrun, les quintuplées[10]—elles le ranimaient.

Mais tandis qu'il revenait à lui et quand elles le laissaient enfin raccommodé, nettoyé, arrangé, tout bien accommodé et préparé, la peur se reformait en lui, au
5 fond des petits compartiments, des tiroirs qu'elles venaient d'ouvrir, où elles n'avaient rien vu et qu'elles avaient refermés.

QUESTIONS

« Tropisme V »
1. Quel est le rapport entre le silence de la maison et l'attente dans l'herbe?
2. À quoi l'image de la méduse fait-elle allusion?
3. Comment expliquez-vous l'alternance du point de vue entre « elle » et « on »?

« Tropisme IX »
1. Où le narrateur du texte se situe-t-il par rapport aux personnages, les voit-il du dedans ou du dehors?
2. Par quelles images les tropismes se traduisent-ils?
3. Par quels moyens stylistiques l'auteur montre-t-il l'angoisse de l'homme?

« Tropisme XIV »
1. Que suggère l'image de la plante sous-marine?
2. Comment interprétez-vous le désir de pureté chez la femme?
3. Quelle est l'attitude générale de Sarraute envers les rapports interpersonnels?

« Tropisme XX »
1. Qui sont les « elles » et que représentent-elles?
2. Quelle est la signification de l'assimilation du corps de l'angoissé à un meuble?
3. Quelle est la connexion entre les craintes du protagoniste et le concept sarrautien de tropismes?

---

[10] **Windsor, Lebrun, les quintuplées** le duc et la duchesse de Windsor—Edouard VIII, roi d'Angleterre, qui abdiqua en 1937 et prit le nom du duc de Windsor; Albert Lebrun, président de la République française (1932–40); les quintuplées Dionne, nées en 1934

Alain Robbe-Grillet

(1922–   )

« *Les révolutions littéraires se sont toujours accomplies au nom
du réalisme.* » *C'est ainsi que dans un recueil d'essais
littéraires,* Pour un nouveau roman *(1963),* Alain
Robbe-Grillet *défend sa tâche d'écrivain. L'écrivain d'aujourd'hui
ne doit pas, selon lui, refaire ce qu'ont déjà fait ses
prédécesseurs. Il s'agit de « réinventer » le roman en projetant
un nouveau rapport entre l'homme et le monde. Par son concept
du roman comme recherche et comme renouvellement
Robbe-Grillet s'identifie au groupe de romanciers, par ailleurs
de tendances littéraires fort diverses, dont l'œuvre est classée
souvent sous la rubrique « nouveau roman ».*

*Né en 1922 à Brest, Robbe-Grillet reçoit une formation
scientifique. Il sera ingénieur agronome avant de faire son
entrée dans le monde litteraire avec la parution en 1953 de son
premier roman* Les Gommes. *Dans les quatre romans qui
suivent,* Le Voyeur *(1955),* La Jalousie *(1957),* Dans le
labyrinthe *(1959),* La Maison de rendez-vous *(1965), il
ne cesse de pousser plus avant dans sa quête d'un nouvel art
romanesque. Ses recherches s'étendent au domaine du cinéma sous
forme de deux ciné-romans,* L'Annee dernière à Marienbad
(1961) et L'Immortelle *(1963). Dans son dernier film,* Le
Trans-Europe-Express *(1967) il apparaît lui-même comme
auteur-metteur en scène*

*Refusant un humanisme fondé sur une tentative de récupération
de la séparation entre l'homme et le monde, Robbe-Grillet
établit un dualisme fondamental entre les deux. Dépourvu
d'intériorité et de signification, le monde est; et Robbe-Grillet
essaie de restaurer sa nature objectale au moyen de descriptions
géométriques, créant des superficies et des volumes nettoyes de
toute contingence, de toute contamination anthropomorphe.
Dans cet univers de l'en-soi les personnages de Robbe-Grillet
s'efforcent d'introduire leur imagination et leurs obsessions. Le
regard joue un rôle essentiel comme véhicule de cette
subjectivité. Il manifeste nécessairement une intentionnalité qui
transforme provisoirement la réalité extérieure et fait d'elle son
support et son reflet en l'intériorisant. De la même manière, les
personnages de Robbe-Grillet s'orientent selon leurs propres
coordonnées spatio-temporelles, d'où résulte le décalage typique
entre elles et celles de la réalité qui les entoure. Quant à la
parole, elle devient un instrument de persuasion et d'invention*

*au moyen duquel on peut essayer d'imposer sa propre
perspective sur autrui. Prisonniers de leurs « vérités » relatives,
grâce à l'autonomie de leurs microcosmes mentaux les personnages
de Robbe-Grillet font néanmoins preuve d'authenticité humaine.
Sur le plan de l'écriture ou du filmage cette autonomie n'est rien
d'autre que la liberté créatrice de l'œuvre d'art.*

*Dans Instantanés (1962), le recueil de textes brefs auquel
sont empruntés « Le Remplaçant » et « La Chambre secrète »,
Robbe-Grillet, jouant sur un autre registre, présente son monde
romanesque et filmique en miniature. Dans « Le Remplaçant »
on assiste à un jeu de miroirs où trois visions de la réalité se
reflètent les unes sur les autres : l'histoire des conspirateurs, le
garçon au dehors, le pantin en papier. Ce dernier, simple
silhouette d'un homme, est susceptible de recevoir sa propre
histoire ou de rester blanc selon l'attention que les élèves y
apportent. Il remplacera pour eux le garçon au dehors, visible
uniquement au répétiteur. Celui-ci essaie d'interpréter les gestes
du garçon mais refuse cette même liberté à l'élève qui par sa
lecture du texte historique regimbe contre la signification imposée
sur lui par le répétiteur.*

*« La Chambre secrète » s'articule autour de deux motifs
obsessionnels de l'œuvre de Robbe-Grillet : la chambre, espace du
récit et lieu clos érotique ; la femme-prisonnière, foyer de
violence sadosexuelle. La référence à Gustave Moreau souligne
l'assimilation initiale de la scène à un tableau, forme figée à
laquelle elle reviendra à la fin. Dans l'intervalle le tableau
devient vivant par la médiation d'un regard fasciné et fascinant,
regard qui est en même temps parole. Le mouvement du récit,
les détails qu'il relève renvoient au récitant et, en menant
forcément à la répétition du crime, révèlent un aspect important
de la littérature telle que Robbe-Grillet la conçoit.*

BIBLIOGRAPHIE

Alter, Jean. *La Vision du monde d'Alain Robbe-Grillet*. Genève : Droz, 1966.
Bernal, Olga. *Alain Robbe-Grillet : le roman de l'absence*. Paris : Gallimard, 1964.
Morrissette, Bruce. *Les Romans de Robbe-Grillet*. Paris : Éditions de Minuit, 1963.
Sturrock, John. *The French New Novel*. London and New York : Oxford University Press, 1969.

Le Remplaçant

L'étudiant prit un peu de recul et leva la tête vers les branches les plus basses. Puis il fit un pas en avant, pour essayer de saisir un rameau qui semblait à sa portée ; il se haussa sur la pointe des pieds et tendit la main aussi haut qu'il put, mais il ne réussit pas à l'atteindre. Après plusieurs tentatives infructueuses, il parut y renoncer. Il abaissa le bras et continua seulement à fixer des yeux quelque chose dans le feuillage.

Ensuite il revint au pied de l'arbre, où il se posta dans la même position que la première fois : les genoux légèrement fléchis, le buste courbé vers la droite et la tête inclinée sur l'épaule. Il tenait toujours sa serviette de la main gauche. On ne 5 voyait pas l'autre main, de laquelle il s'appuyait sans doute au tronc, ni le visage qui était presque collé contre l'écorce, comme pour en examiner de très près quelque détail, à un mètre cinquante du sol environ.

L'enfant s'était de nouveau arrêté dans sa lecture, mais cette fois-ci il devait y avoir un point, peut-être même un alinéa, et l'on pouvait croire qu'il faisait un effort 10 pour marquer la fin du paragraphe. L'étudiant se redressa pour inspecter l'écorce un peu plus haut.

Des chuchotements s'élevaient dans la classe. Le répétiteur[1] tourna la tête et vit que la plupart des élèves avaient les yeux levés, au lieu de suivre la lecture sur le livre ; le lecteur lui-même regardait vers la chaire d'un air vaguement interrogateur, 15 ou craintif. Le répétiteur prit un ton sévère :

« Qu'est-ce que vous attendez pour continuer ? »

Toutes les figures s'abaissèrent en silence et l'enfant reprit, de la même voix appliquée, sans nuance et un peu trop lente, qui donnait à tous les mots une valeur identique et les espaçait uniformément : 20

« Dans la soirée, Joseph de Hagen, un des lieutenants de Philippe,[2] se rendit donc au palais de l'archevêque pour une prétendue visite de courtoisie. Comme nous l'avons dit les deux frères... »

De l'autre côté de la rue, l'étudiant scrutait à nouveau les feuilles basses. Le répétiteur frappa sur le bureau du plat de sa main : 25

« Comme nous l'avons dit, virgule, les deux frères... »

Il retrouva le passage sur son propre livre et lut en exagérant la ponctuation :

« Reprenez : « Comme nous l'avons dit, les deux frères s'y trouvaient déjà, afin de pouvoir, le cas échéant, se retrancher derrière cet alibi... » et faites attention à ce que vous lisez.» 30

Après un silence, l'enfant recommença la phrase :

« Comme nous l'avons dit, les deux frères s'y trouvaient déjà, afin de pouvoir, le cas échéant, se retrancher derrière cet alibi—douteux en vérité, mais le meilleur qui leur fût permis dans cette conjoncture—sans que leur méfiant cousin... »

La voix monotone se tut brusquement, au beau milieu de la phrase. Les autres 35 élèves, qui relevaient déjà la tête vers le pantin de papier suspendu au mur, se replongèrent aussitôt dans leurs livres. Le répétiteur ramena les yeux de la fenêtre jusqu'au lecteur, assis du côté opposé, au premier rang près de la porte.

« Eh bien, continuez ! Il n'y a pas de point. Vous avez l'air de ne rien comprendre à ce que vous lisez ! » 40

L'enfant regarda le maître, et au-delà, un peu sur la droite, le pantin de papier blanc.

« Est-ce que vous comprenez, oui ou non ?

— Oui, dit l'enfant d'une voix mal assurée.

---

[1] **répétiteur**   personne qui explique à des élèves la leçon d'un professeur et les fait travailler
[2] **Joseph de Hagen, Philippe (de Cobourg)**   personnages fictifs

— Oui, monsieur, corrigea le répétiteur.

— Oui, monsieur », répéta l'enfant.

Le répétiteur regarda le texte dans son livre et demanda :

« Que signifie pour vous le mot « alibi »? »

5 L'enfant regarda le bonhomme de papier découpé, puis le mur nu, droit devant lui, puis le livre sur son pupitre ; et de nouveau le mur, pendant près d'une minute.

« Eh bien?

– – Je ne sais pas, monsieur », dit l'enfant.

Le répétiteur passa lentement la classe en revue. Un élève leva la main, près de la
10 fenêtre du fond. Le maître tendit un doigt vers lui, et le garçon se leva de son banc :

« C'est pour qu'on croie qu'ils étaient là, monsieur.

— Précisez. De qui parlez-vous?

— Des deux frères, monsieur.

— Où voulaient-ils faire croire qu'ils étaient?

15 — Dans la ville, monsieur, chez l'archevêque.

— Et où étaient-ils en réalité? »

L'enfant réfléchit un moment avant de répondre.

« Mais ils y étaient vraiment, monsieur, seulement ils voulaient s'en aller ailleurs et faire croire aux autres qu'ils étaient encore là. »

20 Tard dans la nuit, dissimulés sous des masques noirs et enveloppés d'immenses capes, les deux frères se laissent glisser le long d'une échelle de corde au-dessus d'une ruelle déserte.

Le répétiteur hocha la tête plusieurs fois, sur le côté, comme s'il approuvait à demi. Au bout de quelques secondes, il dit : « Bon. »

25 « Maintenant vous allez nous résumer tout le passage, pour vos camarades qui n'ont pas compris. »

L'enfant regarda vers la fenêtre. Ensuite il posa les yeux sur son livre, pour les relever bientôt en direction de la chaire :

« Où faut-il commencer, monsieur?

30 — Commencez au début du chapitre. »

Sans se rasseoir, l'enfant tourna les pages de son livre et, après un court silence, se mit à raconter la conjuration de Philippe de Cobourg. Malgré de fréquentes hésitations et reprises, il le faisait de façon à peu près cohérente. Cependant il donnait beaucoup trop d'importance à des faits secondaires et, au contraire, mentionnait à
35 peine, ou même pas du tout, certains événements de premier plan. Comme, par surcroît, il insistait plus volontiers sur les actes que sur leurs causes politiques, il aurait été bien difficile à un auditeur non averti de démêler les raisons de l'histoire et les liens qui unissaient les actions ainsi décrites entre elles comme avec les différents personnages. Le répétiteur déplaça insensiblement son regard le long des
40 fenêtres. L'étudiant était revenu sous la branche la plus basse ; il avait posé sa serviette au pied de l'arbre et sautillait sur place en levant un bras. Voyant que tous ses efforts étaient vains, il resta de nouveau immobile, à contempler les feuilles inaccessibles. Philippe de Cobourg campait avec ses mercenaires sur les bords du Neckar.[3] Les écoliers, qui n'étaient plus censés suivre le texte imprimé, avaient tous

[3] **Neckar**   rivière d'Allemagne

relevé la tête et considéraient sans rien dire le pantin de papier accroché au mur. Il n'avait ni mains ni pieds, seulement quatre membres grossièrement découpés et une tête ronde, trop grosse, où était passé le fil. Dix centimètres plus haut, à l'autre bout du fil, on voyait la boulette de buvard mâché qui le retenait.

Mais le narrateur s'égarait dans des détails tout à fait insignifiants et le maître finit 5 par l'interrompre :

« C'est bien, dit-il, nous en savons assez comme ça. Asseyez-vous et reprenez la lecture en haut de la page : « Mais Philippe et ses partisans... »

Toute la classe, avec ensemble, se pencha vers les pupitres, et le nouveau lecteur commença, d'une voix aussi inexpressive que son camarade, bien que marquant avec 10 conscience les virgules et les points :

« Mais Philippe et ses partisans ne l'entendaient pas de cette oreille.[4] Si la majorité des membres de la Diète—ou même seulement le parti des barons— renonçaient ainsi aux prérogatives accordées, à lui comme à eux, en récompense de l'inestimable soutien qu'ils avaient apporté à la cause archiducale lors du sou- 15 lèvement, ils ne pourraient plus dans l'avenir, ni eux ni lui, demander la mise en accusation d'aucun nouveau suspect, ou la suspension sans jugement de ses droits seigneuriaux. Il fallait à tout prix que ces pourparlers, qui lui paraissaient engagés de façon si défavorable à sa cause, fussent interrompus avant la date fatidique. Dans la soirée, Joseph de Hagen, un des lieutenants de Philippe, se rendit donc au palais de 20 l'archevêque, pour une prétendue visite de courtoisie. Comme nous l'avons dit, les deux frères s'y trouvaient déjà... »

Les visages restaient sagement penchés sur les pupitres. Le répétiteur tourna les yeux vers la fenêtre. L'étudiant était appuyé contre l'arbre, absorbé dans son in- spection de l'écorce. Il se baissa très lentement, comme pour suivre une ligne tracée 25 sur le tronc—du côté qui n'était pas visible depuis les fenêtres de l'école A un mètre cinquante du sol, environ, il arrêta son mouvement et inclina la tête sur le côté, dans la position exacte qu'il occupait auparavant. Une à une, dans la classe, les figures se relevèrent.

Les enfants regardèrent le maître, puis les fenêtres. Mais les carreaux du bas 30 étaient dépolis et, au-dessus, ils ne pouvaient apercevoir que le haut des arbres et le ciel. Contre les vitres, il n'y avait ni mouche ni papillon. Bientôt tous les regards contemplèrent de nouveau le bonhomme en papier blanc.

[4] c'est-à-dire, ne le comprenaient pas ainsi (pas de cette façon)

La Chambre secrète
À GUSTAVE MOREAU.[1]

C'est d'abord une tache rouge, d'un rouge vif, brillant, mais sombre, aux ombres presque noires. Elle forme une rosace irrégulière, aux contours nets, qui s'étend de 35 plusieurs côtés en larges coulées de longueurs inégales, se divisant et s'amenuisant ensuite jusqu'à devenir de simples filets sinueux. L'ensemble se détache sur la

[1] **Gustave Moreau** peintre français (1826–1898). Un nombre de ses tableaux sont riches en détails architecturaux et lourds d'une atmosphère érotique.

pâleur d'une surface lisse, arrondie, mate et comme nacrée à la fois, un demi-globe raccordé par des courbes douces à une étendue de même teinte pâle—blancheur atténuée par l'ombre du lieu : cachot, salle basse, ou cathédrale—resplendissant d'un éclat diffus dans la pénombre.

5   Au-delà, l'espace est occupé par les fûts cylindriques des colonnes qui se multiplient et s'estompent progressivement, vers des profondeurs où se distingue l'amorce d'un vaste escalier de pierre, qui monte en tournant un peu, de plus en plus étroit à mesure qu'il s'élève, vers les hautes voûtes parmi lesquelles il disparaît.

Tout ce décor est vide escaliers et colonnades. Seul, au premier plan, luit faible-
10 ment le corps étendu, sur lequel s'étale la tache rouge—un corps blanc dont se devine la matière pleine et souple, fragile sans doute, vulnérable. À côté du demi-globe ensanglanté, une autre rondeur identique, intacte celle-là, se présente au regard sous un angle à peine différent; mais la pointe aréolée[2] qui le couronne, de teinte plus foncée, est ici tout à fait reconnaissable, alors que la première est presque
15 entièrement détruite, ou masquée du moins par la blessure.

Dans le fond, vers le haut de l'escalier, s'éloigne une silhouette noire, un homme enveloppé d'un long manteau flottant, qui gravit les dernières marches sans se retourner, son forfait accompli. Une fumée légère monte en volutes contournées d'une sorte de brûle-parfum posé sur un haut pied de ferronnerie aux reflets d'ar-
20 gent. Tout près repose le corps laiteux où de larges filets de sang coulent du sein gauche, le long du flanc et sur la hanche.

C'est un corps de femme aux formes pleines, mais sans lourdeur, entièrement nu, couché sur le dos, le buste à demi soulevé par d'épais coussins jetés à même le sol, que recouvrent des tapis aux dessins orientaux. La taille est très étroite, le cou
25 mince et long, courbé de côté, la tête rejetée en arrière dans une zone plus obscure où se devinent pourtant les traits du visage, la bouche entrouverte, les grands yeux ouverts, brillant d'un éclat fixe, et la masse des cheveux longs, noirs, répandus en ondulations au désordre très composé sur une étoffe aux plis lourds, un velours peut-être, sur lequel reposent aussi le bras et l'épaule.

30   C'est un velours uni, violet sombre, ou qui semble tel sous cet éclairage. Mais le violet, le brun, le bleu, paraissent aussi dominer dans les teintes des coussins—dont l'étoffe de velours ne cache qu'une faible part et qui dépassent plus bas largement sous le buste et sous la taille—ainsi que dans les dessins orientaux des tapis sur le sol. Plus loin, ces mêmes couleurs se retrouvent encore dans la pierre elle-même des
35 dalles et des colonnes, les arcs des voûtes, l'escalier, les surfaces plus incertaines où se perdent les limites de la salle.

Il est difficile de préciser les dimensions de celle-ci; la jeune femme sacrifiée semble au premier abord y occuper une place importante, mais les vastes proportions de l'escalier qui descend jusqu'à elle indiqueraient au contraire qu'il ne s'agit
40 pas là de la salle entière, dont l'étendue considérable doit en réalité se prolonger de toute part, à droite et à gauche, comme vers ces lointains bruns et bleus où s'alignent les colonnes, dans tous les sens, peut-être vers d'autres sofas, tapis épais, amoncellements de coussins et d'étoffes, d'autres corps suppliciés, d'autres brûle-parfum

_____

[2] **aréolée**   entourée d'un cercle rougeâtre

Il est difficile aussi de dire d'où vient la lumière. Aucun indice, sur les colonnes ou sur le sol, ne donne la direction des rayons. Il n'y a d'ailleurs aucune fenêtre visible, aucun flambeau. C'est le corps laiteux lui-même qui semble éclairer la scène, la gorge aux seins gonflés, la courbe des hanches, le ventre, les cuisses pleines, les jambes étendues, largement ouvertes, et la toison noire du sexe exposé, provocant, 5 offert, désormais inutile.

L'homme s'est éloigné déjà de quelques pas. Il est maintenant déjà sur les premières marches de l'escalier qu'il s'apprête à gravir. Les marches inférieures sont longues et larges, comme les degrés menant à quelque édifice, temple ou théâtre; elles diminuent ensuite progressivement à mesure qu'elles s'élèvent, et 10 amorcent en même temps un ample mouvement d'hélice, si atténué que l'escalier n'a pas encore accompli une demi-révolution au moment où, réduit à un étroit et raide passage sans garde-fou, plus incertain d'ailleurs dans l'obscurité qui s'épaissit, il disparaît vers le haut des voûtes.

Mais l'homme ne regarde pas de ce côté, où vont cependant le porter ses pas; le 15 pied gauche sur la seconde marche et le droit déjà posé sur la troisième, genou plié, il s'est retourné pour contempler une dernière fois le spectacle. Le long manteau flottant qu'il a jeté hâtivement sur ses épaules, et qu'il retient d'une main à hauteur de la taille, a été entraîné par la rotation rapide qui vient de ramener la tête et le buste dans la direction opposée à sa marche, un pan d'étoffe soulevé en l'air comme 20 sous l'effet d'un coup de vent; le coin, qui s'enroule sur lui-même en un S assez lâche, laisse voir la doublure de soie rouge à broderies d'or.

Les traits de l'homme sont impassibles, mais tendus, comme dans l'attente—la crainte peut-être—de quelque événement soudain, ou plutôt surveillant d'un dernier coup d'œil l'immobilité totale de la scène. Bien qu'il regarde ainsi en 25 arrière, tout son corps est resté légèrement penché vers l'avant, comme s'il poursuivait encore son ascension. Le bras droit—celui qui ne retient pas le bord du manteau—est à demi tendu vers la gauche, vers un point de l'espace où devrait se trouver la rampe si cet escalier en comportait une, geste interrompu, à peu près incompréhensible, à moins qu'il ne s'agisse là que d'une ébauche instinctive pour se 30 retenir à l'appui absent.

Quant à la direction du regard, elle indique avec certitude le corps de la victime qui gît[3] sur les coussins, ouverte, les membres étendus en croix, le buste un peu soulevé, la tête rejetée en arrière. Mais peut-être le visage est-il caché aux yeux de l'homme par une des colonnes, qui se dresse au bas des marches. La main droite de la 35 jeune femme touche le sol juste au pied de celle-ci. Un épais bracelet de fer enserre le poignet fragile. Le bras est presque dans l'ombre, la main seule recevant assez de lumière pour que les doigts fins, écartés, soient nettement visibles contre le renflement circulaire qui sert de base au fût de pierre. Une chaîne en métal noir l'entoure et passe dans un anneau dont est muni le bracelet, liant ainsi étroitement le poignet à 40 la colonne.

À l'autre extrémité du bras, une épaule ronde, soulevée par les coussins, est, elle aussi, bien éclairée, ainsi que le cou, la gorge et l'autre épaule, l'aisselle avec son

---

[3] **gît**   de gésir (être couché), verbe archaïque utilisé seulement pour parler des morts

duvet, le bras gauche également tendu en arrière et le poignet fixé de la même façon à la base d'une autre colonne, toute proche au premier plan ; ici le bracelet de fer et la chaîne sont en pleine évidence, dessinés avec une netteté parfaite dans leurs moindres détails.

5   Il en va de même, au premier plan encore mais de l'autre côté, pour une chaîne semblable, bien qu'un peu moins grosse, qui emprisonne directement la cheville, en fait deux fois le tour et l'immobilise contre un fort anneau scellé au sol. À un mètre environ en arrière, ou à peine plus, le pied droit se trouve enchaîné d'une manière identique. Mais c'est le gauche et sa chaîne qui sont représentés avec le plus de
10 précision.

Le pied est petit, délicat, modelé avec finesse. La chaîne par endroit a écrasé la chair, y creusant des dépressions sensibles quoique de faible étendue. Les maillons sont de forme ovale, épais, de la taille d'un œil. L'anneau ressemble à ceux qui servent à attacher les chevaux ; il est presque couché sur la dalle de pierre à laquelle
15 il est fixé par un piton massif. Le bord d'un tapis commence quelques centimètres plus loin ; il se soulève ici sous l'effet d'un plissement, provoqué sans doute par les mouvements convulsifs, bien que forcément très limités, de la victime, quand elle a essayé de se débattre.

L'homme est encore à demi-penché sur elle, debout à un mètre de distance. Il
20 contemple son visage renversé, les yeux sombres agrandis par le fard, la bouche grande ouverte comme si elle était en train de hurler. La position de l'homme ne laisse voir de sa propre figure qu'un profil perdu, mais que l'on devine en proie à une exaltation violente en dépit de l'attitude rigide, du silence, de l'immobilité. Le dos est un peu voûté. La main gauche, seule visible, tient assez loin du corps une pièce
25 d'étoffe, quelque vêtement de teinte foncée, qui traîne jusque sur le tapis, et qui doit être la longue cape à doublure brodée d'or.

Cette silhouette massive masque en grande partie la chair nue où la tache rouge, qui s'est répandue sur l'arrondi du sein, coule en longs filets qui se ramifient en s'amenuisant, sur le fond pâle du torse et de tout le côté. L'un d'entre eux a atteint
30 l'aisselle et trace une fine ligne presque droite le long du bras ; d'autres ont descendu vers la taille et dessiné sur un côté du ventre, la hanche, le haut de la cuisse, un réseau plus hasardeux qui déjà se fige. Trois ou quatre veinules se sont avancées jusqu'au creux de l'aine et réunies en un trait sinueux, qui rejoint la pointe du V formé par les jambes ouvertes, et se perd dans la toison noire.

35   Voilà, maintenant la chair est encore intacte : la toison noire et le ventre blanc, la courbe molle des hanches, la taille étroite et, plus haut, les seins nacrés qui se soulèvent au gré d'une respiration rapide, dont maintenant le rythme se précipite encore. L'homme, tout contre elle, un genou en terre, se penche davantage. La tête aux longs cheveux bouclés, qui seule a conservé quelque liberté de mouvement,
40 s'agite, se débat ; enfin la bouche de la fille s'ouvre et se tord, tandis que la chair cède, le sang jaillit sur la peau tendre, tendue, les yeux noirs au fard savant s'agrandissent de façon démesurée, la bouche s'ouvre encore plus, la tête va de droite et de gauche, avec violence, une dernière fois, puis plus doucement, pour à la fin retomber en arrière et s'immobiliser, dans la masse des cheveux noirs répandus sur le velours.

45   Tout en haut de l'escalier de pierre, la petite porte est ouverte, laissant entrer une

lumière jaune mais soutenue, sur laquelle se détache à contre-jour la silhouette sombre de l'homme enveloppé dans sa longue cape. Il n'a plus que quelques marches à gravir pour atteindre le seuil.

Ensuite, tout le décor est vide, l'immense salle aux ombres violettes avec ses colonnes de pierre qui se multiplient de tous côtés, l'escalier monumental sans garde-fou qui monte en tournant, plus étroit et plus incertain à mesure qu'il s'élève dans l'obscurité, vers le haut des voûtes où il se perd. 5

Près du corps dont la blessure s'est figée, dont l'éclat déjà s'atténue, la fumée légère du brûle-parfum dessine dans l'air calme des volutes compliquées : c'est d'abord une torsade couchée sur la gauche, qui se relève ensuite et gagne un peu de hauteur, puis revient vers l'axe de son point de départ, qu'elle dépasse même sur la droite, repart de nouveau dans l'autre sens, pour revenir encore, traçant ainsi une sinusoïde[4] irrégulière, de plus en plus amortie, qui monte, verticalement, vers le haut de la toile. 10

QUESTIONS

« Le Remplaçant »

1. Où le narrateur du récit se situe-t-il par rapport au garçon au dehors?
2. Comment interprétez-vous les gestes du garçon?
3. La façon dont l'élève résume l'histoire de la conjuration change-t-elle son sens?
4. Y a-t-il une interprétation « correcte » des événements du complot?
5. Quel est le rapport entre le résumé et le spectacle au dehors?
6. Pourquoi le pantin en papier attire-t-il l'attention des élèves?
7. Quelle est l'importance du fait que les élèves ne peuvent pas voir l'objet du regard du répétiteur?
8. Comment le pantin en papier remplace-t-il pour les élèves le garçon et ses gestes?
9. Quels sont les rapports entre les trois éléments essentiels du récit : le garçon au dehors, le pantin en papier, le texte historique?
10. Peut-on dégager du « Remplaçant » une théorie de la littérature?

‹ *La Chambre secrète* »

1. Quelle sorte de tension est produite par le contraste entre la nature du décor et l'exactitude de sa description?
2. Comment l'état d'esprit du narrateur se reflète-t-il dans sa description du corps de la victime?
3. Quel est le rapport entre la fuite du criminel et le déroulement temporel du récit?
4. Pourquoi l'attention du narrateur est-elle attirée longtemps par les chaînes?
5. Par quels détails la scène du sacrifice de la femme se relie-t-elle aux descriptions antérieures du corps?
6. Comment expliquez-vous la répétition du crime?
7. Quelle est la part de la subjectivité, de l'objectivité, dans ce récit?
8. Par quelles techniques Robbe-Grillet les oppose-t-il?
9. Pouvez-vous rattacher la nature du regard du narrateur aux développements dans la science et dans la philosophie contemporaines?
10. Comment Robbe-Grillet fait-il s'estomper dans ce récit les frontières entre littérature et cinéma?

---

[4] **sinusoïde**   courbe géometrique en forme d'un S

Birago Diop
(1906–   )

*Puisant dans les richesses d'expression, d'émotion et d'expérience
des deux mondes qu'il connaît, la France et l'Afrique, Birago
Diop emploie la langue de l'un pour révéler la beauté, le
mystère et la vie profonde de l'autre. Né au Sénégal en 1906, il
étudia à l'université de Toulouse avant de retourner travailler en
Afrique comme officier vétérinaire dans l'emploi du gouvernement
colonial. Se révoltant contre ce qu'on appelait « la mission
civilisatrice de la France », ce Sénégalais recherche ses racines et
la source de sa puissance créatrice dans les croyances, les coutumes
et les valeurs de son continent natal. Écrivant en français
(voilà le paradoxe de tout Africain voulant communiquer par
l'écriture!), Diop préserve et recrée à la fois une partie très
belle de la tradition africaine. Il est surtout connu comme
conteur :* Les Contes d'Amadou Koumba *(1947),* Les
Nouveaux Contes d'Amadou Koumba *(1958),* Contes et
Lavanes *(1963); mais il a publié aussi des poèmes :* Leurres
et Lueurs *(1960).*

*Les contes de Birago Diop ont leur origine dans la tradition
orale de l'Afrique. Récitées rituellement à un groupe la nuit par
un conteur souvent professionnel, un griot, les histoires folkloriques
furent répétées par les gens qui les écoutaient. Pendant la
cérémonie on interpolait des chansons et des danses. Ainsi tout
en servant de divertissement les contes africains remplissaient une
fonction didactique : ils enseignaient aux jeunes pendant des
veillées émotionnellement impressionnantes les croyances et les
valeurs de leurs ancêtres.*

Dans l'introduction des Contes d'Amadou Koumba, *le
recueil dont « Sarzan » est tiré, Diop prétend ne faire que
traduire et répéter—mais moins bien, dit-il—les vieilles légendes
que, jeune, il a entendu réciter par le griot de sa famille,
Amadou Koumba. Bien que les éléments traditionnels des contes
africains se trouvent dans la collection de Diop (par exemple,
le mélange de l'humain, du naturel et du surnaturel; l'animisme
de l'univers; le manque de barrière entre la vie et la mort; les
animaux avec des personnalités et des faiblesses humaines), le
talent particulier de Diop est partout évident dans la richesse
cadencée et imagée de sa langue, l'expression poétique de sa
vision et la structure dramatique de ses créations. « Sarzan»,
en effet, fut représenté dans une mise en scène de Lamine
Diakhaté.*

« *Sarzan* » est l'aventure d'un ancien sergent africain revenu à
son village natal. Selon toute probabilité ce conte est la création
de Diop et ne doit rien au griot. Dans ce récit on voit l'Afrique
de deux points de vue différents : celui de Kéita, le sergent,
influencé à un tel degré par les Français qu'il veut se révolter
contre sa culture natale pour « civiliser » les « sauvages »
africains ; et celui du narrateur qui, aimant les traditions
indigènes, emploie une ironie mordante pour se moquer des
valeurs de la « civilisation » européenne. Dès le commencement
du conte, on apprend que les indigènes tiennent beaucoup à leurs
croyances. L'emprise de leur religion se révèle à travers le récit
pour culminer dans deux poèmes, chants musicaux maintenant
célèbres en dehors de ce conte où l'on peut la sentir comme une
force surnaturelle. Alors que le premier poème décrit la vie intense
de l'univers animé, le second révèle la peur et l'horreur de
l'ordre renversé. Ce n'est donc pas seulement par son récit et par
ses personnages que Birago Diop saisit son lecteur ; c'est aussi, et
peut-être surtout, par sa puissance poétique.

BIBLIOGRAPHIE

Diop, Birago. *Birago Diop, écrivain sénégalais* (Textes commentés par Roger Mercier et M. et
   S. Battestini). Paris : F. Nathan, 1964.
Kesteloot, Lilyan. *Les Écrivains noirs de langue française : Naissance d'une littérature.* Bruxelles :
   Institut de Sociologie de l'Université Libre de Bruxelles, 1965.
Senghor, Léopold Sédar. « Préface d'Amadou Koumba à Birago Diop », in Diop, Birago.
   Les Nouveaux Contes d'Amadou Koumba. Paris : Présence Africaine, 1958.

Sarzan

Les ruines s'amoncelaient indistinctes des termitières, et seule une coquille d'œuf
d'autruche, fêlée et jaunie aux intempéries, indiquait encore, à la pointe d'un haut
piquet, l'emplacement du mirab[1] de la mosquée qu'avaient bâtie les guerriers d'El
Hadj Omar.[2] Le conquérant toucouleur[3] avait fait couper les tresses et raser les
têtes des pères de ceux qui sont maintenant les plus vieux du village. Il avait fait 5
trancher le cou de ceux qui ne s'étaient pas soumis à la loi coranique. Les vieux du
village ont à nouveau leurs cheveux tressés. Le bois sacré que les talibés fanatiques[4]

---

[1] **mirab**   pierre frontale d'une mosquée
[2] **El Hadj Omar**   conquérant toucouleur, c. 1797–1864.
[3] **toucouleur**   race mixte, réputée pour son arrogance, qui habite le Sénégal.
[4] **talibés**   prêtres au bas de l'hiérarchie musulmane

avaient brûlé, depuis longtemps, a repoussé et abrite encore les objets du culte, les canaris blanchis à la bouillie de mil ou brunis du sang caillé des poulets et des chiens sacrifiés.

Comme des rameaux tombés au hasard des fléaux, ou des fruits mûrs du bout des
5 branches gonflées de sève, des familles s'étaient détachées de Dougouba[5] pour essaimer plus loin des petits villages, des Dougoubani. Des jeunes gens étaient partis travailler à Ségou, à Bamako, à Kayes, à Dakar[6]; d'autres s'en allaient labourer les champs d'arachides du Sénégal et s'en revenaient la récolte faite et la traite finie. Tous savaient que la racine de leur vie était toujours à Dougouba qui avait effacé
10 toutes traces des hordes de l'Islam et repris les enseignements des ancêtres.

Un enfant de Dougouba s'en était allé plus loin et plus longtemps que les autres · Thiémokho Kéita.

De Dougouba, il avait été au chef-lieu du cercle,[7] de là à Kati, de Kati à Dakar, de Dakar à Casablanca, de Casablanca à Fréjus, puis à Damas.[8] Parti soldat du Soudan,
15 Thiémokho Kéita avait fait l'exercice au Sénégal, la guerre au Maroc, monté la garde en France et patrouille au Liban. Sergent, il s'en revenait, en ma compagnie, à Dougouba.

En tournée dans ce cercle qui est au cœur du Soudan, j'avais trouvé, dans le bureau de l'Administrateur, le sergent Kéita qui venait d'être démobilisé et
20 qui désirait s'engager dans le corps des gardes-cercles ou dans le cadre des interprètes.

— Non, lui avait dit le Commandant du cercle. Tu rendras davantage service à l'Administration en retournant dans ton village. Toi qui as beaucoup voyagé et beaucoup vu, tu apprendras un peu aux autres comment vivent les blancs. Tu les
25 « civiliseras » un peu. Tenez, avait-il continué, en s'adressant à moi, puisque vous allez par là, emmenez donc Kéita avec vous, vous lui éviterez les fatigues de la route et vous lui ferez gagner du temps. Voilà quinze ans qu'il était parti de son trou.

Et nous étions partis.

Dans la camionnette où nous occupions, le chauffeur, lui et moi, la banquette de
30 devant, tandis que derrière, entre la caisse-popote, le lit-picot[9] et les caisses de sérum et de vaccin, s'entassaient cuisiniers, infirmiers, aide-chauffeur et garde-cercle, le sergent Kéita m'avait raconté sa vie de soldat, puis de gradé; il m'avait raconté la guerre du Riff du point de vue d'un tirailleur noir, il m'avait parlé de Marseille, de Toulon, de Fréjus, de Beyrouth. Devant nous, il semblait ne plus voir la
35 route en « tôle ondulée »[10] faite de branches coupées et recouvertes d'une couche d'argile qui s'en allait maintenant à la chaleur torride et, à la grande sécheresse, en poussière, en une poussière fine et onctueuse qui plaquait sur nos visages un masque jaunâtre, craquait sous nos dents et cachait, dans notre sillage, les cynocéphales[11] hurleurs et les biches peureuses et bondissantes. Il lui semblait, dans la brume

[5] **Dougouba** village de la république du Mali près du fleuve Niger situé au nord-est de Ségou
[6] **Ségou, Bamako, Kayes** villes importantes de la république du Mali; **Dakar** capitale du Sénégal.
[7] **cercle** circonscription administrative dans les territoires français d'outre-mer
[8] **Damas** capitale de la Syrie
[9] **la caisse-popote, le lit-picot** termes des colons pour désigner la cuisine et le lit
[10] **« tôle ondulée »** nom souvent donné en Afrique aux chemins rugueux faits de terre
[11] **cynocéphales** singes d'Afrique

calcinée et haletante, revoir les minarets de Fez, la foule grouillante de Marseille, les immenses et hautes demeures de France, la mer trop bleue.

A midi, nous étions au village de Madougou; la route n'était plus tracée, nous avions pris chevaux et porteurs pour arriver à Dougouba à la tombée de la nuit.

— Quand tu reviendras ici, avait dit Kéita, tu arriveras jusqu'à Dougouba en 5 auto, car, dès demain, je vais faire travailler à la route.

Le roulement sourd d'un tam-tam avait annoncé l'approche du village; puis la masse grise des cases s'était détachée, sommée du gris plus sombre de trois palmiers, sur le gris clair du ciel. Sur trois notes, le tam-tam bourdonnait maintenant, soutenant la voix aigre d'une flûte. Des lueurs léchaient les cimes des palmiers. Nous 10 étions dans Dougouba. J'étais descendu le premier et demandai le Chef du village :

— Dougou-tigui (Chef de village), voici ton fils, le sergent Kéita.

Thiémokho Kéita avait sauté de son cheval. Comme si le bruit de ses souliers sur le sol avait été un signal, le tam-tam s'arrêta et la flûte se tut. Le vieillard lui prit les deux mains tandis que d'autres vieillards lui touchaient les bras, les épaules, les 15 décorations. De vieilles femmes accourues tâtaient à genoux ses molletières; et, sur les visages gris, des larmes brillaient dans les rides que traversaient des balafres, et tous disaient :

— Kéita! Kéita! Kéita!...

— Ceux-là, chevrota enfin le vieillard, ceux-là, qui ont reconduit tes pas au 20 village en ce jour, sont bons et généreux.

C'était en effet un jour qui ne ressemblait pas aux autres jours dans Dougouba. C'était le jour du Kotéba, le jour de l'Épreuve.[12]

Le tam-tam avait repris son ronflement que perçait le sifflement aigu de la flûte. Dans le cercle de femmes, d'enfants et d'hommes mûrs, les jeunes gens, torse nu, 25 à la main une longue branche effeuillée de balazan,[13] souple comme un fouet, tournaient à la cadence du tam-tam. Au centre de ce cercle mouvant, le flûtiste, coudes et genoux à terre, lançait ses trois notes, toujours les mêmes. Au-dessus de lui, un jeune homme venait se mettre, jambes écartées, bras étendus en croix, et les autres, en passant près de lui, faisaient siffler leur cravache; le coup tombait 30 sur le buste, laissant un bourrelet gros comme le pouce, arrachant parfois la peau. La voix aigre de la flûte montait d'un ton, le tam-tam se faisait plus sourd, les cravaches sifflaient, le sang ruisselait, reflétant, sur le corps brun-noir, la lueur des fagots et des tiges de mil sèches qui montait jusqu'aux cimes des palmiers, qu'un vent léger faisait grincer faiblement. Kotéba! Épreuve d'endurance, épreuve d'in- 35 sensibilité à la douleur. L'enfant qui pleure en se faisant mal n'est qu'un enfant, l'enfant qui pleure quand on lui fait mal ne fera pas un homme.

Kotéba! Donne le dos, reçois le coup, tourne-toi et rends-le, Kotéba!

— C'est encore là des manières de sauvages!

Je me retournai; c'était le sergent Kéita qui venait de me rejoindre au tam-tam. 40

Des manières de sauvages? Cette épreuve qui faisait, entre d'autres, les hommes durs, les hommes rudes! Qui avait fait que les aînés de ces jeunes gens pouvaient

---

[12] **le Kotéba, le jour de l'Épreuve**   rite de passage pour initier les garçons à la force physique, spirituelle et morale

[13] **balazan**   bois très souple

marcher des jours durant, d'énormes charges sur la tête; qui faisait que lui, Thié-mokho Kéita, et ses semblables, s'étaient battus vaillamment là-bas sous le ciel gris où le soleil lui-même est très souvent malade, qu'ils avaient peiné, sac au dos, supporté le froid, la soif, la faim.

5   Manières de sauvage? Peut-être bien. Mais je pensais qu'ailleurs, chez nous, nous n'en étions même plus à la première initiation que pour les jeunes conscrits, « la-case-des-hommes » n'existait plus où l'on trempait le corps, l'esprit et le caractère; où les passines, devinettes à double sens, s'apprenaient à coups de bâton sur le dos courbé et sur les doigts tendus, et les kassaks,[14] les chants exerce-mémoire dont les
10   mots et les paroles[15] qui nous sont venus des nuits obscures, entraient dans nos têtes avec la chaleur des braises qui brûlaient les paumes de la main. Je pensais que nous n'y avions encore rien gagné selon toute apparence, que nous avions peut-être dépassé ceux-ci sans avoir rejoint ceux-là.[16]

Le tam-tam bourdonnait toujours, soutenant la voix perçante de la flûte. Les
15   feux mouraient et renaissaient. Je regagnai la case qui m'était préparée. Il y flottait, mêlée à l'odeur épaisse du banco, argile pétrie avec de la paille hachée et pourrie qui la rendait, une fois sèche, à l'épreuve de la pluie, une odeur plus subtile, celle des morts dont le nombre—trois—était indiqué par des cornes fichées au mur à hauteur d'homme. Car, à Dougouba, le cimetière aussi avait disparu et les morts continuaient
20   à vivre avec les vivants; ils étaient enterrés dans les cases.

Le soleil chauffait déjà, mais Dougouba dormait encore, ivre de fatigue et de dolo (les calebasses[17] de bière de mil avaient circulé de mains en bouches et de bouches en mains toute la nuit) lorsque je repris le chemin du retour.

— Au revoir, m'avait dit Kéita, quand tu reviendras ici, la route sera faite, je te
25   le promets.

Le travail dans d'autres secteurs et dans d'autres cercles ne me permit de retourner à Dougouba qu'un an plus tard.

C'était la fin d'après-midi d'une lourde journée. L'air semblait une masse épaisse, gluante et chaude, que nous fendions péniblement.

30   Le sergent Kéita avait tenu parole, la route allait jusqu'à Dougouba. Au bruit de l'auto, comme dans tous les villages, la marmaille toute nue, le corps gris-blanc de poussière, avait paru au bout de la route, suivie de chiens roux aux oreilles écourtées et aux côtes saillantes. Au milieu des enfants, se tenait un homme qui gesticulait et agitait une queue de vache attachée à son poignet droit. Quand l'auto s'arrêta, je vis
35   que c'était le sergent Thiémokho Kéita, qu'entouraient chiens et enfants. Il portait, sous sa vareuse déteinte, sans boutons et sans galons, un boubou[18] et une culotte faite de bandes de coton jaune-brun, comme les vieux des villages. La culotte s'arrêtait au-dessus des genoux, serrée par des cordelettes. Il avait ses molletières, elles étaient en lambeaux. Il était nu-pieds et portait son képi.[19]

---

[14] **kassaks**   chansons qu'apprennent les garçons dans la « Case des Hommes » avant d'être initiés
[15] c'est-à-dire, les mots et les idées qu'ils expriment
[16] **ceux-ci**   les vieilles coutumes; **ceux-là**   les manières des « civilisés »
[17] **dolo**   toute boisson alcoolique; **calebasses**   gourdes
[18] **boubou**   robe d'homme qui va de l'épaule jusqu'au genou
[19] **képi**   coiffure militaire d'origine française

Je lui tendis la main et dis :
— Kéita !
Comme une volée de moineaux-mange-mil, la marmaille s'éparpilla en piaillant :
— Ayi ! Ayi ! (Non ! Non !)
Thiémokho Kéita n'avait pas pris ma main. Il me regardait, mais semblait ne pas 5
me voir. Son regard était si lointain que je ne pus m'empêcher de me retourner pour
voir ce que ses yeux fixaient à travers les miens. Soudain, agitant sa queue de vache,
il se mit à crier d'une voix rauque :

> Écoute plus souvent
> Les choses que les êtres,
> La voix du feu s'entend, 10
> Entends la voix de l'eau.
> Écoute dans le vent
> Le buisson en sanglot :
> C'est le souffle des ancêtres. 15

— Il est complètement fato (fou), dit mon chauffeur à qui j'imposai silence. Le
sergent Kéita criait toujours :

Ceux qui sont morts ne sont jamais partis
Ils sont dans l'ombre qui s'éclaire
Et dans l'ombre qui s'épaissit, 20
Les morts ne sont pas sous la terre
Ils sont dans l'arbre qui frémit,
Ils sont dans le bois qui gémit,
Ils sont dans l'eau qui coule,
Ils sont dans l'eau qui dort, 25
Ils sont dans la case, ils sont dans la foule
   Les morts ne sont pas morts.

> Écoute plus souvent
> Les choses que les êtres,
> La voix du feu s'entend, 30
> Entends la voix de l'eau.
> Écoute dans le vent
> Le buisson en sanglot :
> C'est le souffle des ancêtres.
> Le souffle des ancêtres morts 35
> Qui ne sont pas partis,
> Qui ne sont pas sous terre,
> Qui ne sont pas morts.

Ceux qui sont morts ne sont jamais partis,
Ils sont dans le sein de la femme, 40
Ils sont dans l'enfant qui vagit.

Et dans le tison qui s'enflamme.
Les morts ne sont pas sous la terre,
Ils sont dans le feu qui s'éteint,
Ils sont dans le rocher qui geint, 45

Ils sont dans les herbes qui pleurent,
Ils sont dans la forêt, ils sont dans la demeure,
Les morts ne sont pas morts.

  Écoute plus souvent
5 Les choses que les êtres,
  La voix du feu s'entend,
  Entends la voix de l'eau.
  Écoute dans le vent
  Le buisson en sanglot:
10 C'est le souffle des ancêtres.

Il redit chaque jour le pacte,
Le grand pacte qui lie,
Qui lie à la loi notre sort;
Aux actes des souffles plus forts
15 Le sort de nos morts qui ne sont pas morts,
Le lourd pacte qui nous lie à la vie,
La lourde loi qui nous lie aux actes
Des souffles qui se meurent.
Dans le lit et sur les rives du fleuve,
20 Des souffles qui se meuvent
Dans le rocher qui geint et dans l'herbe qui pleure.
Des souffles qui demeurent
Dans l'ombre qui s'éclaire ou s'épaissit,
Dans l'arbre qui frémit, dans le bois qui gémit,
25 Et dans l'eau qui coule et dans l'eau qui dort,
Des souffles bien plus forts,
Des souffles qui ont pris
Le souffle des morts qui ne sont pas morts,
Des morts qui ne sont pas partis,
30 Des morts qui ne sont plus sous terre.

  Écoute plus souvent
  Les choses que les êtres...

  Les enfants étaient revenus, entourant le vieux chef de village et ses notables. Après les salutations, je demandai ce qui était arrivé au sergent Kéita.
35 — Ayi! Ayi! dirent les vieillards. Ayi! Ayi! piaillèrent les enfants.
  — Non! Pas Kéita, fit le vieux père, Sarzan! (Sergent!) Sarzan seulement. Il ne faut pas réveiller la colère de ceux qui sont partis. Sarzan n'est plus un Kéita. Les morts et les Génies se sont vengés de ses offenses.

  Cela avait commencé dès le lendemain de son arrivée, le jour même de mon 40 départ de Dougouba.
  La sergent Thiémokho Kéita avait voulu empêcher son père de sacrifier un poulet blanc aux mânes[20] des ancêtres pour les remercier de l'avoir ramené sain et sauf au pays. Il avait déclaré que, s'il était revenu, c'est que tout simplement il devait

---

[20] **mânes** esprits

revenir et que les aïeux n'y avaient jamais été pour rien. Qu'on laisse tranquilles les morts, avait-il dit, ils ne peuvent plus rien pour les vivants. Le vieux chef de village avait passé outre et le poulet avait été sacrifié.

Au moment des labours, Thiémokho avait prétendu inutile et même idiot de tuer des poulets noirs et d'en verser le sang dans un coin des champs. Le travail, 5 avait-il dit, suffit, et la pluie tombera si elle doit tomber. Le mil, le maïs, les arachides, les patates, les haricots pousseront tout seuls, et pousseront mieux si l'on se servait des charrues que le commandant de cercle lui avait envoyées. Il avait coupé et brûlé des branches du Dassiri, l'arbre sacré, protecteur du village et des cultures, au pied duquel on avait sacrifié des chiens. 10

Le jour de la circoncision des petits garçons et de l'excision des petites filles, le sergent Kéita avait sauté sur le Gangourang, le maître des enfants qui dansait et chantait. Il lui avait arraché le paquet de piquants de porc-épic qu'il portait sur la tête et le filet qui lui voilait le corps. Il avait déchiré le cône d'étoffe jaune sommé d'une touffe de gris-gris[21] et de rubans que portait le Mama Djombo, le grand-père- 15 au-bouquet, maître des jeunes filles. Le sergent Kéita avait déclaré que c'était là des « manières de sauvages », et pourtant il avait vu le carnaval à Nice et les masques hilares ou terrifiants. Il est vrai que les Toubab, les Blancs, portaient des masques pour s'amuser et non pas pour enseigner aux enfants les rudiments de la sagesse des anciens. 20

Le sergent Kéita avait décroché le sachet pendu dans sa case et qui enfermait le Nyaboli, le Génie de la famille du vieux Kéita, et il l'avait jeté dans la cour, où les chiens efflanqués faillirent l'arracher aux petits enfants avant l'arrivée du vieux chef.

Il était entré un matin dans le Bois sacré et il avait brisé les canaris[22] qui contenaient de la bouillie de mil et du lait aigre. Il avait renversé les statuettes et les pieux 25 fourchus sur lesquels le sang durci collait des plumes de poulets. « Manières de sauvages », avait-il décrété. Cependant, le sergent Kéita était entré dans des églises ; il y avait vu des statuettes de saints et des Saintes-Vierges devant lesquelles brûlaient des cierges. Il est vrai que ces statuettes étaient couvertes de dorures et de couleurs vives, bleues, rouges, jaunes, qu'elles étaient, c'est certain, plus belles que les 30 nains noircis aux bras longs, aux jambes courtes et torses, taillés dans le vène, le cailcédrat et l'ébène, qui peuplaient le Bois sacré.

Le commandant de cercle avait dit : « Tu les civiliseras un peu », et le sergent Thiémokho Kéita allait « civiliser » les siens. Il fallait rompre avec la tradition, tuer les croyances sur lesquelles avaient toujours reposé la vie du village, l'existence 35 des familles, les actes des gens... Il fallait extirper les superstitions. Manières de sauvages... Manières de sauvages, le dur traitement infligé aux jeunes circoncis pour ouvrir leur esprit et former leur caractère et leur apprendre que nulle part, en aucun moment de leur vie, ils ne peuvent, ils ne doivent être seuls. Manières de sauvages, le Kotéba qui forge les vrais hommes sur qui la douleur ne peut avoir de 40 prise... Manières de sauvages, les sacrifices, le sang offert aux ancêtres et à la terre... Manières de sauvages, la bouillie de mil et le lait caillé versés aux Esprits errants et aux Génies protecteurs...

---

[21] **gris-gris**   charmes
[22] **canaris**   poteries

Le sergent Kéita disait cela à l'ombre de l'arbre-aux-palabres, aux jeunes et aux vieux du village.

Ce fut aux abords du crépuscule que le sergent Thiémokho Kéita eut sa tête changée. Appuyé contre l'arbe-aux-palabres, il parlait, parlait, parlait, contre le
5   féticheur qui avait sacrifié le matin même des chiens, contre les vieux qui ne voulaient pas l'écouter, contre les jeunes qui écoutaient encore les vieux. Il parlait lorsque, soudain, il sentit comme une piqûre à son épaule gauche; il se retourna. Quand il regarda à nouveau ses auditeurs, ses yeux n'étaient plus les mêmes. Une bave mousseuse et blanche naissait aux coins de ses lèvres. Il parla, et ce n'étaient
10   plus les mêmes paroles qui sortaient de sa bouche. Les souffles avaient pris son esprit et ils criaient maintenant leur crainte :

Nuit noire! Nuit noire!

disait-il à la tombée de la nuit, et les enfants et les femmes tremblaient dans les cases.

15   Nuit noire! Nuit noire!

criait-il au lever du jour,

Nuit noire! Nuit noire!

hurlait-il en plein midi. Nuit et jour les souffles et les Génies et les ancêtres le faisaient parler, crier et chanter...
20   ... Ce ne fut qu'à l'aube que je pus m'assoupir dans la case où vivaient les morts et toute la nuit j'avais entendu le sergent Kéita aller et venir, hurlant, chantant et pleurant :

Dans le bois obscurci
Les trompes hurlent, hululent sans merci
25   Sur les tam-tams maudits
Nuit noire! Nuit noire!

Le lait s'est aigri
Dans les calebasses,
La bouillie a durci
30   Dans les vases,
Dans les cases
La peur passe, la peur repasse,
Nuit noire! Nuit noire!

Les torches qu'on allume
35   Jettent dans l'air
Des lueurs sans volume,
Sans éclat, sans éclair;
Les torches fument,
Nuit noire! Nuit noire!

Des souffles surpris
Rôdent et gémissent
Murmurant des mots désappris,
Des mots qui frémissent,
Nuit noire! Nuit noire!   5

Du corps refroidi des poulets
Ni du chaud cadavre qui bouge,
Nulle goutte n'a coulé,
Ni de sang noir, ni de sang rouge,
Nuit noire! Nuit noire!   10
Les trompes hurlent, hululent sans merci
Sur les tam-tams maudits.
Peureux, le ruisseau orphelin
Pleure et réclame
Le peuple de ses bords éteints   15
Errant sans fin, errant en vain,
Nuit noire! Nuit noire!
Et dans la savane sans âme
Désertée par le souffle des anciens,
Les trompes hurlent, hululent sans merci   20
Sur les tam-tams maudits,
Nuit noire! Nuit noire!

Les arbres inquiets
De la sève qui se fige   25
Dans leurs feuilles et dans leur tige
Ne peuvent plus prier
Les aïeux qui hantaient leur pied,
Nuit noire! Nuit noire!

Dans la case où la peur repasse
Dans l'air où la torche s'éteint,   30
Sur le fleuve orphelin
Dans la forêt sans âme et lasse
Sous les arbres inquiets et déteints,
Dans les bois obscurcis
Les trompes hurlent, hululent sans merci   35
Sur les tam-tams maudits,
Nuit noire! Nuit noire!

   Personne n'osait plus l'appeler de son nom, car les génies et les ancêtres en
avaient fait un autre homme. Thiémokho Kéita était parti pour ceux du village, il ne
restait plus que Sarzan Sarzan-le-Fou   40

QUESTIONS

1. Comment apprenez-vous dès le début du conte l'emprise de la religion des ancêtres sur
   les indigènes?
2. Décrivez l'attitude coloniale envers les noirs.
3. Quel rite célèbre-t-on le jour où Kéita et le narrateur arrivent à Dougouba? Que fait-on
   pendant cette cérémonie?

4. Comment les morts « vivent »-ils à Dougouba? Quel rapport y a-t-il entre les vivants et leurs ancêtres dans ce village?

5. Quand le narrateur retourne au village un an plus tard, quels sont les changements qu'il y trouve?

6. Dans le poème qui commence: « Écoute plus souvent/ Les choses que les êtres... » quelles idées Sarzan exprime-t-il? Quel est le rôle des morts dans l'univers de ce poème?

7. Pour quelles raisons Sarzan s'est-il révolté contre les traditions de ses ancêtres? Quelles choses « scandaleuses » a-t-il faites?

8. Comment le narrateur emploie-t-il l'ironie pour se moquer de la « mission civilisatrice » de la France? Quel est l'effet du discours où il y a la répétition: « Manières de sauvages.... Manières de sauvages »?

9. Comment la peur se révèle-t-elle dans le poème à la fin du conte?

VOCABULAIRE

From this vocabulary have been omitted:

1. Articles, pronouns, numerals, and most prepositions and conjunctions.
2. Relatives, demonstratives, possessives, and interrogatives.
3. Inflected forms of verbs and nouns easily derived from verbs that are listed: *enseignement, grincement, plissement, retombée.*
4. Proper names, of both people and places.
5. Regularly formed adverbs, when the adjective is given and the meaning of the adverb corresponds to its meaning: *aimablement, chèrement, poliment, confidemment, évidemment.*
6. Words identical or nearly identical in form which have the same or a similar meaning in French and English: *table, simple, cigarette, téléphone, ajuster, délicieux, incrédibilité.*
7. Certain special or rare usages which occur only once and are translated in the footnotes.

Words in parentheses may be used in translation at the discretion of the reader.

Words in parentheses *and italics* are not part of the English equivalent; they merely give information.

An apostrophe is used to indicate an aspirate *h* at the beginning of a word

Following is a list of abbreviations used in the vocabulary:

adj.	adjective	*m.*	masculine
adv.	adverb	*n.*	noun
f.	feminine	*p.p.*	past participle
fam.	familiar	*pl.*	plural
	intransitive	*pop.*	popular
impers.	impersonal	*prep.*	preposition
inf.	infinitive	*sing.*	singular
interj.	interjection	*t.*	transitive
interr.	interrogative	*v.*	verb
inv.	invariable		

abaisser to lower

abandon *m.* abandon, ease, casualness, passion

abandonner to abandon, give up; **s'—** to give way to (emotion)

abattre to knock down, off; to fell; to kill; to do; to lay down, show one's hand (*at cards*); **s'—** to fall, crash down, sweep down (upon), swoop down

abbé *m.* Father (*mode of address for a Catholic priest*)

abdiquer to abdicate, renounce

abîme *m.* abyss, unfathomable depth(s)

abîmer to spoil, damage, injure; **s'—** o ʻe sunk, engulfed

abolir to abolish, do away with

abord *m.* approach; *pl* approaches, outskirts; **d'—** first, at first, to begin with, right away; **de prime —** to begin with first

aborder to approach

aboutir to lead, come out, succeed

aboyer to bark (at)

abreuvé watered

abri *m.* shelter; **à l'— de** sheltered from, in hiding

abriter to shelter; **s'—** to take shelter, take cover

abruti *m.* fool, idiot

abstraction *f.* abstraction, allowance; **faire — de** to disregard, leave out of account

accabler to overwhelm, crush, **accablé** worn out

accentuer to emphasize, increase; **s'—** to become clearer, more insistent

accès *m.* attack (of a disease); fit (of emotion)

accident *m.* accident, mishap, bad effect, palpitation

accommoder to make comfortable

accomplir to accomplish, finish

accord *m.* agreement, harmony

accorder to grant, allow; **s'— à** to be in tune with, let oneself go to

accoucheur *m.* doctor (who delivers babies)

s'accouder to lean on one's elbow

accourir to run up, come running, flock

accroc *m.* hitch, difficulty

accrocher to hook, catch, crash into; **s'—** to cling to

accroître to increase; **s'—** to grow, increase

s'accroupir to crouch, squat; **accroupi** crouching, squatting

accueil *m.* reception, welcome

accueillir to receive, greet, welcome, entertain

acculer to drive (s.o.) to the wall

accuser to accuse; **s'—** to become accentuated

acharnement *m.* desperate eagerness, relentlessness

achat *m.* purchase

s'acheminer to go, proceed

acheter to buy, purchase; **s'—** to sell for, bring (*price*)

achever (de) to end, finish, complete

acier *m.* steel

acquérir to acquire, conceive

acquiescement *m.* willingness

âcre acrid, bitter, tart, pungent

âcreté *f.* bitterness

actuel, -le present

adieu *m.* farewell, good-by

s'adosser to lean (one's) back against

adoucir to soften, sweeten

advenir to happen

aérer to ventilate

affaiblir to weaken; **s'—** to weaken, become dissipated, disappear

affaiblissement *m.* weakening

affaire *f.* affair, matter, thing (required), business, deal, transaction; *pl.* business; **donner — à** to keep busy; **être rond en —s** to deal squarely; **faire l'— de** to answer the purpose of

affairement *m.* hurry, bustle

s'affairer to busy oneself, be preoccupied

affamé starving, ravenous

affectueux, -se affectionate, kind

affiner to refine, sharpen

affleurer to come close to the surface

affligé afflicted

affluence *f.* affluence, crowd, numbers

affoler to madden, drive crazy, throw into a panic, **affolé** crazy, distracted, panic-stricken

affranchie *f.* liberated (woman)

affres *f.pl.* anguish, spasm, pangs

affreux, -se terrible, frightful, dreadful

affriolant enticing

affronter to confront, face, brave, tackle

afin que so that, in order that

agacement *m.* annoyance, irritation

agacer to annoy, irritate, outrage, get on one's nerves

s'agenouiller to kneel, genuflect

agent *m.* agent, policeman

agir to act; **s'— de** to be a question of

agiter to wave; **s'—** to be agitated, move about

agonie *f.* death throes

s'agrandir to grow large, spread out

agrippé à clutching to

aguets *m.pl.* **aux —** watchful, on the watch, on the lookout

aguiché filled with curiosity

ahurissement *m.* bewilderment, confusion, stupefaction

aïeul *m.* grandfather, ancestor

aigre bitter, harsh, sour, acid, tart, sharp

aigu, -ë sharp, pointed, shrill, piercing, high-pitched

aiguille *f.* needle, hand (*of a clock*), bodkin

aiguiser to sharpen, quicken, excite, stimulate

ail *m.* garlic

aile *f.* wing, fender

ailleurs elsewhere; **d'—** besides, furthermore, moreover

aimable pleasant, agreeable, amiable

aimer to like, be fond of, love

aine *f.* groin

aîné elder

ainsi thus

air *m.* air, atmosphere; look, appearance; tune, melody; **au grand —** in the open air

aire *f.* area, flat space, surface, patch of ground, threshing floor

aisance *f.* ease, freedom (of movement)

aise *f.* ease, comfort; **mal à l'—** uncomfortable; **bien —** very glad

aisé easy, in easy circumstances, comfortable

aisselle *f.* armpit

ajourner to put off, delay, postpone

ajouter to add

ajusté close-fitting

alanguir to make languid; **s'—** to languish, droop

alentour around

alerte brisk, quick, agile

aliéné *m.* insane person

aligner to line up

aliment *m.* food

alimenter to feed

alinéa *m.* indented line, new paragraph

allaiter to nurse

allée *f.* walk, path, lane; clearing

alléger to lighten, relieve, unburden; **s'—** to become or grow lighter, easier

allégresse *f.* joy, light-heartedness

aller to go, be going (well), be about to, ride; **— chercher** to go and fetch; **allons!** come now! **s'en —** to go away, depart

allonger to lengthen, extend, reach out, stretch out; **s'—** to lengthen, stretch out

allumer to light; **s'—** to light up, kindle

allumette *f.* match

allure *f.* walk, pace, gait; **à toute —** at full speed

alors then; **ou bien —** or else; **— que** when

alouette *f.* lark

alourdir to weigh down, make heavy

altéré *m.* thirsty person

altérer to change (for the worse), spoil, taint, corrupt

amadouer to coax, wheedle

amande *f.* almond

amant *m.* lover

amas *m.* pile, heap

s'amasser to pile up, become thicker

âme *f.* soul, spirit

amener to lead, bring

s'amenuiser to grow thinner

amer, -ère bitter

amérissage, amerrissage *m.* alighting on the sea, on water

amertume *f.* bitterness

ami, -e *m. or f.* friend

amical friendly

amitié *f.* friendship

amonceler to pile up, heap up

amoncellement *m.* piling up, accumulation, pile, heap

amont *m.*: **en —** upstream

amorce *f.* beginning; priming fuse

amorcer to begin, start

amorti damped

amour *m.* love, affection, passion

amoureux, -se *m. or f.* lover, sweetheart

amuser to amuse, entertain, divert; **s'—** to enjoy oneself, have a good time

an *m.* year

ancien, -ne old; bygone, past, former

ancre *m.* anchor

ânesse *f.* she-ass

ange *m.* angel

anglais, -e *m. or f.* Englishman (*or* -woman); **—** *adj.* English

angoisse *f.* anguish, distress, agony

angoisser to anguish, distress; **s'—** to be in distress

anguille *f.* eel

anguleux, -se angular, bony

animer to animate, stir, stimulate; **s'—** to become excited

anisé anise(-like)

anneau *m.* ring

année *f.* year

annonce *f.* announcement, advertisement

annoncer to announce, give notice of; **s'—** (*of weather*) to promise to be

annuler to annul

anodin mild, tame, harmless, anodyne

ânonner to mumble

anse *f.* handle

antérieur former, previous

anthropophage *m.* cannibal

antiquaire *m.* antique dealer

antique old, age-old

antiquités *f.pl.* antiques

antre *m.* cave, den

apaiser to pacify, calm, soothe; to die down

apercevoir to perceive, see; to catch sight of, catch a glimpse of; **s'—** to notice, become aware of

aphonie *f.* loss of voice

apic, à-pic *m.* cliff, bluff

apitoyer to move to pity, incite to pity

aplomb: d'— upright

apparaître to appear, become visible, come into sight

appareil *m.* device, apparatus; apparel; machine, airplane; radio; **— de T.S.F. (téléphonie sans fil)** radio

appartenir to belong

appel *m.* call; appeal (*in legal usage*)

appeler to call (on), summon; to name; to provoke, arouse

s'appesantir to lean on, insist on

applaudissement *m.* applause

apporter to bring

appréciation *f.* judgment, opinion

apprendre to learn; to teach, inform

apprêter to prepare, make ready; **s'—** to prepare, get ready

apprêts *m.pl.* preparations

apprivoiser to tame, subdue, vanquish

(s')approcher to approach, come near, draw near

appui *m.* prop, support, sill

appuyer to lean, rest, press; to support, aid; **s'—** to lean, rest, on *or* against

âpre eager; harsh, violent, keen

après-midi *m.* afternoon

arachide *f.* peanut

araignée *f.* spider

arbre *m.* tree

arc *m.* arch

arceau *m.* arch (*of vault*)

archevêque *m.* archbishop

ardent ardent, passionate, eager, zealous

aréolé ringed by color

arête *f.* (fish)bone

argent *m.* silver; money; **— sonnant** hard cash; **d'—** silvery

argenterie *f.* (silver) plate

argile *f.* clay

arme *f.* arm, weapon

armoire *f.* wardrobe; **— à linge** linen chest

arquer to bend, arch, curve

arrache-pied: (d') without interruption; obstinately

arracher to tear (out, away), draw, extract

arrangement *m.* arrangement, agreement

arrêt *m.* stop, stopping; **cran d'—** safety catch

arrêter to arrest, stop (*someone or something*); to decide, determine; **s'—** to stop (oneself)

arrière *m.* back, back part; **—** *adj.* behind; **en —** behind, backwards

arrière-boutique *f.* back shop

arrière-fond *m.* extreme back *or* bottom

arrivée *f.* arrival

arriver to arrive, come; to come up, reach; to happen; **en — à** to be reduced to

arrondi rounded

arrondir to round, hunch

arroser to sprinkle

artisan *m.* craftsman

ascenseur *m.* elevator

ascension *f.* ascent

asile *m.* shelter, refuge; **champ d'—** resting place

assaillir to assail, assault, attack

assaut *m.* assault, attack

assemblée *f.* assembly, assemblage

assener to deal, strike (blow)

asseoir to seat; **faire — quelqu'un** to ask, beg, someone to be seated; **s'—** to sit down

assez enough; **d'— petits** small enough ones

assiduité *f.* constant attentions

assiéger to besiege
assiette *f.* plate
assis sitting, seated
assistance *f.* audience, congregation
assister (à) to attend, be present at
assombrir to darken, obscure
assommer to fell, knock out, beat to death; to knock down, crush
assoupir to lull, put to sleep; **s'—** to drop off to sleep
assourdir to muffle, lower (*voice*)
assurance *f.* assurance, insurance
assurément assuredly, surely, certainly
assurer to steady; **s'— (de)** to make sure of, ascertain
astre *m.* heavenly body, star
atelier *m.* studio, workshop
atout *m.* trump
âtre *m.* fireplace, hearth
atroce cruel, awful, terrible
attablé seated at table
attacher to attach, tie (up), fasten, hitch, bind
attaque *f.* attack, stroke
attaquer to attack, assail
atteindre to reach, overtake; to affect, attack, hit, strike
attendre to wait (for), expect; **s'— à** to expect
attendrir to make tender, soften, move to pity
attendrissement *m.* (feeling of) pity, emotion
attendu (que) considering (that)
attentat *m.* criminal attempt, attack
attente *f.* waiting, expectation
attention *f.* attention; **—!** look out!
atténuer to attenuate
atterré overwhelmed, stupefied, utterly crushed
atterrir to alight, land
atterrissage *m.* landing
attirer to attract, draw
attiser to fan, stir up, excite
attrait *m.* attraction, lure, charm
attraper to catch, overhear
attrister to sadden, depress, give a gloomy appearance to
aube *f.* dawn
auberge *f.* inn

aucun any
audace *f.* audacity, boldness
au-delà beyond
au-dessous below; **jusqu'— de** down below
au-dessus (de) above
au-devant de toward, in the direction ot, to meet; **aller —** to go to meet
augure *m.* augury, omen; **de mauvais —** ominous
aujourd'hui today
aumône *f.* alms, charity
aumônier *m.* chaplain
auparavant before
auprès (de) close to, beside, near, with
aurore *f.* dawn, daybreak
aussi also, as
aussitôt immediately, at once; **— que** as soon as
austère austere, severe, stern
austérité *f.* austereness, strictness
autant as much, as many, (one might) as well
autel *m.* altar
auteur *m.* author
autour de round, about
autre *m. or f.* other (one); **l'un et l'—** both; **— adj.** other; **dans le courant de l'— semaine** in the course of next week
autrefois formerly, in the past
autrement otherwise
autruche *f.* ostrich
autrui others
avaler to swallow
avance *f.* advance; **d'—** beforehand, in advance
avancement *m.* promotion
avancer to advance, move forward; to affirm; **s'—** to advance, move forward, jut out
avant *m.* front, front part; **en —** forward; **— adv.** far; **— prep.** front; **— (de)** before
avant-garde *m.* vanguard; front ranks
avare sparing, chary; miserly, selfish
avarie *f.* damage, injury, breakdown
avenir *m.* future
aventure *f.* adventure; **à l'—** aimlessly, at random
aventurer to risk, venture; **s'—** to venture, run a risk
averse *f.* shower

avertir to warn, notify, forewarn, alert

avertisseur *m.* horn

aveu *m.* confession

aveugle blind, blinded

aveugler to blind

avion *m.* airplane

avis *m.* advice, counsel; opinion, notice

aviser to notify, consult, consider; **s'— (de)** to take it into one's head (to)

avoir to have; **— à** to have to, be obliged to; **— l'air de** to seem to; **— beau** (*with inf.*) to do in vain; **— bonne mine** to look well; **— dix ans** to be ten (years old); **en — bientôt fini avec** to be done with, get the better of; **— lieu** to take place, happen; **qu'avez-vous?** What's the matter? What's wrong?; **— un sourire** to smile

avorton *m.* puny, undersized, stunted person

avouer to confess, admit, acknowledge

baccarat *m.* baccarat (card game)

badaud *m.* idler, stroller, gaper

bafouiller to splutter, stammer

bagatelle *f.* mere trifle

bague *f.* ring

baguette *f.* wand, stick

bahut *m.* cupboard, cabinet, wooden chest

baigner to bathe

bain *m.* bath

baiser to kiss; (*vulgar*) to have sexual relations

baiser *m.* kiss

baisser to lower; to go down, grow dim; **se —** to bend down, stoop

bal *m.* ball, dance; **— travesti** fancy-dress ball, costume ball

balafre *f.* scar

balance *f.* scale

balancement *m.* swinging, swaying; tremolo

balancer to swing; **se —** to swing; to poise, hover

balayer to sweep, fan

balbutier to stammer, mumble

balcon *m.* balcony

balle *f.* ball

ballot *m.* bundle, package

banc *m.* bench, seat; fishing grounds, bank; school (*of fish*)

bande *f.* band, troop, gang, clique; band, strip

bander to bind, wrap; to have an erection

banlieue *f.* suburb

banquette *f.* bench, seat

banquier *m.* banker

baraque *f.* hut, shanty

barbe *f.* beard

barque *f.* boat, fishing boat; **— de gala** gala boat, holiday boat, festive boat

barreau *m.* small bar, rail, post (in a railing)

barrer to bar, block, obstruct

bas, -se *adj.* low

bas *adv.* low (down); in a whisper; **plus —** further down, lower down

bas *m.* lower part, bottom, bottom part; **en —** below; **de haut en —** from top to bottom, from head to foot; **au — de** under; **— stocking; — de laine** woolen stocking, nest egg (*hidden in a stocking*)

bas-côté *m.* side-aisle

basculer to rock, swing, topple over

bassesse *f.* mean, contemptible action

basque *f.* skirt, tail

bassin *m.* dock, basin

bassine *f.* pan, kettle

bas-ventre *m.* lower part of the abdomen, guts

bateau *m.* boat

bâtiment *m.* building

bâtir to build, erect, construct

bâton *m.* stick, staff, cane; **à —s rompus** by fits and starts, rambling(ly)

battement *m.* beating, flapping, fluttering

battre to beat, bang; to beat against; **se —** to fight; **se — l'œil** not to care at all

baudet *m.* donkey, ass

bauge *f.* lair, den, nest; pigsty

baume *m.* balm

bavard talkative

bavarder to chat, chatter

bave *f.* drivel, foam

béant open, gaping; open-mouthed, agape

beau, belle beautiful, handsome, fine; **avoir — to** do in vain; **bel et bien** entirely, fairly, quite, outright

beau-père *m.* father-in-law

beaux-arts *m.pl.* fine arts

bêcher to dig, spade

beffroi *m.* belfry

bel *see* **beau; — et bien** entirely, fairly, quite, outright

bélier *m.* battering ram

bénéfice *m.* profit

bénin, -igne mild, kindly, gentle, benign

bénir to bless; **béni(t), -te** holy, blessed

bercer to rock, lull, cradle

berger *m.* shepherd; **l'heure du —** the auspicious hour (for lovers)

bergère *f.* easy-chair

besace *f.* double sack; knapsack; **en —** like a double sack, slouched over

besogne *f.* work, task, job, chore

besogner to work hard, slave

besoin *m.* want, need; **au —** in case of need, if necessary, if need be; **avoir —** to need, require, be needy

bestiaux *m.pl.* cattle

bétail *m.* cattle

bête *adj.* stupid

bête *f.* beast, animal

bêtifier to become stultified; to act stupidly

biais *m.* slant, obliqueness

biche *f.* hind, doe

bief *m.* millcourse, millrace

bielle *f.* tie rod, connecting rod

bien *adv.* well, full, indeed, quite; **— que** although; **— sûr** to be sure, surely; **peut-être —** possibly

bien *m.* good; property, goods; piece of property, piece of land

bien-aimé, -e *m. or f.* beloved, darling, sweetheart

bienfaiteur *m.* benefactor

bien-pensant orthodox, proper, right-thinking

bientôt soon

bienveillance *f.* kindness, friendliness, benevolence

bière *f.* beer; coffin, bier

bijou, -x. *m.* gem, jewel

bijouterie *f.* jewelry, jewels

bijoutier *m.* jeweler

bilan *m.* balance sheet

billet *m.* ticket; note, bill, bank note

biquette *f.* kid

bis greyish-brown

bise *f.* north wind

blafard pallid, wan, pale

blague *f.* joke

blanc, -he white; **nuit —** sleepless night

blanchâtre whitish

blancheur *f.* whiteness

blanchir to whiten, grow white, brighten, grow light; **— à la chaux** to whitewash

blanchisseuse *f.* laundress

blé *m.* wheat

blême livid, ghastly; pale, colorless

blessé *m.* wounded, injured person; casualty

blesser to wound, injure, hurt

blessure *f.* wound

blet, -te overripe, soft

bleu *adj.* blue; **— m.** blue; **— de fer** steel-blue

bleuâtre bluish

bleuet, bluet *m.* cornflower, bachelor's button, ragged sailor

bleuir to blue, make blue, paint blue

bleuter to give a blue tinge to

blondeur *f.* blondness

se blottir to crouch, huddle, snuggle

bœuf *m.* ox

bohémien, -ne *m. or f.* gypsy

boire to drink; **— plus que de raison** to drink to excess

bois *m.* wood, lumber; wood, forest; **— blanc** white pine

boiserie *f.* woodwork, wainscoting, paneling

boissonner to tipple, booze

boîte *f.* box; can; **— de nuit** night club

bombu *m.* bulge, swelling, protuberance; **— adj.** barrel-chested

bon, -ne good, nice, fine; capable, fit; **à quoi —?** what's the use?; **de —ne heure** early; **le —** the right (one)

bonasse simple-minded, innocent, bland

bond *m.* jump, leap, spring

bonder to cram, jam

bondir to jump

bonheur *m.* happiness, good luck

bonhomie *f.* good nature, good humor, amiability

bonhomme *m.* (good) fellow; old fellow; (funny) figure

bonjour good-day, good morning, hello

bonne *f.* maid

bonnement: tout — naturally, plainly, simply

bonté f. goodness, kindness

bord m. board, side (of ship); edge, border, brim; bank (of river); **à mon —** on board my ship; **— à** alongside

border to border, fringe, tuck in

borgne one-eyed, blind in one eye

borné bounded, limited, restricted

bosquet m. grove, thicket

bosse f. hump, knob, protuberance

botte f. high boot

bouc m. he-goat, billy goat

bouche f. mouth; **— bée** with open mouth, agape

boucher to cork, block, stop (up); to cloud over

boucher m. butcher

boucherie f. butcher shop

boucle f. buckle, bow; loop; curl

boucler to lock up

bouclier m. buckler, shield

boudeur sulky

boudin m. blackpudding, blood pudding

boue f. mud

boueux, -se muddy

bouffée f. puff (of smoke)

bouffi puffy, swollen, bloated

bouge m. den, hovel, dive

bouger to budge, stir, move

bougie f. candle

bouillie f. gruel, porridge

bouillir to boil

boulange f. bread-making

boulanger m. baker

boulangerie f. bakery, baker's shop

boule f. ball, sphere, globe; **en —** round, curled up; **jouer aux —s** to bowl

bouleau m. birch

boulette f. pellet

bouleversement m. confusion, upheaval

bouleverser to upset, overturn, overwhelm

bourdonner to hum, buzz

bourgeonnement m. budding, growth, increase

bourrasque f. squall, gust of wind

bourrelet m. roll, fold (of flesh, etc.)

bourrer to fill, stuff

bousculer to knock things over, upset things; to bump into

boussole f. compass

bout m. end, tip; bit; **au — de** at the end of, after; **à —** at one's wits' end, done in; **pousser à —** to aggravate (someone), drive (someone) to extremes; **— de promenade** m. short walk, stroll

boutade f. sally, flash of wit, wisecrack

bouteille f. bottle, bottle of wine

boutique f. shop

boutiquier m. shopkeeper

bouton m. button; doorknob; pimple

boutonner to button

braise f. (glowing) embers

branle m. (shaking) motion; **se mettre en —** to agitate oneself, move

branler to shake, wag

braquer to aim, point (a gun)

bras m. arm; **à tour de —** with all one' might

brave brave; good, fine, worthy; dashing

braver to brave, face, defy

bredouille empty-handed

bredouiller to mumble, stammer, jabber

bref, -ève brief; briefly, in a word, in short

bribes f.pl. scraps, fragments, odds and ends

bridé constricted; **avoir les yeux —s** to have slits for eyes

brièvement briefly, slightly

briller to shine, sparkle, glitter, glisten

brin m. blade, twig, tuft

brique f. brick

brisant m. half-submerged rock, reef, shoal

brise f. breeze, strong wind

brise-lames m. breakwater

briser to break

brochet m. pike

broder to embroider

broderie f. embroidery (work)

broncher to falter, waver, flinch

bronches f.pl. bronchia

bronze m. bronze; bronze statute, figures; **—s de fouille** bronze objects found in the earth

bronzé tanned, sunburned

brouette f. wheelbarrow

brouillard m. fog, mist, haze

brouille f. quarrel, estrangement

brouiller to mix, muddle, jumble, confuse

brouillon m. muddle-headed, unmethodical (person), muddler

broussailles *f.pl.* underbrush, scrub, brambles

bru *f.* daughter-in-law

bruire to rustle, murmur

bruit *m.* noise, sound; rumor

brûle-parfum *m.* perfume-brazier

brûler to burn; to be eager

brûlure *f.* burn

brume *f.* thick fog, haze, mist

brumeux, -se misty, shadowy

brun brown; dark (-haired, -skinned), brunette; **à la —e** at dusk

brunir to burnish, polish

brusque abrupt, blunt, brusque

brusquer to be rude; to precipitate matters

bruyamment noisily

bruyère *f.* heather, sweetbrier; **coq de —** *m.* grouse, wood grouse

bûcher *m.* woodshed

buis *m.* box tree, box(-wood)

buisson *m.* bush, thicket

bureau *m.* office; desk, bureau

burette *f.* cruet

busqué aquiline, hooked

buste *m.* bust, torso

but *m.* end, object, aim, purpose, target

buté obstinate

butin *m.* booty, spoils, plunder, loot

buvard *m.* blotter

çà et là hither and thither

cabane *f.* hut, shanty

cabestan *m.* capstan, winch

cabinet *m.* office

cabrer to elevate (plane), gain altitude; **se —** to rear, buck

cacher to hide (from)

cachot *m.* dungeon

cachotterie *f.* concealment, mystification, affectation of mystery

cachou *m.* catechu

cadeau *m.* present, gift

cadenas *m.* padlock

cadet, -te younger

cadran *m.* face, dial

cadre *m.* frame, dial; ranks

caecum *m.* one end of the large intestine

café *m.* coffee; coffee house, café

café-concert *m.* café providing entertainment

cagneux knock-kneed

cahute *f.* hut, shanty

caillé curdled, congealed

caillou, -x *m.* pebble, stone; **— du Rhin** rhinestone

caisse *f.* box, chest

caisse-popote *f.* field-kitchen

calciner to calcine, reduce to powder

calebasse *f.* gourd, water-bottle

calembredaine *f.* foolish utterance; *pl.* nonsense

caler to wedge, prop up

caligineux hazy

calmant *m.* sedative

calmer to calm, quiet

camarade *m. or f.* comrade, chum, pal

camionnette *f.* panel-truck

camoufler to disguise

campagnard country, rustic

campagne *f.* country(-side), fields

campement *m.* encampment, camp, camping ground

camus flat-nosed, snub-nosed

canapé *m.* sofa

canard *m.* duck

canari *m.* pottery of local manufacture

canif *m.* pocket knife

caniveau *m.* gutter

canne *f.* cane, reed; stick

canon *m.* cannon, barrel

cantine *f.* field-chest

cantique *m.* hymn

cantonade: parler à la — to speak behind the scenes

cap *m.* head (*of ship, plane*); **mettre le — sur** to head for

capot *m.* hood (*of auto*)

capoter to overturn

capuchon *m.* hood

car *conj.* for

car *m.* coach, bus

carafe *f.* decanter, water-bottle

caractère *m.* character, letter

carapace *f.* shell

carcasse *f.* carcass, skeleton

caresser to caress, fondle, stroke

carlingue *f.* fuselage; cockpit

carnet *m.* notebook

carnier *m.* game-bag, -pouch

carré square

carreau *m.* small square, check (*on material, etc.*), window pane, tile

carrefour *m.* crossroads

carrelage *m.* tile-pavement

carte *f.* card; (ration) card; **— de temps** ration card

carton *m.* box, hatbox; cardboard

cartouche *f.* cartridge

cas *m.* case, circumstance, matter, business

case *f.* hut

caserne *f.* barracks

casquette *f.* cap

casser to break; **— une croûte** to have a snack, have a bite of something

casserole *f.* (sauce)pan, stewpan

catin *f.* prostitute, strumpet

cauchemar *m.* nightmare

causer to cause; to talk, converse, chat

causerie *f.* talk, chat

cavalier *m.* escort

cave *f.* cellar, vault

caveau *m.* vault

caver to hollow out, dig out

céder to yield, give way

ceindre to gird

ceinture *f.* belt, girdle, sash

ceinturer to girdle

ceinturon *m.* sword-belt

célèbre celebrated, famous

célébrer to celebrate, glorify, praise

cellule *f.* cell

cendre *f.* ash(es)

cendrier *m.* ash tray

censé supposed

cent (one) hundred

cependant meanwhile; still, nevertheless **— que** while

cercle *m.* circle; club

cercler to loop, hoop, surround, hold in

cercueil *m.* coffin

cerf-volant *m.* kite

cesse *f.* cease, ceasing; **sans —** unceasingly, constantly

cesser to stop, cease

c'est-à-dire that is (to say), in other words

chacal *m.* jackal

chagrin *m.* grief, sorrow, affliction, trouble

chaîne *f.* chain, cable; shackles, bonds

chair *f.* flesh, meat

chaire *f.* (teacher's) desk

chaise *f.* chair; **— à porteurs** sedan chair

chaland *m.* barge

châle *m.* shawl

chaleur *f.* warmth

chambre *f.* room, bedroom

chambrette *f.* little room

chameau *m.* camel

champ *m.* field

chance *f.* luck, fortune; **quelle —!** what luck! what a blessing!

chancelant: santé —e delicate (state of) health; delicate constitution

chanceler to stagger, waver, falter

chanceux, -se uncertain, doubtful, risky

chandelle *f.* candle

changer to change, exchange; **se —** to change one's clothes

chanson *f.* song

chant *m.* song, singing, chirping

chantage *m.* blackmail, extortion

chanter to sing; **faire —** to blackmail

chapeau *m.* hat; **— fendu** soft felt hat

chapitre *m.* chapter; item; **sur le — de** as regards

chaque each, every

char *m.* cart, chariot, hearse

charbon *m.* coal

charge *f.* load, burden; duty, task

charger to load, fill; to taint

charme *m.* kind of young oak; **se porter comme un —** to be robust, enjoy good health

charmer to charm, bewitch, delight

charmille *f.* arbor, bower, hedge

charnel, -le carnal, of the flesh

charogne *f.* carcass

charpentier *m.* carpenter

charrette *f.* cart

charrier to carry along

charrue *f.* plow

chasse *f.* chase, quest, pursuit; **fusil de —** *m.* sporting gun, fowling piece

chasser to chase, pursue, hunt

chassie *f.* rheum

chasteté *f.* chastity, purity

châtiment *m.* punishment

chatouillement *m.* tickling

chatouiller to tickle (someone's vanity, etc.)

chaud warm, hot

chaudron m. caldron

chauffer to warm, heat; to get or become warm, hot

chauffeur m. driver

chaume m. stubble, thatch, straw

chaumière f. (thatched) hut

chaussé shod

chaussée f. street, highway; pavement; **ponts et —s** public works

chauve bold

chauve-souris f. bat

chaux f. lime; **blanchir à la —** to whitewash

chef m. chief, chieftain, leader, head

chef-lieu m. chief town (of department)

chemin m. way, path, road; trip; **— creux** hollow, sunken road; **— de fer** railroad, railway; **grand —** highway; **reprendre le —** to take (to) the road again

cheminée f. fireplace

cheminer to tramp, walk, proceed

chemise f. shirt, chemise, nightgown

chêne m. oak

cher, -ère dear, beloved

chercher to search for, look for, seek; to try; **aller —** to go and fetch; **— à tâtons** to grope, feel for

chéri, -e m. or f. dear one; — adj. cherished, dear

chérir to cherish, love dearly

cheval, -aux m. horse; **à —** on horseback

se chevaucher to overlap

chevalin: boucherie —e horse-butcher's shop

chevelure f. hair, head of hair

chevet m. head (of bed, or person lying down); **table de —** bed table, night table

cheveu m. (a) hair; pl. hair; **en —x** bareheaded, without a hat

cheville f. ankle

chèvre f. goat

chevroter to speak in a quavering voice

chez at (someone's) house, home; **— qui?** at, to, whose house? where?; **de — lui** from his house, shop, place

chiasse f. fly-specks

chien m. dog

chiffonné nice, pleasing but irregular (face) piquant

chiffre m. figure, number; total

chignon m. chignon, coil of hair

chimérique chimerical, fantastic

chinois m. Chinese

choc m. shock, crash; clink

chœur m. choir, chancel

choir to fall

choisir to choose, select

choix m. choice; **de —** choice, select

chose f. thing, subject, matter; **être peu de —** to be of little account

chrétien, -ne, m. or f. Christian

chuchotement m. whispering, whisper

chuchoter to whisper

chute f. fall, crash

ciel, -eux m. sky, heaven

cierge m. wax candle, taper

cigale f. cicada

cil m. eyelash

cime f. summit; top (of tree, etc.)

cimetière m. cemetery

circoncis circumcised

circulation f. traffic

circuler to circulate, go around, go the rounds

cirque m. arena, circus

ciseaux m. pl. scissors

citadin m. citizen, townsman

citer to quote

citron m. lemon

clair clear, unclouded, bright; light-colored; clear, obvious; **— comme le jour** plain as day

clairet m. light red wine; — adj. pale, light-colored (as of a wine)

clapoter to chop, splash (of water)

claque f. smack, slap

claquement m. bang

claquer to cluck, chatter; to smack, clatter, flap

clarté f. light, brightness

classé classified, standard, routine, usual, settled, pigeonholed

clef, clé f. key; **fermer à —** to lock

cligner to blink; **— de l'œil** to wink

clin *m.* wink; **en un — d'œil** in the twinkling of an eye

clochard *m.* hobo

cloche *f.* bell

clocher *m.* belfry, bell tower

clochette *f.* small bell

cloison *f.* partition, wall

clore to close, finish, end

clos closed, enclosed, closed in

clôture *f.* closing

clou *m.* nail; old motor car, jalopy; (*fam.*) chief attraction (*of an entertainment*)

clouer to fasten, pin down, nail down

clousser (*variant of* **glousser**) to cluck

cocher *m.* coachman, driver

cochon *m.* pig; (*applied to people*) swine; filthy, lewd fellow; **— d'Inde** guinea-pig

cœur *m.* heart; feelings, spirit; **au — de** in the middle of; **avoir le — gros** to be heavy-hearted, sad at heart; **avoir le — serré** to be heavy-hearted, sad at heart; **le — me tourna** I was nauseated; **mouvements du —** friendly impulses, heart-warmings; **prendre à — de** to set one's heart on, have one's heart set on; **si le — vous en dit** if you feel like it

coffret *m.* small chest, casket

cohue *f.* mob, crush, noisy crowd

coiffeuse *f.* dressing table

coin *m.* corner; spot, place, nook; **au — du feu** by the fireside

coincer to wedge, stick, bind, jam, catch

col *m.* collar; mountain pass

colère *f.* anger, wrath, fit of temper

colis *m.* parcel, package

colle *f.* glue

collectionner to collect

collège *m.* secondary school

collégien *m.* student in a collège (secondary school), high-schooler

coller (à) to paste, stick, glue, press against; to stick, adhere, cling (to); to put (*slang*)

collier *m.* necklace

colline *f.* hill

colonne *f.* column, pillar

colorer to color, stain, tinge, tint

combien how (much)!; *interr.* how much? how many?

combiner to contrive, devise

commande *f.* control

commander to order

comme like, as, as if; almost, something like; **ou tout —** or as good as

commencer to begin

commerce *m.* business, trade; intercourse association, company

commettre to commit, assign

commis *m.* clerk; **— principal** head clerk

commode *f.* chest of drawers, bureau

commode *adj.* comfortable, easy (to get along with)

compagne *f.* (female) companion, wife

compagnie *f.* company, companionship

compagnon *m.* companion

complaisance *f.* willingness, kindness; **par — out** of kindness

complaisant accommodating

complet full

complètement completely

complice *m. or f.* accomplice

compliqué complicated

comporter to call for, comprise, include

composer to construct, arrange

comprendre to understand; to include; **— à** to understand about

comprimer to compress, squeeze in

compte *m.* account; **avoir un — chez quelqu'un** to have an account with someone; **— rendu** account, report, review; **les bons —s font les bons amis** short reckonings make long friends; **mettre en — to** enter in the account; **se rendre — to** realize, understand, know what's what; **tenir — de** to take into account; **trouver son — à** to get something out of, find what one is looking for

compter to count, count on

comptoir *m.* counter

con *m.* cunt

concert: de — avec in concert with

concevoir to conceive, imagine, form

concierge *m. or f.* (house-)porter, doorkeeper, caretaker

concilier to conciliate, win over, gain

concluant conclusive

conclure to conclude, decide

concourir to take (its, one's, their) place; to unite, combine, coöperate

conduire to lead, guide, steer, manage; to drive; to row; **se —** to conduct oneself, behave

conduite *f.* conduct, behavior

conférence *f.* lecture; **salle de —s** lecture hall

confesse *f.* confession (*to a priest*)

confiance *f.* confidence

confidence *f.* confidence, secret; **faire —** to confide, tell

confier to confide, entrust

confiture *f.* preserves, jam; **saison des —s** canning season

confondre to confuse, mix (up); to intermix, commingle

confort *m.* comfort (s)

confus confused, embarrassed, ashamed; vague, indistinct

conjoncture *f.* conjuncture, predicament

conjuration *f.* incantation, exorcism, conspiracy

conjurer to exorcise

connaissance *f.* acquaintance; knowledge; consciousness; **reprendre —** to regain consciousness, come to

connaître to know, be acquainted with; **qu'on ne leur connaissait pas** which one didn't know they had

conquérant *m.* conqueror

conquérir to conquer

conscience *f.* conscience; consciousness; **prendre —** to be conscious

conscient conscious

conscrit *m.* conscript, draftee

conseiller to advise, counsel; **— m.** councilor; **—aulique** aulic councilor, member of the highest German tribunal

consentir to consent

conservateur *m.* keeper, custodian, curator

conserver to preserve, keep, retain

conserves *f. pl.* canned goods

considérer to contemplate, look on, gaze at

consigne *f.* order(s), instruction; password

console *f.* end table, side table

constatation *f.* establishment of fact, verification, statement

consterné dismayed

construire to construct, build, erect

conte *m.* story, tale

contenir to hold, restrain, keep in check; to contain

contenu *m.* content, contents

conter to tell, relate; to mention, talk about

contourner to skirt, avoid, go around; to twist, warp, distort

contraindre to force, urge constrain

contre against, with

contrebandier *m.* smuggler

contre-bas (en) below, lower down, on a lower level

contrefort *m.* spur (*of mountain*)

contre-jour: à — against the light

contre-partie *f.* counterpart; compensation, contribution (*to a society*)

contrôle *m.* check

convaincre to convince

convenable decent, decorous; **peu —** unseemly, indecorous

convenances *f. pl* convention, propriety, decency

convenir to agree, come to an agreement; to suit, be suitable to; **— de** to admit; **convenu** suitable, appropriate; traditional, consecrated

convertir to convert, transform

convier to invite

convive *m. or f.* guest

coque *f.* shell, husk; hull, bottom (*of ship*); **un œuf à la —** a (soft-)boiled egg

coquelicot *m.* poppy

coquetier *m.* egg cup

coquillage *m.* shellfish

coquille *f.* shell

coquin, -e rascally; *m. or f.* rascal, scoundrel

corbeau *m.* crow

corbeille *f.* wastepaper basket

cordage *m.* rope, cable

corde *f.* rope, cord

cordelette *f.* string

cordier *m.* ropemaker, rope dealer

cordon *m.* string; row, line

cordonnier *m.* shoemaker

corne *f.* horn

corner to blow, honk (*horn*)

cornet *m.* dice box; small horn, cornet trumpet; **en —** cupped (*of hands*) corps *m.* body; object; **à — perdu** headlong

corps-à-corps *m.* physical struggle, hand-tohand fight

correct proper

corriger to correct

corsage *m.* bodice

costaud strapping, husky

costume *m.* suit

côte *f.* coast; slope (*of a hill*); rib; **côte à côte** side by side

côté *m.* side; part; aspect; **à —** to one side; **à — de** beside, next to; **des deux —s** on both sides; **du — de** in the direction of, toward(s); **un peu de —** a little to the side; **bas —** side aisle

coteau *m.* slope, hillside

coter to assess, evaluate

coton *m.* cotton

cou *m.* neck

couard *m.* coward

couchant *m.* west

couche *f.* layer

coucher to put to bed; to sleep (*somewhere*); (*of sun*) to set; **— ensemble** to have sexual relations; **se —** to go to bed, retire for the night, lie down; **couché** lying down, reclining

couci couça so-so

coude *m.* elbow

coudre to sew, stitch

coulée *f.* flowing, stream

couler to flow, run; to glide, slip, pass; to leak; to sink; **se —** to glide, slip

couleur *f.* color

coulisses *f.pl.* wings; **dans les —** offstage

couloir *m.* corridor

coup *m.* knock, blow, stroke, kick; trick; gulp; effect, influence; **à — sûr** assuredly, for certain; without fail, infallibly; **— de feu** shot; **— de pied** kick; **d'un — sec** with a snap; **encore un —** once again; **tout à —** suddenly, all of a sudden; **— d'œil** look, sight, eyesight; penetration, understanding

coupable guilty; **plaisirs —s** sinful pleasures; **—** *m.* guilty one, culprit

couper to cut, interrupt, cut off; **se —** to intersect; to contradict oneself, give oneself away

coupole *f.* cupola

coupon *m.* patch, stretch

cour *f.* yard, court; **faire la — à** to pay court to, make love to, woo

courageux, -se courageous; zealous

courant *m.* current, course, draft; **dans le — de l'autre semaine** in the course of next week

courbatu stiff, aching, sore

courbe curved; **—** *f.* curve

courber to bend; to bow; **se —** to bend, bow, stoop

courir to run, flow; to be current; **le bruit court que** rumor has it that

couronne *f.* crown, wreath

couronnement *m.* coronation, crowning

couronner to crown

courrier *m.* courier, newspaper, sheet; column; mail flight

courroie *f.* strap

courroucé angered, glowering, scowling

cours *m.* course; rate of exchange; **au — de** in the course of, during

course *f.* course, flight, contest, race, struggle; **— à la folie** mad race, dash

court short; **à — de** short of; **à —d'argent** short of money, broke; **tout —** plain, unadorned

courtier *m.* broker

courtiser to court

coussin *m.* cushion, pillow

couteau *m.* knife; **lutte au —** hand-tohand fight

coûter to cost; to take a lot out of; **il m'en coûte** I am reluctant

coutil *m.* duck (*material*); **pantalon de —** ducks

coutume *f.* custom, habit

couvent *m.* convent, nunnery

couver to sit on, incubate, hatch, nurture, nurse; to brood upon

couvercle *m.* lid, cover

couvert *m.* cover, place (*at table*); **mettre le —** to set the table

couverture *f.* covering, cover

couvrir to cover; **se couvrir** to clothe oneself, to put on one's hat

crac! crack! snap!

cracher to spit, spit out

craindre to fear, be afraid of

crainte *f.* fear

craintif timid, timorous

cramponner (se) to hold onto, hang onto, fasten onto

cran *m.* notch, nick; — **d'arrêt** safety catch

crâne *m.* cranium, skull, head

crâne *adj.* jaunty

crapaud *m.* toad

craquement *m.* creaking, cracking, breaking

craquer to crack, split

crasse *f.* dirt

crasseux dirty, filthy, squalid

cravache *f.* riding-whip

cravate *f.* necktie

crayeux chalky

créer to create

crépitation *f.* crackling

crépitement *m.* crackling

crépu frizzy, fuzzy

crépuscule *m.* twilight, dusk

cresson *m.* cress

crête *f.* crest

crétin *m.* imbecile, hopeless fool

creuser to hollow (out), groove, dig; to make hollow, empty; **se** — to grow hollow

creux *adj. and n.m.* hollow; **chemin** — hollow, sunken, road

crevé worn out, tattered

crever to burst, smash, punch in; (*of animals, and pop., of people*) to die

cri *m.* cry

cribler to riddle, pierce

cric *m.* jack

crier to cry, call out; to speak, creak

crin *m.* (horse) hair

crise *f.* crisis, attack, paroxysm; — **de nerfs** (fit of) hysterics

crisper to make contract, convulse; **se** — to contract, become wrinkled; to clench

crisser to grate, grind, give a rasping sound

croc *m.* hook

crochet *m.* sudden turn, swerve

crochu hooked, crooked

croire to believe; to think; — **à** to suspect, think there is going to be

croisée *f.* casement window

croisement *m.* crossing, intersection

croiser to cross, meet

croissant *m.* waxing (*of moon*), crescent (*of moon*); —· *adj.* increasing, rising

croître to grow, increase

croix *f.* cross

crotte *f.* dung, dropping

crotter to dirty, soil

croupi stagnant, foul

croustillant crisp

croûte *f.* crust (*of bread, etc.*); **casser une** — to have a snack, have a bite of something

croyance *f.* belief

cru bright, harsh, coarse, raw

cruauté *f.* cruelty

cueiller to pick, gather

cuir *m.* leather

cuire to cook, bake

cuisine *f.* kitchen, cooking, **faire la cuisine** to cook

cuisinier *m.* cook

cuisse *f.* thigh

cuit cooked; **vin** — mulled wine

cuivre *m.* copper

cuivré copper-colored

cul *m.* behind; rump

culotte *f.s. or pl.* breeches, knee breeches

culte *m.* worship; fondness

culture *f.* culture, cultivated land, field under cultivation

cure *f.* vicarage, rectory

curé *m.* parish priest

curée *f.* quarry

curieux, -se curious, interested, inquisitive

cyclopéen gigantic

daigner to deign

dalle *f.* flagstone, paving stone

damas *m.* damask

dame *f.* (married) lady; (noble) lady, woman; —! heavens!

damier *m.* checkerboard

damné confounded

se dandiner to have a rolling gait; to dawdle, waddle, roll, sway

danois Danish

danse *f.* dance

danser to dance

davantage longer, more

dé *m.* die; **jouer aux —s** to play dice

débarquer to disembark, land

se débarrasser to rid oneself of

se débattre to struggle

débauche *f.* debauch(ery), dissolute living

débile weak, weakened

débiter to utter, pronounce, recite; to cut up, finish (*lumber*), mill

déboire *m.* disappointment, rebuff, vexation, disagreeable aftertaste

déboiser to deforest

débonnaire meek, mild, soft

déborder to overflow

débouché *m.* outlet, opening, issue

déboucher to clear, unstop; to emerge

débourser to disburse, spend

debout standing; —! get up! up with you!

déboutonner to unbutton

débris *m.* debris, fragments; decrepit being; relic

débrouiller to unravel, disentangle

début *m.* beginning, start; **au —** at first

débuter to begin, appear, come out

décalage *m.* displacement, staggering, difference, discrepancy

décence *f.* modesty

déception *f.* disappointment

décevant deceptive, delusive

décevoir to deceive, delude; to disappoint

décharné emaciated, scraggy

déchéance *f.* fall, decay

déchet *m.* relict, refuse, ruin, wreck

déchiffrer to decipher, make out

déchiqueté jagged

déchirant heart-rending, harrowing, agonizing

déchirer to tear, lacerate

déchirure *f.* tear, rent, opening, break, hcle

décider to decide; **se —** to decide, make up one s mind, come to a decision; **se — pour** to decide on

déclencher to unlatch

décoller to take off; **se —** to come unstuck, come undone; to work loose

décombres *m.pl.* ruins, rubbish

déconcerter to disconcert, confuse, upset

déconfit crest-fallen

décor *m.* setting

découper to cut; **découpe** cut out

décourager to discourage

découverte *f.* discovery

découvrir to discover, reveal, uncover; to perceive, discern, sight

décret *m.* decree, announcement

décréter to decree

décrire to describe

décrocher to take down

dédaigner to disdain, scorn

dédale *m.* labyrinth

défaillir to weaken, fail, faint

défaire to undo, untie; **se —** to come undone, come down (*of hair, etc.*); **se — de** to get rid of

défaut *m.* lack, fault; break, hollow; **à — de** for the lack of, lacking; **faire —** to fail to appear, default

défectueux, -se defective

défendre to defend, prohibit, forbid; **ne pas pouvoir se — de** not to be able to help

défense *f.* defense, resistance

déferler to unfurl; to break

se défier to mistrust, be on one's guard, have misgivings

défiler to parade before, reel off, march past

défoncer to break, batter, stave in

défricher to clear, reclaim (*land for cultivation, etc.*), break (*new ground*)

défunt deceased, defunct, dead; **— m. or f.** deceased person

se dégager to free itself, come into the open, get loose, get free, emerge

déganter to take off one's gloves

dégel *m.* thaw, melting

dégoût *m.* disgust, distaste, dislike

dégoûter to disgust

degré *m* step, degree, stage

déguenillé ragged, in tatters

déguisement *m.* disguise

déguster to taste, sample, sip

dehors out, outside, out-of-doors

déjà already

déjeuner *m.* breakfast

déjeuner to lunch

delà beyond; **au — (de)** beyond, on the other side (of)

délabrement *m.* wreckage, ruin, destruction, ravage

délacer to unlace, undo

délaisser to leave, quit, abandon

délation *f.* informing, spying, betrayal

se délecter to take delight

délicatesse *f.* delicacy, daintiness; delicate attention

délices *f.pl.* delight

délier to untie, undo, unbind, loosen

délire *m.* frenzy

délirer to be delirious, light-headed; to rave

délivrer to deliver, issue (*of tickets*); free

démailloté unwrapped

demain *m.* tomorrow

demande *f.* request

demander to ask (for), beg (for); **se —** to wonder

démanger to itch

démanteler to disable

démarche *f.* gait, walk, bearing; step

démarcheur *m.* canvasser, agent

démarrer to start, start up, pull away, leave

démarreur *m.* starter

démasquer to unmask, show up

démêler to distinguish, disentangle

déménager to move out

démence *f.* insanity, madness

se démener to hustle, move about excitedly

dément crazy, mad

démenti *m.* flat denial, contradiction; failure, disappointment

démentir to belie, deny, contradict

démesuré beyond measure, unmeasured, inordinate

demeurant *m.* remainder; **au —** after all, all the same

demeure *f.* residence, dwelling place, abode **faire —** to take up residence

demeurer to remain, stay, tarry; to live reside

demi *adj. and n.m.* half; **à —** half; **dormant à —** half asleep; **demie** *f.* half-hour

demi-heure *f.* half-hour

demi-mot *m.* half word, hint

demi-siècle *m.* half a century, fifty years

demi-sourd *m.* half-deaf person

démission *f.* resignation

demi-tour *m.* about-face

demi-voix (à) in an undertone, subdued tone; under one's breath

demoiselle *f.* young lady

démon, -e *m. or f.* demon, good or evil genius, imp

démonter to unleash, take apart; **mer démontée** enraged *or* stormy sea

démontrer to show, demonstrate, point out, prove

déni *m.* denial, refusal

dénoncer to denounce, tell on

dénouement *m.* denouement, end, outcome

dénouer to untie, detach

dent *f.* tooth

dentelé notched, indented, jagged

dentelle *f.* lace

dénûment, dénuement *m.* stripping, destitution, deprivation

départ *m.* departure

départager to separate

dépasser to pass, go ahead of; to go beyond, exceed; to stick out

dépecer to break up

dépêcher to dispatch, send; **se —** to hurry

dépens *m.pl.* cost, expense

dépenser to spend, expend; to use up; to give vent to; **se —** to give oneself up to

dépit *m.* spite; **en — de** in spite of

se déplacer to change one's place

déployer to unfold

dépoli frosted

déposer to put down, deposit

se dépouiller to divest oneself

dépourvu short, devoid (of)

depuis from, since, before

dérailler to go off the track

déraisonner to talk nonsense, rave

déranger to disturb; **se —** to put oneself out, go to the trouble

déréglé violent, uncontrolled, disordered, irregular

dérèglement *m.* irregularity, dissoluteness, profligacy

dérision *f.* derision, mockery

dérisoire ridiculously small

dérive: à la adrift

dérivé adrift

dériver to drift

dernier, -ère last; **ce —** the latter

dérouler to unroll, let down; to stretch; **se — to unfold, develop

déroute *f.* rout, retreat

dérouter to bewilder, throw off the scent

derrière *prep.* behind, at the back of; **—** *adv.* behind, at the back, in the rear; **—** *m.* rear, behind; behind, bottom, rump; **sur ses —s** from behind

dès since, as early as; on upon; **— le matin** first thing in the morning; **— lors** from that time onward, ever since (then); **— que** as soon as

désabusé disillusioned

désaltérer to slake, quench (thirst)

désappris unlearned

désarmé unarmed, defenceless

descendre to descend, come down, go down, run out

descente *f.* descent, going down; **— de lit** bedside rug

désenchanter to disenchant, free from a spell

désépris fallen out of love, disenchanted, disillusioned

désespérant heartbreaking

désespérément despairingly, hopelessly

désespérer to despair, lose hope; **se —** to be in despair, give way to despair

désespoir *m.* despair, desperation

déshabiller to undress

désheurer to disturb the hours of, derange

désir *m.* desire, wish

désirer to desire, want (to), wish (for)

désoler to devastate, ravage, lay waste; to distress, grieve

désordonné confused

désordres *m.pl.* disturbances, riots

désormais henceforth

dessécher to dry, wither

dessein *m.* plan, design, project

desserrer to loosen

desserte *f.* butler's tray

desservir to clear (*a table*)

dessin *m.* design, drawing

dessiner to draw, sketch

dessous under, below, beneath

dessus above, over; **— m.** top, upper part; **de —** from, off

dessus-dessous over and over, upside down

destinée *f.* fate

détaché loose, detached

détacher to detach, take off *or* down; **se —** to stand out

détailler to relate, examine in detail

déteindre to fade

dételer to unhitch

se détendre to relax, become slack

détenir to hold, withold; to be in possession of

détourner to turn from, dissuade

détraquer to disorder, throw into confusion **se —** to get out of order, break down, crack up

détresse *f.* distress

détritus *m.* rubbish, refuse, debris

détromper to enlighten

détruire to destroy, blot out

deuil *m.* mourning

deux two, **tous —, tous les —** both

dévaler to descend, go down

devancer to anticipate, get ahead, finish before

devant in front of, before; **— m.** front part

devenir to become; **qu'est-ce qu'elle deviendra?** what will become of her?

devers, dévers *m.* slope

déverser to discharge, precipitate

dévider to unwind, reel off

deviner to divine, guess, predict; to see through; to distinguish, make out

devinette *f.* riddle

dévisager to stare at, look at, take stock of

deviser to chat, gossip

dévoiler to unveil, reveal, disclose

devoir *m.* duty, task; **se faire un — de** to make a point of, make it one's business to

devoir to owe; to be obliged to, have to; must, should, can

dévorer to devour, swallow

dévouer to devote

diable *m.* devil; **pauvre —** poor fellow; **à la —** anyhow, in a harum-scarum sort of way, at random; **le — c'est** the devil of it is (was)

dicton *m.* saying, byword, maxim

dieu *m.* god; **Dieu** *m.* God

différer to delay, put off, postpone

difficile difficult; disagreeable, hard to get along with; **— m.** the difficulty, what is difficult

digital digital; **empreinte —e** *f* fingerprint

digne worthy

digue *f.* dike, dam; causeway, embankment

dilapider to waste, squander

dilater to dilate, expand

dimanche *m.* Sunday; **tous les —s** every Sunday

diminuer to diminish, shorten, wane

dîner to dine, eat dinner

dire *m.* saying; **au — de** according to

dire to say, tell, affirm; **pour ainsi —** so to speak; **si le cœur vous en dit** if you feel like it

diriger to direct, steer; **se —** to go, find one's way

discerner to distinguish, discern

discontinuer to stop

discours *m.* speech

discuter to discuss, haggle over

disette *f.* shortage, scarcity

diseur *m.* monologuist, entertainer, humorist

disjoindre to disunite, separate, disjoin

se disloquer to fall apart

disparaître to disappear

disparition *f.* disappearance

disposer to dispose, have at one's disposal

disque *m.* disk, phonograph record

dissemblance *f.* dissimilarity, unlikeness

dissident *m. or f.* unfriendly, hostile (people, tribes)

dissimuler to dissimulate, hide, disguise, conceal

distiller to distill, instill

distinguer to distinguish, discern, perceive, make out

se distraire to seek, take relaxation; to amuse oneself

distrait absent-minded

divers various, different

se divertir to amuse oneself

divertissement *m.* entertainment, amusement

divinité *f.* deity, god, goddess

diviser to divide

dix ten

dizaine *f.* (about) ten, half a score; **il y a une — d'années** some ten years ago

doigt *m.* finger

dom *m.* (*ecclesiastical title*) father

dominer to dominate; to fly above; overlook

dommage: c'est — it's a pity

dompter to tame, subdue

don *m.* gift

donateur *m.* donor, giver, patron

donc then, so

donnant donnant tit-for-tat

donner to give; to strike (*rocks*), run aground **— affaire à** to keep busy; **— la lumière** to put on the light **— du sabot** to kick; **— le sein (à un enfant)** to nurse (a child); **où — de la tête** where to turn

donneur *m.* giver, dispenser

doré gilded, gilt

dorénavant henceforth, from now on

dorer to gild

dormir to sleep, be asleep; to be dormant; **dormant à demi** half asleep

dos *m.* back

dossier *m.* back

doublage *m.* dubbing

doubler to double, line

doublure *f.* lining

doucement gently, softly

douceur *f.* pleasantness, gentleness

douche *f.* shower, spray

douer to endow (with)

douillet, -te soft

douleur *f.* suffering, pain; **les —s de l'enfantement** the pains, throes, of childbirth

douloureux painful

doute *m.* doubt; **sans —** doubtlessly, without doubt

douter (de) to doubt; **se — de** to suspect

douteux doubtful, uncertain

doux, -ce mild, gentle, meek; sweet

douzaine *f.* dozen; **à la —** by the dozen

doyen *m.* dean

dragon *m.* dragoon

drame *m.* drama, tragedy

drap *m.* sheet

drapeau *m.* flag

dresser to raise, erect, rear, set up, prepare; **se —** to stand (up), rise, hold oneself erect; **— les oreilles** to prick up, cock, one's ears

drogue *f.* drug

droit *m.* right, privilege; law

droit straight, upright, direct; **à —e, à la —e** on, to, the right; **à —e ou à gauche** on all sides, far and wide; **—e** *f.* right hand

droiture *f.* uprightness, integrity
drôle funny, droll; **un — de** a funny
dûment duly, in due form, properly
dur hard, firm; **avoir la tête —e** to be thickheaded *or* dull-witted; to be pigheaded
durant during; **cinq jours —** five days running
durcir to harden
durée *f.* duration, extent
durement with difficulty; harshly, severely
durer to last, endure, continue
duvet *m.* down

eau *f.* water; **les —x** the water
ébauche *f.* rough sketch
ébaucher to sketch; **— un sourire** to give a faint smile
éblouir to dazzle
éblouissement *m.* dazzling, bewilderment, astonishment
ébranler to shake, cause to totter, **s'—** to shake, totter
écaille *f.* scale(s), flake; **lunettes d'—** tortoise-shell glasses
s'écailler to flake (off)
écarlate scarlet
écarquiller to open wide
écart *m.* error, slip; **à l'—** apart, aside
écarter to separate, part, draw aside, set aside, brush aside, spread; **s'—** to move aside, apart
échafaud *m.* scaffold
échancrure *f.* opening, cut-out part
échanger to exchange
échantillon *m.* sample
échapper (à) to escape, slip; **s'—** to escape arise, issue
écharpe *f.* sash, shoulder sash; scarf; veil
échauffer to heat, overheat; **s'—** to get excited
échéant: le cas — should the occasion arise
échec *m.* check, setback, failure
échecs *m.pl.* chess
échelle *f.* ladder
écheveau *m.* hank, skein (*of yarn*)
écheveler to dishevel, disarrange; **s'—** to become disheveled

échine *f.* spine, backbone
échouer to run aground; to be stranded; to ground, wreck
éclabousser to spatter, splash, bespatter
éclaboussure *f.* splash, splatter
éclair *m.* flash (of lightning)
éclairage *m.* lighting, illumination
éclairer to light, illuminate, give light to; to enlighten; **s'—** to light up (*of face, etc.*)
éclat *m.* shine, brilliance; burst, explosion, outburst; piece, splinter
éclatant bursting, dazzling, bright
éclater to burst (out); **— de rire** to burst out laughing, laugh outright
éclore to open, burst, blossom
école *f.* school; **faire —** to start a movement, command a following
écolier *m.* schoolboy
éconduire to show out, lead out, "brush-off," dismiss
économe economical, thrifty
économie *f.* saving
écorcher to skin
écorce *f.* crust, bark
écossais Scotch; (*of material*) plaid
(s')écouler to pass *or* slip away
écourter to crop, shorten
écoute *f.* listening
écouter to listen (to); to pay attention (to)
écran *m.* screen; plaque, name plate
écrasement *m.* crushing, destruction
écraser to crush, annihilate
(s')écrier to cry, cry out, exclaim
écrire to write
écroulement *m.* tumbling, crush, pile, heap
(s')écrouler to collapse, topple over, crumple up
effacer to efface, obliterate, wipe out, erase; **s'—** to stand aside
effarer to frighten, scare, startle
effaroucher to scare, startle
effet *m.* effect, result; *pl.* possessions, belongings, capital; **à — de** for the purpose of; **à cet —** for this reason, for this purpose; **en —** as a matter of fact, indeed
effeuillé stripped of its leaves
efficace effective
efflanqué lean, skinny

effleurer to skim, touch or stroke lightly, graze

s'effondrer to fall in, cave in, collapse, sink, flop

(s')efforcer to endeavor, strive

effort *m.* effort; **faire —** to make an effort, exert oneself

effrayer to frighten, scare, startle

effréné wild, unbridled

effroi *m.* fright, terror, fear

effroyable fearful, terrible

égal equal, steady, even; **d'— en —** on a footing of equality; **ça m'est égal** it's all the same, all one, to me

égaliser to equalize, level

égard *m.* consideration, respect, regard; **à l'— de** toward, with respect to

égaré strayed, lost

égarement *m.* bewilderment

égarer to drive mad, drive frantic; to lead astray; **s'—** to lose oneself, get lost

égayer to make gay, lighten, cheer, enliven

église *f.* church

égorgé *m.* slaughtered person

égorger to cut the throat of; to stick, butcher

élaborer to elaborate, work out, build up, fashion, work into shape

élan *m.* spring, bound; dash, dart

s'élancer to rush, dash

s'élargir to spread, extend, stretch out

élève *m. or f.* pupil

élever to bring up, raise; **s'—** to rise (up), arise; **élevé** high

élire to elect, choose

éloge *m.* eulogy, praise

éloigner to move away

élytre *m.* the hard wing sheath of certain insects

emballage *m.* wrapping

emballer to excite, fire with enthusiasm

embarquer to embark, go aboard

embarras *m.* difficulty, trouble; congestion, jam

embarrasser to embarrass

embaumer to perfume, scent, give off an aroma

emblème *m.* emblem, crest

embouchure *f.* mouth (*of a river*

embraser to kindle, set on fire, burn

embrassement *m.* embrace

embrasser to kiss, embrace

embrasure *f.* embrasure, recess (*of a window*)

embûche *f.* ambush, trap

embuer to dim, cloud

s'embusquer to lie in ambush; to take cover

s'émerveiller to marvel, be amazed

émettre to emit, utter

(s')émietter to crumble (away)

emmêler to tangle, mix up

emmener to lead (off, away); to take

emmitoufler to muffle up

émoi *m.* emotion; excitement, flutter

émouvant touching, exciting

émouvoir to move, touch, stir

s'emparer to seize, take possession of

empêcher to hinder, impede, prevent

empesé stiff, starched

empeser to starch

empêtrer to entangle; **s'—** to flounder, become entangled, become embarrassed

empiler to stack, pile

empire *m.* empire, control

empirer to grow worse

emplette *f.* purchase

emplir to fill; **s'—** to fill up, become full

emploi *m.* use; position, employment

employé *m.* employee, white-collar worker

employer to employ, use; **s'—** to occupy oneself, exert oneself

empocher to pocket

empoigner to grasp, grab, seize

empoisonnement *m.* poisoning

empoisonner to poison, spoil; **s'—** to poison oneself

emportement *m.* burst (of anger)

emporter to carry along, carry off, take away; **l' — (sur)** to win out (over)

empreinte *f.* impression, imprint; **— de talon** heel print; **— digitale** fingerprint

empressement *m.* eagerness, alacrity, solicitude

(s')empresser to hurry, hasten; to show eagerness

emprunter to borrow

encens *m.* incense

enchaînement *n.* chain connection sequence

enchantement *m.* charm

enchanteur, -resse bewitching, enchanting, delightful, charming

encombrement *m.* jam, obstruction, stoppage, bottleneck

encombrer to encumber, litter, overgrow

encontre: à l'— de unlike, in contrast to

encore still, again, moreover, furthermore; longer; **— un coup** once again; **— une fois** once more, once again

encre *f.* ink

s'endormir to fall asleep, go to sleep

endroit *m.* place; **l'—** the right side

endurcir to harden

énergique energetic

énervement *m.* nervous irritation

énerver to irritate, get on one's nerves; **s'—** to become fidgety, get excited

enfance *f.* childhood

enfant *m. or f.* child; **—** *adj.* childlike

enfantin infantile, childish

enfariner to flour, cover with flour

enfer *m.* hell; **les —s** the underworld, Hades

enfermer to shut up, lock up, enclose

enfin finally, at last; in fact, in short

(s')enfler to swell

enfoncer to insert, drive (in), thrust; to sink; **s'—** to plunge, sink, bury

enfouir to hide in the ground, to bury

(s')enfuir to flee, fly, run away, escape

engagement *m.* promise

(s')engager to engage, start up, enter

s'engloutir to be engulfed

s'engouffrer to be engulfed, be swallowed up, be lost to sight

s'engourdir to grow numb

enivrer to intoxicate

enjambée *f.* stride

enjamber to step over, straddle

enjeu *m.* stake

enlever to raise, lift; to remove; to carry off, kidnap, abduct

ennemi inimical, hostile; **—** *m.* enemy

ennui *m.* boredom; worry, anxiety; trouble, annoyance

ennuyé annoyed, worried, vexed

s'ennuyer to be bored

ennuyeux, -se annoying, troublesome, boring

énoncer to state, set forth

énorme enormous, huge

enragé enthusiastic, rabid, out-and-out

s'enrichir to enrich oneself; to grow rich(er)

enroué husky, hoarse

ensanglanter to cover, stain, with blood; **s'—** to become bloody

enseigne *f.* sign, signboard, shop sign

enseigner to teach, instruct

ensemble together; **—** *m.* ensemble, group; whole

ensemencer to sow, plant

enserrer to enclose, grip, crush

ensevelir to bury, shroud

ensoleillé sunny

ensuite after(wards), then

s'ensuivre to follow, ensue, result

entamer to cut (into), touch, scratch, begin

(s')entasser to accumulate, pile up, heap up

entendre to hear, understand; **mal —** to misunderstand; **s'—** to understand each other (one another), get along (well)

entente *f.* understanding, agreement

enterrer to bury

entêtement *m.* stubbornness, unyieldingness

s'entêter to be stubborn; to persist

entier, -ère entire, whole; **tout entière** wholly, completely, altogether

entonnoir *m.* funnel; hollow (*of hills*)

entourer to surround, keep company

entraînement *m.* training, habit

entraîner to drag, draw, pull, drag off, drag away; to bring about, entail, involve

entre-bâiller to set ajar, set half open

entrecouper to interrupt

entrée *f.* entrance, beginning; **porte d'—** front door

entrefaites *f.pl* time interval; **à quelque temps de ces —** some time later

entreprendre to undertake, start a discussion with

entrer to enter, come in

entretenir to converse with, talk to (someone about something); to maintain

entretien *m.* maintenance, care, support· conversation

entrevoir to catch sight of, catch a glimpse of

envahir to invade, overrun

envelopper to envelop, wrap, cover; to surround, hem in

envers *m.* reverse side, back; **à l'—** on the wrong side; **mettre l'âme à l'—** to upset, get on one's nerves

envie *f.* desire, longing, inclination; **avoir — de** to want to, feel inclined to, have a mind to; **donner — à** to make (one) inclined to

environs *m.pl.* surroundings, vicinity, neighborhood

s'envoler to fly off, fly away

envoyer to send

épais, -se thick, bulky; insensitive, "thick" (stupid)

épaisseur *m.* thickness

épaissir to thicken

épancher to pour out

s'épanouir to blossom out, bloom; **épanoui** full-blown, beaming

épargner to spare

éparpiller to scatter, spread about; to blow, ruffle (*hair, etc.*)

épars scattered, sprinkled; suggested, in disorder

épaule *f.* shoulder

s'épauler to huddle together, support (each other, one another)

épaulette *f.* epaulet(te)

éperdu desperate, distracted, bewildered

épervier *m.* sparrow hawk

épi *m.* spike, tuft

épidémie *f.* epidemic

épier to watch, spy upon, be on the lookout

épine *f.* thorn

épineux, -se thorny, prickly; ticklish

épingle *f.* pin

épluchures *f.pl.* peelings, parings

éponge *f.* sponge (eraser)

époque *f.* time, period, date; epoch, era age; **à la hauteur de l'—** level with or abreast of the times

épousailles *f.pl.* nuptials, wedding

épouser to marry

épouvantable frightful, appalling

épouvante *f.* fear, terror, horror

épouvanter to terrify

époux, -se *m. or f.* spouse; husband (wife)

épreuve *f.* proof, trial, experience, test; **à l'— de** proof against

éprouver to feel, experience; to test, try

épuiser to exhaust, tire, wear out; **s'—** to become exhausted, wear oneself out

équilibre *m.* balance; **en — sur** balanced on

équipage *m.* horse and carriage; crew

ergoter to quibble, cavil, split hairs

ermite *m.* hermit

errer to wander, roam, rove, stroll, ramble, drift

escadrille *f.* squadron

escalade *f.* climb, climbing

escalader to scale, climb

escale *f.* port of call, landing field

escalier *m.* stair, stairway, staircase, flight of steps

escamoter to pilfer, filch

escargot *m.* snail

esclavage *m.* slavery

esclave *m. or f.* slave

escompter to reckon upon

espace *m.* space, interval

espèce *f.* kind, sort; species; **dans l'—** essential, fundamental

espérance *f.* hope

espérer to hope, hope for

espoir *m.* hope

esprit *m.* spirit, feeling, wit

esquisser to sketch, outline, half make

s'esquiver to slip away, steal off

essaim *m.* swarm

essaimer to swarm

essayer to try; to test, explore, pioneer

essence *f.* essence, gas(oline)

essieu *m.* axle

essoufflé panting, out of breath; uneasy restless

essuyer to wipe

est *m.* east

estimation *f.* estimate, appraisal

estimer to believe, think; to evaluate, value, estimate

estomac *m.* stomach

s'estomper to shade off

étable *f.* cattle shed; pigsty

établir to establish, set up (*an establishment*); **de quoi s'—** the wherewithal to set up a household

étage *m.* floor, story (*of a house*); **premier —** second floor; **deuxième —** third floor

étagère *f.* shelf, shelves

étain *m.* pewter

étalage *m.* display; **faire —** to show off

étale slack, at low tide

étaler to spread out, display, reveal; **s'—** to spread out, be on display

étamé silvered (*mirror*)

étancher to quench, slake

étang *m.* pond

étape *f.* stage (*of a journey*)

état *m* state, condition

état-major *m.* headquarters

été *m.* summer

s'éteindre to be (become) extinguished; to die

éteint extinguished, dull, dim, faint

étendoir *m.* clothesline

s'étendre to extend, spread; to stretch oneself out, lie at full length

étendue *f.* stretch, expanse

étincelant shiny

étinceler to sparkle, glitter

étincelle *f.* spark

s'étirer to stretch out

étoffe *f.* (piece of) cloth

étoile *f.* star; **passer la nuit à la belle —** to spend the night out-of-doors, in the open, under the stars

étonnement *m.* astonishment, surprise

étonner to astonish, surprise, amaze

étouffer to smother, stifle, mute

étourdiment thoughtlessly

étourdir to bewilder, confuse, befuddle

étrange strange

étranger, -ère *m. or f.* stranger, foreigner

être to be; **— à** to be, belong to; **s'en —** (= **s'en aller** in the past historic tense only) to go away, make off, depart; **y êtes-vous?** are you with it? do you understand? **n'y était pour rien** had no part in it

être *m.* being, individual, creature

étreindre to clasp

étreinte *f.* embrace

étrier *m.* stirrup

étriqué skimpy, tight, cramped

étroit narrow

étude *f.* study

étudiant *m.* student

étudier to study

étui *m.* case, box

eunuque *m.* eunuch

euphorie *f.* euphoria, sense of well-being

européen, -ne European; **à l'—ne** in the European manner

s'évader to escape

Évangile *m.* gospel

(s')évanouir to vanish, disappear; to faint

évanouissement *m.* swoon, faint

évasion *f.* escape

s'évaporer to evaporate

éveiller to wake, waken; **s'—** to awake(n), wake (up)

événement *m.* event, act

éventaire *m.* hawker's basket

éventuel, -le possible, contingent

éviter to avoid, keep clear of, spare

évoluer to revolve, maneuver, move about

évoquer to evoke, suggest

exaltation *f.* excitement

s'exaspérer to become impatient, get exasperated

excédé worn out, overtaxed; impatient

excision *f.* cutting out

excitation *f.* excitement, stimulation

excuser to make excuses for, apologize for; **s'—** to excuse oneself

exécrer to execrate, detest, hate

s'exécuter to submit, comply

exigence *f.* (unreasonable or arbitrary) demand

exiger to exact, demand, insist upon

exorbité popping out of one's head (eyes)

exorde *m.* exordium

expédient *m.* expedient, solution, shift, manipulation

expédier to expedite, perform quickly, dispose of, get rid of, make short work of, rattle off, take care of, dispatch

expéditif, -ve expeditious, prompt

expérience *f.* experience, experiment

expliquer to explain

exprès expressly, purposely, just, on purpose

exprimer to express

exquis exquisite
extase *f.* ecstasy, rapture
exténué exhausted, worn out
extraire to extract, draw out, pull out

façade *f.* front, façade
face *f.* face, " front "; — **à** — face to face; **faire** — **à** to face, brave; **de** — opposite, on the other side; **en** — directly; **en** — **(de)** opposite
fâché vexed, put out, sorry, angry, displeased
se fâcher to get angry, become annoyed
facile easy
façon *f.* manner, fashion
facteur *m.* postman
factice artificial, false
fade flat, dull
fagot *m.* faggot, bundle of firewood
faible weak, feeble
faille *f.* break, fault, streak, fissure
faillir to come within an inch of, almost (do something); to fail
faim *f.* hunger; **avoir** — to be hungry
faire to do; to make; to act a part, act like; to matter; *(with inf.)* to have, cause to; to incur (debts); *(of weather)* to be; — **des yeux blancs** to show the whites of one's eyes; — **effort** to make an effort, exert oneself; — **face à** to face, brave; — **l'effet de** to seem like, look like; — **mine de** to seem; — **part** to confide in; — **route** to walk; — **semblant** to pretend; **y** — to avail; **rien n'y faisait** nothing availed, it was all of no use; — **parvenir** to send; **se** — to become; **se** — **un devoir de** to make a point of, make it one's business to; **se** — **voir** to show off
fait *adj.* made; **bien** — well built; **tout à** — completely, entirely
fait *m.* fact; **au** — in fact, as a matter of fact
faîte *m.* top, summit, pinnacle
falaise *f.* cliff
falloir *(impers)* to be necessary, have to (*with inf.*); to require
famille *f.* family
fanal *m.* beacon-light
fané faded
fanion *m.* flag, pennant, banner
fantaisie *f.* whim, fancy

fantasmagorie *f.* weird spectacle
fantoche *m.* puppet
farce *f.* (practical) joke; **faire une** — **à quelqu'un** to play a joke *or* trick on someone
fard *m.* rouge, make-up
farder to rouge, make up
farine *f.* flour
farouche fierce, wild, savage
fascine *f.* faggot (*of brushwood*)
fatidique fateful
fatiguer to tire; **se** — to get tired, tire
faucon *m.* falcon, hawk
faune *m.* faun
fausser to falsify, break
faute *f.* fault, error, mistake; lack; — **de** for lack of
fauteuil *m.* armchair, easychair
fauve fawn-colored, yellow, tawny
faux,-sse false; **bijouterie fausse** imitation jewelry
faux *m.* something false *or* artificial
favoriser to favor
féconder to fecundate
féerique fairy-like, enchanting
feindre to pretend
feint (*p.p. of* **feindre**) *m.* pretended, pretense
fêler to crack
féliciter to congratulate, compliment; **se** — **de** to be pleased with
fêlure *f.* crack
femelle *f.* female (*animal, fish, etc.*)
femme *f.* woman, wife
fendre to split, slit, cleave; **chapeau fendu** soft felt hat; — **l'âme** to tear one's insides
fenêtre *f.* window
fenouil *m.* fennel
fente *f.* slit, crack, crevice
fer *m.* iron; horseshoe; sword; — **blanc** tinplate, tin; — **de lance** spearhead; **chemin de** — *m.* railroad, railway; **le feu et le** — fire and sword
ferme *adj.* firm
ferme *f.* farm
fermé closed; inscrutable
fermer to close
fermier *m.* farmer
fermière *f.* woman farmer, farm mistress

féroce ferocious, savage fierce
ferré: voie —e railway
ferronnerie *f.* wrought-iron
ferveur *f.* fervor, ardor, earnestness
fesses *f.pl.* buttocks, rump
festin *m.* feast, banquet
fête *f.* feast, festival, celebration; **en pleine
— in** the middle of the party
fêter to celebrate
féticheur *m.* witch-doctor
feu *m.* fire; light; **—x (d'artifice)** fireworks; **au coin du —** by the fireside;
du feu! a light!; **des coups de —** (gun-)
shots
feuillage *m.* foliage, leaves
feuille *f.* leaf
se fiancer to become engaged become be-
trothed
fibule *f.* fibula, buckle, brooch, clasp
ficelle *f.* string
ficher to drive in
fidèle faithful
fier, -ère proud
se fier à to trust, put one's trust in
fierté *f.* pride, self-respect
fièvre *f.* fever
fiévreux, -se feverish, fevered
figer to coagulate, congeal; to set
figure *f.* face; figure, form, shape
se figurer to imagine, fancy
fil *m* thread, stream; wire; **— télégra-
phique** telegraph, telephone, wire
file *f.* file, row
filer to pay out (*rope, etc.*); to slip by, run
filet net; trickle
filin *m* rope
fille *f.* girl; daughter; prostitute; old maid;
jeun — girl; **petite —** little girl;
vieille — old maid, spinster
fils *m.* son
fin *adj* extreme, furthermost; fine; subtle,
shrewd; **le — mot de l'affaire** what's at
the bottom of it, the real truth, the real story
fin *f.* end; **à la —** finally; **sans —** endlessly
finalement finally, in the end
finir to finish, end; **— de vivre** to finish *or*
leave off living, end one's days; **— mal** to
come to a bad end
fiole *f.* phial, flask

fixe intent, fixed, firm
fixer to fix, fix one's gaze on, stare at
flacon *m.* flask, bottle
flageoler to shake, tremble, give way
flamand Flemish
flambeau *m.* torch, candle
flambée *f.* blaze, burst; access; feeling, outburst
flamboyant flaming, dazzling, gaudy
flamboyer to blaze
flanc *m.* flank, side
flasque flaccid
flatter to flatter, caress
fléau *m.* flail; plague, pest
flèche *f.* shaft, beam; arrow
fléchir to bend, buckle, give way, weaken
flétrir to brand, convict, stigmatize
fleur *f.* flower
fleuri in blossom, flowering; flowered,
covered with flowers bedecked with
flowers
fleuve *m.* (large) river
flot *m.* water, surface of water, sea; wave,
flood
flotter to float, flow
flou woolly, fuzzy, fluffy, hazy, blurred
foi *f.* faith; **ma —** upon my word! **faire foi**
to authenticate
foie *m.* liver; **— gras** goose liver
foin *m.* hay
foire *f.* fair
fois *f.* time (repeated); **à la —** at one and
the same time, together; **encore une —**
again, once more; **une —** one time, once;
une — de plus once more
foisonnement *m.* profusion
folie *f.* madness; act of folly
folle *f.* mad woman, mad thing; **— de française** mad French woman
follet, -te merry, lively
foncé dark
foncier, -ère pertaining to land; **propriétaire —** landed proprietor
fond *m.* back, furthermost part, far end;
foundation; depth, bottom, abyss; **à —**
thoroughly
fonder to found, establish
fondre to melt, thaw, fuse; **— en larmes**
to burst into tears

force *f.* force, strength, power; skill; **à — de** by dint of; **à toute —** absolutely, despite everything

forcément necessarily, inevitably

forcené frantic, mad, frenzied

forêt *f.* forest

forfait *m.* heinous crime

forger to forge; **fer forgé** wrought iron

former to form, make, create

fort *adj.* strong, hard; stout; **— de** imbued with

fort *adv.* strongly, loudly

fossé *m.* ditch

fou, fol, folle crazy, mad; **— à lier** stark raving mad

fou *m.* madman, crazy person

foudre *f.* thunderbolt, lightning

fouet *m.* whip; **coup de —** stroke, cut, lash, of a whip

fouille *f.* find (*as a result of digging*); **bronzes de —** bronze objects found in the earth

fouiller to search, rummage, probe

foulard *m.* silk scarf, handkerchief, neckerchief

foule *f.* crowd

fouler to step on, trample, press, tread, crush (grapes)

four *m.* oven

fourbe *m. or f.* rascal

fourchette *f.* fork

fourchu forked

fourgon *m.* van, wagon

fourmi *f.* ant; **avoir des —s dans les jambes** to have a tingling, pins and needles, in one's legs

fournée *f.* ovenful (of bread), batch

fournir to supply; furnish, provide

fourré *m.* thicket; brake

fourrer to stuff, cram; **— son nez dans** to poke one's nose into, butt into

foutre, f . . .: — le camp to get out, beat it; **— la paix** to keep still, shut up

foyer *m.* fireplace, hearth

fracas *m.* din, (sound of a) crash

fraîcheur *f.* freshness, coolness

frais, -che fresh, cool

frais *m.* fresh (air); **prendre le —** to take the air, enjoy the air

frais *m.pl.* expenses, cost; **se mettre en —** to go to expense

fraise *f.* strawberry

franchir to clear (*an obstacle*)

franc-maçonnerie *f.* freemasonry

frange *f.* fringe

franger to fringe

frapper to knock, strike, hit; to impress

frayer: se — un passage to clear a way for oneself

frayeur *f.* fright, fear, dread

frein *m.* brake

frêle frail, fragile

frémir to tremble, quiver, vibrate; to sigh (*of wind*)

frémissement *m.* tremor, quiver

frénésie *f.* frenzy, madness

frénétique frantic, furious, feverish

fréquenter to frequent, attend

frère *m.* brother

friable friable, crumbly

friche *f.* waste land, fallow land; **en —** fallow

frictionner to rub

frileux sensitive to the cold

friper to crease, crumple, crush

frisé curly, crisp

frisson *m.* shudder, thrill

frissonner to be thrilled; to shiver, shudder, quiver

friture *f.* frying; fried food

friturerie *f.* fried fish shop

friturier *m.* keeper of a fried fish shop

froid cold; **— *m.*** cold, coldness, coolness; cold snap; **avoir —** to be cold; **faire —** (*of weather*) to be cold, get cold

froideur *f.* coldness, coolness

froissement *m.* rustle, grazing

froisser to bruise slightly; to offend, give offense, hurt someone's feelings

frôler to graze, rub, touch lightly

fromage *m.* cheese

froncer to pucker, knit; **— le sourcil** to frown

front *m.* forehead, brow; **le — bas** with head bowed

frotté rubbed, cleaned; shining

frotter to rub; to drag, shuffle

fructueusement fruitfully, usefully

fuir to flee

fuite *f.* flight, running away; passage; **prendre la —** to run away

fumée *f.* smoke; vapor; **les —s du vin** the fumes of wine

fumer to steam, smoke; to smoke (tobacco); to fertilize

funeste dire, baneful, sinister, deadly, menacing

au fur et à mesure (que) while, (in proportion) as

fureter to prowl, pry, feel one's way in

fureur *f.* fury, rage

furibond furious, ful of fury

furie *f.* fury, rage; the Furies

fusain *m.* spindle tree, prick wood

fuser to spread, run, leak

fusil *m.* gun; **à portée de —** within gun shot

fût *m.* shaft; cask, barrel

futaille *f.* cask, tun

futur *m.* future (tense)

gage *m.* pledge; token, sign

gager to hire; to wager, bet

gageure *f.* wager, bet, promise, commitment

gagner to reach, arrive at; to win, earn

gaillard gay, brisk

gaillard *m.* fellow, chap

gaillardement gaily, briskly

galbe *m.* curve, contour

galerie *f.* gallery, balcony, arcade

galet *m.* pebble; gravel

galon *m.* gold braid, stripes

galoper to gallop, to pursue

gamin *m.* lad, youngster

gant *m.* glove

ganter to glove

garantir to guarantee, underwrite

garce *f.* bitch

garçon *m.* boy, lad, young man

garde *f.* guard; **garde-cercle** *m.* district messenger; **garde-fou** *m.* parapet, railing, guard-rail, balustrade; **monter la —** to go on guard(-duty); **prendre — à** to take notice, of, pay attention to

garder to keep, watch over, preserve, **se — de** to beware of; **garde à vous!** on guard! look out.

gardien *m.* keeper, guard, caretaker; **— de la paix** policeman, gendarme

gare *f.* railroad station

garnir to furnish, provide, trim

garot, garrot *m.* withers (*of horse*)

gâter to spoil

gauche left

gauchement awkwardly, clumsily

gavroche *m.* ragamuffin, street idler

gaz *m.* gas

gaze *f.* gauze, veil

gazon *m.* grass

géant *m.* giant

geindre to whine, whimper

gel *m.* freeze, freezing, frost

geler to freeze

gémir to groan, moan, wail, lament

gémissement *m.* groaning, moaning, wailing

gendre *m.* son-in-law

gêne *f.* constraint, embarrassment, discomfort

gêné embarrassed, ill at ease, uneasy

gêner to hinder, obstruct; to be in the way; to embarrass, trouble, bother

génie *m.* genius; (guardian) spirit

genou *m.* knee; **à —x** kneeling, on one's knees; **dans ses —x** in her lap

genre *m.* genre, kind, class

gens *m.pl.* people

gentil nice

gentiment nicely

gerbe *f.* sheaf (*of corn*), shower, spray

geste *m.* gesture, motion, movement

gifler to slap, smack

gigantesque gigantic

gilet *m.* vest

giron *m.* lap

givrage *m.* frosting, icing, ice formation

glace *f.* ice; mirror; window (*of vehicle*)

glacé icy

glacer to freeze, chill; **— le sang** to make one's blood run cold

glaçon *m.* block of ice, floe; icicle

gland *m* acorn

glisser to slip, slide, glide

gloire *f.* glory; aureole, halo

glorieux -se glorious; endowed with a halo

gloussement *m.* cluck, gurgle, chuckle, chortle

glu *f.* birdlime
gluant sticky, gummy, gluey
golfe *ı* . sinus (*body cavity, depression*)
gonfler to puff out, swell, distend
gorge *f.* throat; breast
gorgée *f.* swallow
gorger to stuff, cram
gosse *m.* little boy, kid (child)
goujat *m.* farm hand, churl, boor, common laborer
gourd stiff, numbed
goût *m.* taste, appetite, flavor, perception; **mise en —** her (his, *etc.*) appetite whetted
goûter to taste, experience, enjoy, relish
goutte *f.* drop (*of liquid*)
grâce *f.* grace, favor, mercy; graciousness, gracefulness; **— à** thanks to; **demander —** to beg for mercy
gracier to pardon, reprieve
gracile slender, slim
gradé *m.* non-commissioned officer
graillon *m.* smell of burnt fat
grain *m.* grain, particle, speck
graine *f.* seed
graisse *f.* grease, fat
graminée *f.* grass
grand large, great; wide; long
grand'mère *f.* grandmother
grange *f.* barn
grappe *f.* cluster, bunch (*grapes, currants, etc.*)
gras, -se fat, rich, full, plentiful; **foie —** goose liver
gratter to scratch
gravats *m.pl.* rubble, rubbish from masonry
gravier *m.* gravel
gravir to climb
gravure *f.* engraving
gré *m.* liking, will, pleasure, desire, mercy; **bon — mal —** whether one likes it or not, willy-nilly
grêle slender, thin
grêle *f.* hail; **coup de —** hailstorm
grenade *f.* pomegranate
grenier *m.* granary, storehouse; attic
grenouille *f.* frog
grignoter to nibble
gril *m.* gridiron, grill, broiler
grillage *m.* grating
grille *f.* grill, grating

grillon *m.* cricket
grimper to climb (up)
grincer to creak, squeak, grate
gris, -e gray; (*pop.*) (slightly) tipsy
grisonner to gray, turn gray
grogner to grunt; to grumble, growl
gros, -se *adj.* big; heavy, coarse (*thread*); great, coarse, thick (*lips*); **avoir le cœur —** to be heavy-hearted, sad at heart
gros *m.* bulk, mass, chief part; height; big one, big fellow
grossier, -ère coarse, rude, vulgar
grossir to enlarge, blow up
grossissant magnifying
grotte *f.* grotto
grouiller to swarm, crawl, grovel
guenille *f.* rag
guère not much, not many; hardly, barely
guéridon *m.* round (pedestal) table
guérir to cure, make well
guérite *f.* sentrybox, cabin, shelter
guerre *f.* war; **machine de —** engine of war
guerrier *m.* warrior
guetter to watch for, be on the lookout for, lie in wait for
guichet *m.* wicket, small window (*as in a post office, etc.*); shutter (*of confessional*)
guide *f.* rein
guider to guide, lead
guirlande *f.* garland, festoon, wreath

habile clever, skillful, able, capable
habiller to dress
habilleuse *f.* dressing woman
habit *m.* dress, costume; *pl.* clothes
habitant, -e *m. or f.* inhabitant
habiter to live (in), inhabit
habitude *f.* habit; **comme d'—** as usual; **d'—** usually, ordinarily
habituer to accustom; **s'—** to be *or* get accustomed
'hacher to chop up
'hachis *m.* minced meat, mince
'hagard haggard, wild(-looking)
'haie *f.* hedge
'haillon *m.* rag, tatter
'haillonneux ragged, tattered
'haine *f.* hate, hatred
'haineux ful' of hatred

'haïr to hate, detest

haleine *f.* breath; **reprendre —** to recover one's breath, catch one's breath

'haleter to pant, gasp (for breath); to be breathless

halluciné *m.* deluded man, man suffering hallucinations

'hanche *f.* hip

'hangar *m.* shed

'hanter to frequent, haunt

'hardi bold, hardy, daring, fearless

'hargne *f.* crossness, peevishness, ill temper

'haricot *m.* bean

'hasard *m.* chance; **à tout —** just in case; **faire le —** to take the chance

hasardeux, -se hazardous, haphazard, chance, undependable

'hâte *f.* haste, hurry; **avoir —** to be in a hurry; to be eager, impatient

se 'hâter to hasten, hurry

'hâtivement hastily, in a hurry

'hausser to raise; **— les épaules** to shrug one's shoulders

'haut *adj.* high; tall; loud; high (*spirit, color, etc.*); **la —e mer** the open sea; **— de six mètres** six meters high

'haut *m.* top, upper part; **en —** above; **de — en bas** from top to bottom; **le prendre de —** to take a lofty tone

'hauteur *f.* height; **à la — de l'époque** level with, abreast of, the times; **— de poitrine** chest-high

'havre *m.* harbor, haven, port

hébété dazed, stupefied

'hélas! alas!

'héler to hail, call

hélice *f.* helix, spiral

'hennissement *m.* neighing

herbage *m.* grass-land, pasture

herbe *f.* grass, plant, herb; **fines —s** herbs for seasoning; **—s potagères** potherbs; **— d'eau** seaweed

herbeux, -se grassy, grass-grown; hairy

herbier *m.* herbarium (*collection of dried plants*)

se 'hérisser to bristle, become erect, stand up; to ruffle (*feathers*)

héritage *m.* inheritance, legacy

hériter (de) to inherit

héritier *m.* heir

héroïne *f.* heroine

hésiter to hesitate, waver

heure *f.* hour, time; (*after numeral*) o'clock; **à la bonne —** fine, well and good; **de bonne —** early; **tout à l'—** just now, a few minutes ago; presently, in a few minutes

heureux happy, successful

'heurter to bump, knock, strike against

'hibou *m.* owl

hier yesterday

hilare hilarious

'hisser to hoist up, pull up

histoire *f.* story, tale; **— de** for the sake of

hiver *m.* winter

'hocher to nod

homme *m.* man; husband

honnête honest, honorable, upright, faithful

honnêteté *f.* honesty, integrity

'honte *f.* sense of shame; shame; **avoir —** to be ashamed

'honteux, -se shameful, disgraceful; ashamed, embarrassed

hôpital *m.* hospital; charity hospital; asylum (*for the poor*)

'hoquet *m.* hiccup

horloge *f.* clock

horloger *m.* clockmaker, watchmaker

'hormis except

'hors (de) out of, outside (of)

hostie *f.* (eucharistic) host

hôte *m.* guest; host

'houle *f.* swell, surge

huile *f.* oil; oil line; **d'—** oily, shiny; **les saintes —s** the holy oil (*for extreme unction*)

'huitaine *f.* about eight, some eight

huître *f.* oyster

'hululement *m.* hooting

'hululer to hoot

humeur *f.* temper, disposition; vexation, ill temper; **d'une — égale** even-tempered

'hurler to shout, howl, yell, shriek

'hurleur howling, yelling

'hutte *f.* hut, shanty

hypothèque *f.* mortgage

idée *f.* idea; opinion; **— fixe** obsession; **se mettre dans l'—** to get into one's mind

idiot idiotic, senseless

ignoble ignoble, unspeakable, vile

ignorer to be ignorant of, not to know

île *f.* island, isle

illimité unlimited, boundless, unbounded

illumination *f.* illumination, light, enlightenment, revelation

illuminer to illuminate, light up

illustrer to illustrate (*with pictures*)

imaginer to imagine; **s'—** to delude oneself with the thought (that . . .), to think, fancy, suppose

imberbe beardless, hairless

imiter to imitate

immanquablement unfailingly

immeuble *m.* building

s'immobiliser to cease to move, to come to a stop

immonde foul, filthy, vile

immondice *f.* impurity

impasse *f.* blind alley

impassibilité *f.* impassiveness

impassible impassive, unmoved, unperturbed, unconcerned

s'impatienter to wait impatiently, champ at the bit

importer to be important, matter; **n'importe** it doesn't matter, no matter, anyway

impressionnant impressive

impressionner to impress, affect

imprévu unforeseen, unexpected

imprimer to print

impuissant powerless, impotent

inaperçu unnoticed

inattendu unexpected

incendie *m.* fire, conflagration

incendier to set fire to, fire, set on fire, ignite, kindle

incliner to incline, tip up, tilt; **s'—** to bow

inconfort *m.* discomfort

inconnu *m.* unknown person, stranger; (the) unknown

incroyable incredible, unbelievable

incruster to encrust, inlay

inculte uncultivated, unkempt

indécis vague, indistinct

index *m.* index finger

indice *m.* indication

indienne *f.* calico, print

indigène *m.* native

indigne unworthy

indompté unconquered

indu unwarranted, undeserved

induire to lead, induce

inébranlable unshakeable

inégal unequal, rough

inépuisable inexhaustible

inépuisé unexhausted, unceasing

inespéré unhoped for, unexpected, unlooked for

infâme infamous

infini infinite

infirmier, -ère nurse

infliger to inflict

informe shapeless

s'informer to inquire

infranchissable impassable

infructueux fruitless

ingénieur *m.* engineer; **— -possibiliste** progressive engineer

injure *f.* insult

injurier to insult

inlassable tireless, untiring

inquiet, -ète uneasy, worried

inquiéter to trouble, disturb, alarm, worry, make uneasy; **s'—** to worry

inquiéteur *m.* troubler, disturber, alarmer

inquiétude *f.* uneasiness, worry, alarm

insaisissable elusive

inscrire to inscribe

insensiblement imperceptibly

insigne *m.* badge

insignifiant insignificant

insolite unusual, unwonted

insoumis unsubdued

installation *f.* installation, arrangements, accommodation

instant *m.* moment, instant

instantané *m.* snapshot

instituteur, -rice *m. or f.* schoolteacher, teacher, schoolmaster

instruire to inform, teach

insu: à son — unconsciously, unbeknown to him or her

insubordonné insubordinate, insistent

intact intact, untouched

intempérie *f.* inclemency (of weather)

interdire to forbid, prohibit
intérieur *m.* interior, inside; — *adj.* inner, inward
interpeller to call upon
interprète *m.* interpreter
interroger to question, query
interrompre to interrupt
inutile useless, futile
inverse inverse, contrary, opposite
inverser to reverse
invraisemblable unbelievable, incredible, unreasonable
irrespirable unbreathable
irrité irritated, angry
isolateur *m.* insulator
isolement *m.* loneliness, isolation
isoler to isolate, detach, separate
issue *f.* issue, outcome, solution, escape
ivre intoxicated, drunk
ivresse *f.* intoxication; rapture, ecstasy
ivrogne *m. or f.* drunkard

jaillir to spring up, shoot forth, spurt, issue
à jamais forever
jambe *f.* leg; **fuir à toutes —s** to fly as fast as one's legs can carry one, at full speed; to fly for one's life; **tenir la — à quelqu'un** to buttonhole someone
jardin *m.* garden
jardinier *m.* gardener
jaunâtre yellowish
jaune yellow
jaunir to make yellow, gild
jersey *m.* jersey, finely knitted wool material
jet *m.* gush, spurt, jet, beam
jetée *f.* jetty, pier
jeter to throw, hurl, fling; to shout
jeu *m.* play, sport, game; expression, movement; acting; reflection; **avoir beau —** to have fine sport; **— de lumières** lighting (effects), reflection; **même —** same thing, ag in ditto; **mener le —** to call the tune, game, ay; **piqué au —** excited, warmed up, ove the game
jeune young
jeûner to fast
jeunesse *f.* youth
joie *f.* mirth, merriment, joy
joindre to fold, clasp (*hands*)

joli pretty
jonc *m.* rush
joncher to strew, bestrew, litter
joue *f.* cheek
jouer to work, operate, function, act; to play, gamble; to impersonate, feign; to exercise (*muscles*)
joueur *m.* cardplayer, gambler
jouir to enjoy, be in possession of
jour *m.* day, daylight; **dans un — sombre** under a shadow, in a bad mood; **petit —** morning twilight; **la pointe du —** the daybreak; **quinze —s** two weeks, fortnight; **tous les —s** every day
journal *m.* newspaper; diary
journalier, -ère daily, every day
journée *f.* day, day's work
joyeux, -se merry, mirthful, joyous
jucher to perch, roost
juge *m.* judge
jugement *m.* judgment, verdict, sentence
juif *m* Jew.
juillet *m.* July
jurer to swear
jusque as far as, up to; **jusqu'à** as far as, until, even, to the point of
juste *adj.* exact; — *adv.* exactly, rightly, precisely; **au —** exactly; **— à temps** just in time
justement just, justly, exactly, precisely, very, as it happens, as it happened

képi *m.* peaked cap, kepi

là-bas yonder, over there
labeur *m.* labor, work, toil
laborieux, -se laborious, working
labour *m.* tilling, plowing
labourer to plow, till, break ground
lac *m.* lake
lacet *m.* shoe-lace
lâche *adj.* loose, slack
lâche *m.* coward
lâcher to release, set free; to get loose, lose; **— prise** to let go, loosen one's hold
lâcheté *f.* cowardice
laid ugly

laine *f.* wool

laisser to let, leave, allow; **se — faire** to offer no resistance

lait *m.* milk

laiteux, -se milky

laitier *m.* milkman

lambeau *m.* scrap, bit, shred; rag, tatter

lampe *f.* lamp

lampe-tempête *f.* storm lantern, hurricane lantern

lampiste *f.* lamp maker, lamp seller

lancement *m.* throwing, hurling

lancer to throw, fling, cast; to start (something) going, send up

lange *f.* diaper, *pl.* swaddling-clothes

langue *f.* tongue; language

langueur *f.* languor, listlessness

lapin *m.* rabbit

lard *m.* bacon, salt pork

large *m.* open sea; midstream; **au —** out toward sea; **semblaient au large** seemed to have plenty of room

large *adj.* broad, wide, big, sweeping; **de long en —** up and down, to and fro; **— d'épaule** broad-shouldered; **— de plusieurs mètres** several meters wide

larme *f.* tear; **fondre en —s** to burst into tears

larmoyant weeping, tearful, weepy

larron *m.* thief

las, -se tired, weary

lasser to tire; **se —** to tire, become tired, become weary, grow weary

lavabo *m.* washroom, lavatory, basin

lavande *f.* lavender

lavandière *f.* washerwoman

lavé: couleur —e faint, washed-out color

laver to wash; **se —** to wash (oneself)

lavoir *m.* wash-house

lécher to lick

leçon *f.* lesson

lecteur *m.* reader

lecture *f.* reading

léger, -ère light, nimble, agile; **à la —** lightly, frivolously

légitime legitimate

légume *m.* vegetable

lendemain *m.* next day, morrow

lent slow

lenteur *f.* slowness; **avec —** slowly, gradually

lessive *f.* wash, washing, articles washed

lestement quickly, briskly, lightly

lever to raise; **se —** to get up, stand up; to break (*of the dawn, etc.*); **le soleil levant** the rising sun; **levé** standing

lèvre *f.* lip

liaison *f.* relationship, liaison

liasse *f.* packet, bundle

Liban *m.* Lebanon

libre free

licence *f.* master of arts degree; **— ès lettres** master's degree in literature

licite lawful, permissible

liège *f.* cork

lien *m.* tie, bond

lier to bind, fasten, tie; **fou à —** stark raving mad

lieu *m.* place; **avoir —** to take place; **tenir — de** to take the place of

lieue *f.* league (2½ *miles*)

ligne *f.* line; **— du nez,** *etc.* contour; **à grosse —** sweeping contour, of large dimensions; **sur toute la —** all along the line, without exception, always

se liguer to league, to form a league

lilas *m.* lilac

limace *f.* slug

limbes *f.pl.* limbo

lin *m.* flax, linen

linge *m.* laundry, washing; linen, table linen; underwear; cloth; **armoire à —** linen chest

liqueur *f.* liquor, liqueur

lire to read

liseré *m.* edge, brink

lisière *f.* edge, border, skirt

lisse smooth, glossy, polished

lisser to smooth, slick, polish

lit *m.* bed

lit-divan *m.* divan bed, studio couch

litière *f.* litter

livre *m.* book

livrer to deliver (up), give (up); **se — (à)** to surrender, give oneself up (to), indulge (in)

locataire *m. or f.* tenant, lodger

loge *f.* box (*in theater*)

loger to lodge, live

logis *m.* dwelling, house

loi *f.* law; **projet de —** bill

loin far; **au —** in the distance; **de —** from far off, from afar

lointain distant, remote, far off

loisir *m.* leisure

long *m.* length; **de — en large** up and down, to and fro; **tout de mon —** at full length; **le — de** along

long, -ue *adj.* long; **à la —ue** in the long run, in the end

longer to pass, go along, skirt

longtemps long (*time*)

longuement slowly, deliberately; at great length, in detail

loque *f.* rag

loquet *m.* latch

loqueteux, -se *adj. and n.* ragged, tattered (person)

lors: dès — from that time onward, ever since (then); **— de** at the time of

lorsque when

louange *f.* praise

louche cross-eyed; ambiguous, shady, suspicious

loukoum *m.* (= **rahat-loukoum**) Turkish delight (*candy*)

lourd heavy, clumsy, close, sultry

lourdeur *f.* heaviness, clumsiness

loyer *m.* rent (al)

lubie *f.* whim, fad, freak

lubrique libidinous, lustful

lueur *f.* gleam, glimmer

luire to shine

luisant shining, gleaming

lumière *f.* light

lumineux, -se luminous, brilliant (*idea, etc.*); light, bright

lune *f.* moon

lunettes *f.pl.* spectacles, glasses

lutte *f.* fight, struggle, wrestling match; **— au couteau** fight with knives, desperate hand-to-hand fight

lutter to struggle, wrestle

luxe *m.* luxury, abundance

macérer to macerate; to mortify

mâcher to chew

mâchoire *f.* jaw

madame *f.* lady, Mrs., ma'am

mademoiselle *f.* Miss

magasin *m.* shop, store

magnanime magnanimous, generous

maigre thin, meager, paltry

maigrir to grow thin

maille *f.* stitch

maillon *m.* link

maillot *m.* jersey, shirt; **— de marin** sailor's jersey

main *f.* hand

maint many (a . . .)

maintenant now

maintenir to hold, support; to hold in position

mairie *f.* town hall, municipal center

mais but

maïs *m.* maize, corn

maison *f.* house, establishment

maître *m.* master (*of a house, dog, etc.*), schoolmaster

maîtresse *f.* mistress

mal *m.* (*pl.* **maux**) hurt, harm; malady, ailment; trouble; **faire du —** to do harm, hurt; **en — de** badly in want of; **—** *adv.* badly, ill; **— entendu** misunderstood; **se trouver —** to faint, swoon

malade sick, ill; **cœur —** bad heart; **—** *m.. or f.* sick person

maladie *f.* sickness, disorder

maladif, -ive morbid

maladresse *f.* blunder; clumsiness, awkwardness; **commettre une —** to make a blunder, to blunder

maladroit clumsy

malaise *m.* uneasiness, discomfort

malédiction *f.* curse

malentendu *m.* misunderstanding

malfaiteur *m.* malefactor, wrongdoer, evildoer; felon

malgré in spite of; **— que** in spite of (all)

malheur *m.* misfortune, calamity

malheureusement unfortunately

malheureux *m.* poor wretch

malice *f.* malice, maliciousness

malicieux, -se sly

malin, -gne shrewd, cunning, smart

malle *f.* trunk

mallette *f.* suitcase

malmener to maltreat, abuse, handle roughly

malsain unhealthy, unwholesome

maltraiter to maltreat, ill use, treat badly

malveillance *f.* malevolence

mamelle *f.* breast

mamelon *m.* rounded hillock

manante *f.* boor; villager, churl

manche *f.* sleeve, cuff; — *m.* handle

mandants *m.pl.* constituents

mandarine *f.* tangerine

manège *m.* training, breaking in (of a horse)

mânes *m.* shades, spirits

mangeaille *f.* victuals, grub

manger to eat; **salle à** — dining room

mangeur *m.* eater

manie *f.* mania

manière *f.* way, manner; — **de voir** point of view; **de** — **à** in such a way that, so that

manieur *m.* handler

se manifester to appear, show up

manne *f.* basket, hamper; crate

manque *m.* lack

manquer to lack, be missing; to fail; to give way; to miss (*aim, etc.*); — **à la parole** to break one's word, go back on one's promise

manteau *m.* cloak, overcoat

maquillage *m.* make-up

marais *m.* swamp, bog, marsh(land)

marâtre *f.* stepmother, cruel mother

marbre *m.* marble, marble top (*of bureau, etc.*)

marc *m.* brandy made from lees

marchand *m.* merchant

marchandage *m.* bargaining

marchander to bargain (over), haggle

marchandise *f.* merchandise, goods

marche *f.* walk, walking; step; step (*of stairs*); **se mettre en** — to set out, start off, move off

marché *m.* deal, bargain, contract; market

marchepied *m.* step, footboard, running board

marcher to walk, go, do someone's bidding; **faire** — to string (someone) along

marécage *m.* marshland, bog, swamp

marelle *f.* hopscotch

marge *f.* margin, leeway; **en** — **de** on the fringe of; **de** — left, remaining

marguillier *m.* churchwarden

mari *m.* husband

mariage *m.* marriage; — **de raison** marriage of reason *or* convenience

marier to marry, marry off

se marier to marry, get married; **marié, -ée** married

marin *m.* sailor, seafaring man; — *adj.* marine

marmaille *f.* children, kids

marmiton *m.* scullion, cook's boy

marmotter to mutter, mumble

Maroc *m.* Morocco

maroquin *m.* morocco (leather)

marquer to mark, indicate, note

marqueterie *f.* inlaid-work, marquetry

marron chestnut(-colored), maroon

mars *m.* March

marteler to hammer; to emphasize

Marthe Martha

martyre *m.* martyrdom

massif *m.* mountain range

mat mat, unpolished, dull

mât *m.* mast; — **de cocagne** greased pole

matelot *m.* sailor

matière *f.* material, matter

matin *m.* morning; **le** — in the morning, mornings

matinal early morning, morning (*adj.*)

matrice *f.* womb

mâture *f.* masts

maudire to curse

maudit(e) *m. or f.* accursed one; *adj.* confounded, cursed

Maure *m. and f.* Moor

maussaderie *f.* sullenness, peevishness

mauvais imperfect, poor, inadequate; bad, evil

mécanicien *m.* mechanic

mécanique *f.* mechanism, machinery, machine; **à la** — mechanically, by machinery

méchant naughty, mischievous, nasty, vicious

médecin *m.* doctor; — **des morts** coroner

médiocre mediocre, middling

médisant *m.* slanderer, scandal-monger

méduse *f.* jelly-fish

méfiance *f.* mistrust, suspicion

méfiant distrustful, suspicious

se méfier to mistrust, distrust

mégot *m.* (cigarette) butt

mélanger to mix, mingle

mêlée *f.* fracas, melee, free-for-all

mêler to mix, mingle, blend; **se —** to intrude; **mêlé** mixed, mingled

melon *m.* melon; simpleton, fathead; **chapeau —** bowler hat

même *adj.* same, very; *adv.* even; **— pas** not even; **tout de —** just the same; **à —** level with, even with, right on

menace *f.* threat

ménage *m.* household, family; housekeeping; **rentrer dans son —** to return home; **jeune —** young (married) couple; **femme de —** housekeeper

ménager to spare; to be careful with, treat gently, handle carefully

ménager, ère domestic, housewifely

ménagère *f.* housekeeper

mendiante *f.* beggar woman

mendier to beg

mener to lead, ply; **où ça nous mène?** where's that getting us?; **— à bien** to carry out, complete, bring to a successful issue; **— le jeu** to call the time; to call the game *or* play

mensonge *m.* lie, falsehood

mensonger, -ère lying, deceitful, deceptive

menthe *f.* mint

mentir to lie, tell a lie; to belie

menton *m.* chin

menu small

se méprendre to make a mistake, be mistaken (**sur,** about, regarding)

mépris *m.* scorn

méprisant scornful

mépriser to despise, scorn, hold in contempt

mer *f.* sea; tide; **la — monte** the tide is rising

mercenaire *m.* hireling

merci thank you, no thanks; **— bien** thank you very much

mère *f.* mother

merveille *f.* marvel, wonder

mésaventure *f.* mishap, misfortune

messe *f.* mass

mesure *f.* measure; **à — que** as, while, at the same time as; **en —** in strict time (*music*)

mesurer to measure

métier *m.* trade, profession, occupation, job, calling; loom; **il n'y a pas de sot —** it's no sin to work for a living

mètre *m.* meter (*measure of length* = *3.28 ft.*); (meter) rule

métrique metric

métro *m.* subway

mets *m.* food, dish

mettre to put, place; to set (table); to dress, wear, put on; **— en œuvre** to use, avail oneself of; **— le cap sur** to head for; **mis(e) en appétit** his (her, *etc.*) appetite whetted; **mettons** let's say

se mettre to get, get into; to go; to sit down; **se — à** to begin to, attack, lay into; **se — à genoux** to kneel (down); **se — en marche** to set out, start off, move off; **se — en mouvement** to start off, move off; **se — en retard** to be late

meuble *m.* piece of furniture; *pl.* furniture

meule *f.* stack, rick (*of hay*); grindstone

meurtre *m.* murder

meurtri bruised, bloodshot (*eyes*)

meurtrier *m.* murderer

meurtrière *f.* loop-hole

midi *m.* noon, midday

miel *m.* honey

mieux better, best; **tant —** so much the better; **de mon —** as best I could

mil *m.* millet

milieu *m.* middle, midst; **au beau —** right in the middle

mille thousand

millier *m.* thousand

mimer to mime, act a part without words, mimic

mimique *f.* mimicry

mince thin, slender

mine *f.* face, look, appearance; **faire — de** to seem to; **avoir bonne —** to look well

minette *f.* black medic

ministère *m.* ministry, department

minuit *m.* midnight; **vers les —s** toward midnight; **à — sonnant** at the stroke of midnight

minuscule small, tiny, minute

minutieux, -se minute; meticulous

mise *f.* putting, placing; dress, attire; — **en fosse** interment, burial; — **en marche** starting up

misérable poor, poverty-stricken; — *m. and f.* poor wretch

misère *f.* misery, trouble; extreme poverty, destitution

missel *m.* missal (*book containing what is said or sung at mass*)

mitan *m.* middle

mitraille *f.* grapeshot

mitraillette *f.* machine pistol

mi-voix: à — in a low tone

mode *f.* fashion, style; **à la dernière —** in the latest *or* newest fashion

mœurs *f.pl.* habits, customs, mores

moindre lesser, least

moineau *m.* sparrow

moins less; **à — que** unless; **pour le —** at the least, to say the least

mois *m.* month

Moïse Moses

moisson *f.* harvest

moissonneur *m.* harvester, reaper

moitié *f.* half; **à —** half, halfway

mollement languidly

molletières *f.pl.* puttees

moment *m.* moment; **à tous —s** constantly, at every turn; **au — de** just about to; **du — que** since; **par —s** at times, now and again

mondain worldly, fashionable, easy, assured

monde *m.* world; people, society; **du —** in the world; **tout le —** everybody, everyone

monégasque of Monaco

monnaie *f.* money; change; — **de cendre** worthless change

monotone monotonous

monsieur *m.* sir, mister (*with other title can be omitted in translation*)

monter to climb on, get on; to ascend, go up, come up; (*of tide*) to rise; (*of sea*) to swell; to man (a boat); (*of a bird*) to soar; to set up, erect; **se — la tête** to get excited

montre *f.* watch

montrer to show, display, exhibit; **se —** to appear; — **le poing** to shake one's fist

se moquer (de) to mock, make fun (of), laugh (at); not to care about, not to give a hang about

moqueur, -se mocking

moraine *f.* moraine

moral mental, intellectual; psychological; moral

morale *f.* morals, moral code

morceau *m.* morsel, piece, bit

mordorer to bronze

mordre to bite

More *m.* Moor

morigéner to lecture, chide, berate, reprimand

morne mournful, doleful, gloomy, dejected; monotonous

morose morose, melancholy, tragic

mort, -e dead; still; *m. and f.* dead person, deceased; **médecin des —s** coroner; **tête de —** death's-head, skull

mort *f.* death

mortel, -le mortal, deadly

mosquée *f.* mosque

mot *m.* word; saying, pronouncement, statement; **au bas —** at the lowest estimate, lowest figure; **en un —** briefly, in a word, in a nutshell; **savoir le fin — de l'affaire** to know what's at the bottom of it, know the real story

mou, mol, molle soft, flabby, limp; **se faire mou dans leurs mains** to become putty in their hands

mouchard *m.* sneak, informer, police spy, stool pigeon

mouche *f.* fly

se moucher to wipe one's nose

mouchoir *m.* handkerchief

moue *f.* face, grimace

mouette *f.* gull

mouillé moist, wet, damp

mouiller to wet, moisten; **se —** to get wet

mouler to cast, mould, show the shape of

moulin *m.* mill

mourir to die; **à —** mortal; deathly

mousse *f.* moss

mousseline *f.* muslin

mousseux frothy, foaming

moustache *f.* mustache (*used in pl.*)

moutarde *f.* mustard

mouton *m.* sheep

moutonner to froth

mouvement *m.* movement, motion; **se mettre en —** to start off, move off

moyen *m.* means

muet, -te dumb, mute; **à la —** without speaking, by gestures

mufle *m.* nose, snout

mugir to roar, boom

mugissement *m.* lowing, bellowing (*of bull, etc.*)

munir to equip, provide

mur *m.* wall; amphitheater

mûr ripe

muraille *f.* wall

mural, -e, -aux *adj.* mural, wall

murer to wall up; **muré** inscrutable

mûrir to ripen, mature; (*of bread*) to rise, bake; to ferment

musée *m.* museum

muser to idle, dawdle, dally, tarry

musique *f.* music

mutation *f.* change

mystérieux, se mysterious, mysteriously

mystique *f.* mysticism, religion

nacre *f.* mother-of-pearl

nacré *adj.* mother-of-pearl, pearly

nage *f.* swimming; **à la —** by swimming

nager to swim

nageur *m.* swimmer

naïf artless, unaffected; simple-minded, guile-less

nain dwarf

naissance *f.* birth

naître to be born; to arise; to grow; to dawn

nappe *f.* tablecloth, surface, sheet, cloth; **— d'autel** altar cloth

narine *f.* nostril

nasiller to speak through one's nose

nature *f.* nature; disposition, temperament; **de —** naturally · **— morte** still life

navire *m.* ship

navrant heart-rending

navré heartbroken

ne . . . rien nothing, not . . . anything

néant *m.* nothingness; **homme de —** man of naught

nef *f.* nave

négociant *m.* businessman

nègre *m.* Negro, black

neige *f.* snow

nerf *m.* nerve; **crise de —s** fit of hysterics

nerveux, -euse nervous

net, nette clean, spotless; decisive, clear, distinct

net *adv.* completely, suddenly

netteté *f.* clearness, sharpness, distinctness

nettoyer to clean

neuf new

neveu *m.* (*pl.* **-eux**) nephew

nez *m.* nose

nid *m.* nest

nier to deny

nippes *f.pl.* garments

niveau *m.* level

noblesse *f.* nobility

noces *f.pl.* wedding

nœud *m.* knot

noir black, dark; **nuit —e** pitchdark; **—s employés** slaves

noir *m.* blackness

noircir to blacken

nom *m.* name

nombre *m.* number; **un grand —** a great number, a great many

nombreux numerous

nommer to name; **nommé** named

nord north, northern

nouer to tie, knot

noueux, -euse knotty, gnarled

nourrir to nourish, feed; **nourri** (*of gunfire*) brisk, heavy, well directed, well sustained

nourriture *f.* food, meal

nouveau, nouvel, nouvelle new, other; other; **à —** anew, afresh; **de —** again

nouveau-né *m.* newborn child

nouvelle *f.* piece of news; tale, short story; *pl.* news

noyade *f.* drowning

noyau, -aux *m.* stone, pit (*of fruit*)

noyer to drown; **se —** to drown oneself; to be steeped; **noyé** blurred

nu naked, bare; **— -tête** bareheaded

nuage *m.* cloud

nuageux cloudy, overcast

nuisible harmful

nuit *f.* night; night flying; — **noire** pitch-dark; **à la — tombante** at nightfall; **à — pleine** when night had fallen

nul, nulle (*with* **ne**) no, not one (*adj.*); — **part** nowhere

nullement not at all, by no means, not in the least

numéro *m.* number, issue

nu-pieds barefoot

nuque *f.* nape of the neck

obéir (à) to obey

obéissant obedient

objet *m.* object

obscur obscure, indistinct, dim

obscurcir to obscure, darken

obscurité *f.* darkness

obstiné obstinate, stubborn, head-strong

'sobstiner to show obstinacy, persist; **s'— à** to persist in

obstruer to obstruct, block

obtenir to obtain, get, come by

obus *m.* shell (artillery)

occuper to occupy, inhabit, reside in; **s'— de** to pay attention to

océan *m.* type of boat

ocellé ocellated, spotted with eye-like markings

odeur *f.* odor, smell; scent

odorant savory, odorous, sweet-smelling

œil *m.* (*pl.* **yeux**) eye; **coup d'—** look, sight, eyesight, penetration, understanding; **faire des — blancs** to show the whites of one's eyes

œillet *m.* pink, carnation

œuf *m.* egg

œuvre *f.* work; **mettre en —** to use, avail oneself of

offrir to offer; **offert** offered, presented

oignon *m.* onion

oiseau *m.* bird

ombre *f.* shadow, shadowy figure; shade

ombrelle *f.* parasol

omettre to omit

onde *f.* wave; — **sonore** sound-wave

ongle *m.* nail (finger, toe)

onze eleven

s'opposer (à) to oppose, be opposed (to)

or *m.* gold, money

or now

orage *m.* storm

ordinaire: d'— ordinarily

ordonnance *f.* arrangement, disposition

ordonner to order, command, direct, arrange

ordure *f.* dirt, filth, ordure

orée *f.* edge, verge

oreille *f.* ear; **tendre l'—** to prick up one's ears; **prêter l'—** to lend one's ear, give ear

oreiller *m.* pillow

orgiaque orgiastic, frenzied

orgue *m.* (**orgues** *f.pl.*) organ

orgueil *m.* pride

orgueilleux, -se proud, arrogant

orient *m.* east

orner to adorn, decorate, embellish; **s'— (de)** to be decorated (with)

orphelin orphaned

orteil *m.* toe

orthographe *f.* spelling

os *m.* bone

osciller to swing, sway, rock

oser to dare, dare to undertake

oseraie *f.* osier bed

ostensiblement pointedly, ostentatiously

ôter to remove, take away

où where, when; **pour —?** where to?

ouailles *f.pl.* flock

ouater to wad, pad; deaden

ou bien or else; — **alors** or else

oubli *m.* forgetfulness, oblivion

oublier to forget

ouest *m.* west

ouf (*interj.* indicating relief or oppression) ah! ha!

ours *m.* bear

outil *m.* tool, instrument

outre beyond; **en —** besides, in addition to, moreover; **passer —** to go on, proceed further

outrepasser to exceed, go beyond

ouvrage *m.* work

ouvrier *m.* worker, workman

ouvrir (*v.t.*) to open; **ouvert** opened, open; **s'—** (*v.i.*) to open

paille *f.* straw

pain *m.* bread, loaf of bread

pair even; — **ou impair** odd or even

paisible peaceful

paître to graze; to lead to pasture

paix *f.* peace

palabre *f.* palaver

palais *m.* palace

pâleur *f.* paleness

palier *m.* landing (*of a stair*)

pâlir to turn pale

pâlissement *m.* paling, growing pale, fading out

palmeraie *f.* palm-grove

palmier *m.* palm-tree

pâlot, -otte palish, wan

palper to feel, touch

pamplemousse *m.* grapefruit

pan *m.* coat tail, corner of a coat; section, piece

pancarte *f.* placard, label

panier *m.* basket

panique *f.* panic, terror

panne *f.* motor trouble, breakdown, mishap, break; **en —** stranded; **tomber en —** to fail, break down; **jusqu'à la — d'essence** until I ran out of gas, until running out of gas

panse *f.* belly, paunch, bulge

pansu paunchy

pantalon *m.* trousers, pants; (woman's) drawers, knickers

pantin *m.* jumping jack

paperasse *f.* paper, useless document

papier *m.* paper, document

papillon *m.* butterfly

paquet *m.* package, bundle, parcel, packet

parabole *f.* parable

parade *f.* show, display, ostentation

paraître to appear, seem

paravent *m.* (folding)screen

parbleu to be sure! why of course! darn(ed); confounded

parce que because

parcimonieux stingy, niggardly

parcourir to go over, traverse, cover

par-dessus over (*the top of*), above

pardessus *m.* topcoat, overcoat

pareil, -le alike, the same; **— à** like, the same as; **en — lieu** in such a place

parent *m.* parent, relative

parer to adorn, deck out; to parry, meet

paresse *f.* laziness, indolence

paresseux, -se lazy; **—** *n.* lazy person, lazybones

parfaitement perfectly, completely, thoroughly; certainly, yes indeed

parfois sometimes, occasionally, now and then

parfum *m.* fragrance, scent, bouquet

parfumer to scent, perfume; **— avec de la violette** to use violet perfume; **parfumé** perfumed, scented, fragrant

parier to bet, wager

parler to speak, talk; **— de** to talk about, refer to

parmi among

paroi *f.* wall, casing

parole *f.* promise, word; utterance, remark, **donner —** to promise, give one's word; **manquer à la —** to break one's word, go back on one's promise; **reprendre la —** to begin speaking again

part *f.* share, part, portion; **à —** apart, aside (from); **à — entière** full time, a hundred per cent; **de ma —** from me; **de toutes —s** on all sides, everywhere; **faire — à** to confide in; **nulle —** nowhere; **quelque —** somewhere

partager to share

partance *f.*: **en —** about to sail, outward bound

parti *m.* route, course; **prendre —** to decide; **tirer le meilleur —** to get the most out of

particulier, -ère peculiar, special, characteristic; private

partie *f.* game; part

partir to leave; to go off; **à — de minuit** from midnight on

partout everywhere

parure *f.* ornament, jewelry

parvenir to arrive at, reach; succeed; **faire —** to send

pas *m.* step, walk, pace; **au —** at a walk, slowly; **— de la porte** doorstep; **faire des —** to take a few steps

passage *m.* passing

passager *m.* passenger

passager, -ère passing, fleeting, momentary

passant *m. or f.* passer-by

passé *m.* past

passé *prep.* beyond

passer to pass, go by; pass away, fade away, die; to pass (something) over, through; to go down; to go beyond, surpass; to pass over, overlook, omit, leave out; to spend (time); to come out; to slip on (*dress, etc.*); **il fallut en — par là** one had to resign oneself; **se —** to happen; to pass away, fade away; **se — de** to do without; **— pour** to be considered

passine *f.* riddle

passionné passionate, impassioned, ardent

patate *f.* sweet potato

patauger to splash, flounder (*in mud*)

pâte *f.* paste, cream, dough; **— pectorale** cough drop

patin *m.* skate

patrie *f.* country, native country

patrimoine *m.* patrimony, heritage

patron *m.* proprietor, owner

patrouiller to patrol

patte *f.* claw, foot, paw; **à toutes —s** at full speed

paume *f.* palm

paupière *f.* eyelid

pauvre poor, unfortunate, wretched; **—** *m. and f.* poor one, unfortunate one; **—s** *m.pl.* (the) poor

pavé *m.* paving-stone

paver to pave

payer to pay; discharge, settle (*a bill*); **se —** to treat oneself to

pays *m.* country, land

paysage *m.* landscape

paysan, -anne *m. and f.* peasant

peau *f.* skin, hide, leather; flesh; coating, film, flake

Peau-Rouge *m.* Indian, redskin

péché *m.* sin

pêche *f.* fishing, fishing operation

pécher to sin

pêcher to fish; to catch, land (a fish); **— à la ligne** to angle (with rod and line)

pécheur *m.* sinner

pêcheur, -euse *m. and f.* fisherman (woman)

pécore *f.* animal

peigne *m.* comb

peigner to comb

peindre to paint, depict, describe, relate

peine *f.* pains, trouble; sorrow, affliction; **à — (si)** hardly, barely, scarcely; **n'être pas la —** not to be worth while; **sous — de** on pain of

peiner to toil, labor

peintre *m.* painter

peinture *f.* paint, painting, picture, portrayal

peler to peel, peel off

pelletée *f.* shovelful

se pelotonner to curl up

pencher to bend; **se —** to bend, stoop, lean (over, out)

pendant during

pendentif *m.* pendant

penderie *f.* hanging-wardrobe

pendre to hang, sag, droop, suspend; to hang (on the gallows)

pendu *m.* person who has been hanged or who has hanged himself

pendule *f.* clock

pénétrer to enter, make one's way

pénible painful, difficult

péniblement laboriously, with difficulty

pénombre *f.* half light, semidarkness

pensée *f.* thought; pansy

penser *m.* (*archaic*) thought

penser to think, consider; **— à** to think about, consider; **vous pensez bien!** you can imagine

pente *f.* slope

pénurie *f.* scarcity, shortage

percer to pierce, penetrate

percevoir to perceive, discern; to levy, collect

percher to perch, roost

perclus stiff-jointed, paralyzed

perdre to lose, waste; **— son temps** to waste one's time

perdu ruined, lost; **à corps —** headlong

père *m.* father; **le — Idiart** old Idiart, old man Idiart

perfide treacherous, false-hearted

péripétie *f.* vicissitude

périr to perish

perler to form in beads

permettre to permit, allow, excuse

pernicieux, -se harmful

pernod *m.* pernod (*an apéritif similar to absinthe*)

pérorer to hold forth

perron *m.* flight of steps

persienne *f.* Venetian shutter, slatted shutter

persil *m.* parsley

personnage *m.* person of rank *or* distinction; individual

perte *f.* loss

pertuis *m.* hole, opening; strait, narrows

pervenche *f.* periwinkle

pesant heavy, clumsy

pesanteur *f.* heaviness, sluggishness

peser to weigh; to bear, press hard

pester to rail, storm, curse

pétarade *f.* crackling (of fireworks)

petit little, small; — *n.* little one *or* thing; small one

pétrir to knead

pétrole *m.* lamp oil, kerosene

peu *m.* little, bit; — **à** — little by little, bit by bit; — **de** few, little

peuple *m.* people, the multitude; nation

peupler to people, inhabit, occupy

peuplier *m.* poplar

peur *f.* fear, fright, dread; **avoir** — to be afraid; **faire** — to frighten

peureux, -se afraid, fearful

peut-être perhaps

phare *m.* lighthouse; headlight

physionomie *f.* face, expression

piailler to cheep; to squeal

pic *m.* pick, pickaxe; (mountain) peak

picotement *m.* tingling

pie *f.* magpie

pièce *f.* piece (*of money*), coin; play, stage presentation; room (*of a house*); fragment, bit; **mettre quelque chose en** —**s** to break something into bits, break to pieces; **tout d'une** — all of a piece, with one's whole body, completely

pied *m.* foot; base; foot (*12 inches*); **mettre** — to set foot; **sur la pointe des** —**s** on tiptoe; **prendre** — to touch bottom; **sur** — standing ,where they stand; **coup de** — kick

piège *m.* trap, snare

pierre *f.* stone; — **fine** jewel, precious stone

piété *f.* affectionate devotion, piety

piétinement *m.* stamping, trampling

piéton *m.* pedestrian

pieu *m.* stake, post

pieusement piously, reverently

piler to crush, grind, shatter

pilier *m.* pillar, column

piller to pillage, plunder, loot

piment *m.* pimento, red pepper

pin *m.* pine (tree), fir (tree)

pince *f.* pincer, claw

pincée *f.* pinch

pincer to nip, pinch, squeeze

pinces *f. pl.* pincers, pliers

pine *f.* penis

piolet *m.* ice axe

pion *m.* pawn

pipe *f.* pipe (*for tobacco*)

piquant *m.* quill, spine

piquer to prick, prod, spur, bite, pierce; **piqué au jeu** excited *or* warmed up over the game; **se** — to pride oneself, have a pretension; **se** — **de** to take it upon oneself to …

piquet *m.* stake, post

piqueur *m.* groom, outrider

piqûre *f.* pricking, puncture, injection

pire *adj.* worse

pis worse

piscine *f.* font, baptismal font; public bath, swimming pool

pisé *m.* pisé, puddled clay

piteusement piteously, woefully

piteux piteous, woeful, pitiable

pitié *f.* compassion, pity

piton *m.* eye-bolt, screw-eye

pitoyable pitiful, despicable

pivert *m.* green woodpecker

place *f.* place; public square; position, seat, space; **à la** — **de** in place of; **sur** — on the spot

placer to place, set; invest

plafond *m.* ceiling

plage *f.* beach, shore

plaie *f.* wound, sore; evil

plaindre to pity; **se** — to complain

plaine *f.* plain, flat open country, flat stretch

plainte *f.* complaint, cry

plaire to be pleasing, please; **s'il vous plaît** please, if you please

plaisant funny, amusing, ridiculous

plaisanter to joke

plaisanterie *f.* joke; **par —** jokingly

plaisir *m.* pleasure; **faire — à quelqu'un** to please someone; **prendre — à** to take pleasure in, enjoy

plan: premier — foreground

planche *f.* board, plank; **faire l'amour avec une —** to make love to a plank, i.e., without eliciting any response

plancher *m.* floor

planer to soar, hover

plaque *f.* exposed ground, flat bank, patch, spot; wad, hunk, piece, slab; (ornamental) plaque (*of porcelain, pewter, etc.*)

plaquer to cake, cling to; to smack

plat flat, dull, insipid; **à — ventre** flat on one's stomach

plat *m.* dish; flat (*of one's hand*)

plateau *m.* tray, pan

plâtre *m.* plaster

plein full; wide, heavy; **à nuit —e** when night had fallen; **en —** wide, completely; **en — au milieu** right in the middle; **en —e nuit** in the middle of the night

pleurer (*v.i.*) to weep, cry, shed tears; (*v.t.*) to weep, mourn (for)

pleuvoir to rain, pour

pli *m.* fold; declivity; habit

plier to fold up, bend; to fold

se plisser to pucker, wrinkle

plomb *m.* lead; **tuyau de —** lead pipe

plombé leaded, leaden; gray

ployer to bend

pluie *f.* rain

plume *f.* feather

plupart *f.* most, majority

plus more; **au —** at the most; **de —** extra, additional, more; moreover

plusieurs several

plutôt rather

pluvier *m.* plover

pluvieux, -se rainy, wet (*weather*)

poche *f.* pocket; **acheter chat en —** to buy sight unseen

poêle *m.* stove

poésie *f.* poetry

poète *m.* poet

poids *m.* weight, load, burden

poignée *f.* handle; handful

poignet *m.* wrist

poil *m.* hair (*other than on head*)

poilu hairy, shaggy

poing *m.* fist

point not at all

point *m.* point, mark; period; **à —** just right; **au —** adjusted, arranged, perfected; **— de côté** sharp pain; **un — c'est tout** and that's that

pointe *f.* point, tip, toe (*of shoe*); touch, bit; spit, tongue (*of land*); **en —** tapering; **— du jour** daybreak; **sur la — des pieds** on tiptoe

pointer to dot a note (*in music*); to perform in a staccato manner

poisson *m.* fish

poisson-chien *m.* dogfish

poitrine *f.* chest, breast; **fluxion de —** pneumonia

poli polished, worn; polite, civil

police *f.* police, policing; policy (*insurance*)

policier *m.* policeman

politesse *f.* politeness

poltron, -ne timid, chicken-hearted

pommade *f.* pomade, paste

pomme *f.* apple; **— d'Adam** Adam's apple; **— d'amour** tomato; **— de terre** potato

pondéré cool, level-headed

pont *m.* bridge; **—s et chaussées** public works

porc *m.* pig, pork

porc-épic *m.* porcupine

porche *m.* portal

porcher *m.* swineherd

portail *m.* principal door, portal (*of church, etc.*)

portant: mal — ailing, in bad health; **bien —** well, in good health

porte *f.* door, gate; **à leur —** on their very doorstep, in their very back yard

portée *f.* reach; significance; **à — de fusil** within gunshot; **hors de la — des voix** out of calling range

porter to raise; to carry, bear, take; to render; to wear; to deliver; **se —** (*of health*) to be

portière *f.* door (of car)

portique *m.* portico, porch

posé dignified, stiff, poised; calm, settled

poser to place, set down, put; to bring to a stop; **— des questions** to ask questions; **se —** (*of aviator*) to land

posséder to possess; **se —** to contain oneself, control oneself

poste *f.* post; **cheval de —** post horse; **maison des —s** post office; **— restante** general delivery; **train de —** high speed, full speed

poste *m.* station

pouce *m.* thumb

poudre *f.* powder; **— de riz** face powder

poule *f.* hen

poulet *m.* chicken

poumon *m.* lung

pourceau *m.* hog, pig, swine

pourparlers *m.pl.* negotiations

pourpre purple

pourquoi why, what for; **— (faire)?** why?

pourrir to rot, decay, disintegrate

poursuivre to pursue, continue with

pourtant however, nevertheless

pourtour *m.* periphery, circumference

pourvoi *m.* appeal, petition for mercy

pourvoir to provide

pousse *m.* rickshaw (man)

pousser to push, shove, thrust, impel, urge; to snap, shoot (*of a bolt*); to urge on (*of a horse*); to open, push open (*of a door*); to grow; to utter (*cry*), heave (*sigh*); **— à bout** to aggravate (someone) to extremes; **se —** to push forward

poussière *f.* dust

poussin *m.* chick

pouvoir to be able to, know how to, can, could; **n'en — plus** to be exhausted, tired out; **se peut-il** can it be

pré *m.* meadow

précipité precipitate, hurried, hasty

se précipiter to dash, rush headlong

précisément as it happens or happened; as a matter of fact

préciser to be precise, explicit

préjugé *m.* prejudice

premier, -ère first; **— m. or f.** first one, first

prendre to take, seize, catch; take on, assume; catch up, hit; **— à cœur (de faire quelque chose)** to set one's heart (on doing something); **— conscience** to become conscious; **— garde à** to take notice of, pay attention to; **— la fuite** to run away; **le — de haut** to take a lofty tone; **— le dessus** to rally, overcome (*feelings of sorrow*); **— pied** to touch bottom; **se — à** (*plus inf.*) to begin to; **s'y —** to manage; **il nous prenait des envies** we were seized with the impulse

preneur *m.* buyer, purchaser, taker

prénom *m.* first name

préoccupé (de) preoccupied, taken up (with)

près near, nearby; **— de** near, close to, next to; **de tout —** from near by, at close range

présage *m.* omen

presque almost, nearly

pressant urgent, insistent

pressentir to have a presentiment, foreboding, hunch

presser to press, clasp, urge; **— le pas** to hasten one's steps, quicken one's pace

se presser to hurry, make haste; **pressé** hurried, in a hurry; close

preste alert, sharp

prêt ready, prepared

prétendant *m.* suitor

prétendre to claim

prétention *f.* pretension, claim

prêter to lend, give, attribute; **— l'oreille** to lend one's ear, give ear; **— le serment** to give oath

prétexter to pretend, feign

prêtre *m.* priest

preuve *f.* proof

prévenir to warn, give a warning; to predispose, prepossess

prévoir to foresee, forecast; to anticipate

prier to beg, request, entreat, ask, beseech

prière *f.* prayer

prieur *m.* prior

prime first; **de — abord** to begin with, at first

printemps *m.* spring

prise: avoir — sur to have a hold on, over

privé private
priver to deprive
prix *m.* value, worth, cost; **au — de** at the price of
procédé *m.* procedure, technique
procès *m.* lawsuit; **un mauvais —** an unsuccessful lawsuit
prochain next; approaching, impending
proche near
prodigue prodigal, spendthrift; **—** *m.* the prodigal
prodiguer to lavish
produire to produce
profond deep; heavy, full, powerful; sonorous; **au plus —** to the very core
profondeur *f.* depth
proie *f.* prey; **en — à** prey to, victim of
projet *m.* project, plan, scheme; **— de loi** bill; **faire des —s de loi** to draft *or* formulate bills
projeter to project, throw
prolonger to prolong
promenade *f.* walk, stroll; **bout de —** stroll, turn, short walk
se promener to walk, ride
promener to take (someone) for a walk, to walk
promettre to promise
promotion *f.* class (*of persons promoted*)
prononcer to pronounce, utter
propos *m.* remark, utterance; gossip; **à — de** in connection with; **à son —** in this connection, on this occasion
propre neat, clean; own; **— à** characteristic of; **en —** of one's own; **en — s termes** in so many words
propriété *f.* property, characteristic
protéger to protect
provenir to proceed result, arise, come (**de** from)
provocant tantalizing, alluring, lascivious
prune *f.* plum
pudeur *f.* modesty
puîné, -ée younger (brother or sister)
puis then
puiser to draw (*water*)
puisque since
puissamment powerfully
puissance *f.* power, strength

puissant powerful
puits *m.* well
punir to punish
punition *f.* punishment
pupitre *m.* desk, stand; **— à musique** music stand
putain *f.* whore
putois *m.* polecat, skunk

quai *m.* wharf, pier
qualité *f.* quality, good quality, merit, virtue
quand même just the same, nevertheless
quartier *m.* quarter, section (*of city, etc.*), neighborhood; a large piece
quasi almost, near, sort of
quasiment almost, nearly
quatorze fourteen
quatre four
quatrième fourth
quelconque some ... or other
quelque some, any; **— chose** something; **— ... que** whatever, however; **—s** *pl.* some, a few
quelqu'un someone; **quelques-uns** some, a few
queue *f.* tail, line
quiconque whoever
quinzaine *f.* fortnight
quinze fifteen
quitter to leave; to take off
quoi what (*interr.*), which; **— que** anything; **— que ce fût** anything at all; **à — bon** what's the use
quotidien, -ne daily

rabattre to strike down, knock down, drop
raccommoder to mend, repair
raccorder to join, connect, link up
raccourcir to shorten, abbreviate
racine *f.* root
râclement *f.* scraping noise
râcler to scrape
raconter to tell, narrate
racornir to make hard *or* tough (*as horn*)
rafale *f.* strong gust, blast
se raffermir to harden, grow strong
raffinerie *f.* refinery
raffoler to be mad, be enthusiastic

rafistoler to patch up, fix

rafraîchir to refresh

ragoût *m.* stew, ragout

raide stiff; **tomber —** to drop, fall (unconscious)

raidir to stiffen; **se —** to brace oneself, stiffen

raie *f.* stripe

railler to scoff at, mock

raillerie *f.* banter, scoffing, mockery

raison *f.* reason, justification, motive; reasoning, thinking; **avoir —** to be right; **boire plus que de —** to drink to excess, more than one ought, more than is good for one; **mariage de —** marriage of reason *or* convenience

raisonnement *m.* reasoning

raisonner to reason, reason with; **se —** to reason with oneself, bring oneself to reason

râle *m.* rail (*bird*); rattle in the throat, death rattle

ralenti *m.* slow motion

ralentir to slow down

râler to have a death rattle; to quake, shudder

ramasser to collect, pick up; **se —** to double up, roll oneself up

rameau, *m.* (small) branch, bough, twig

ramener to bring back (again); to pull down, draw down; **se — à** to boil down to

se ramifier to branch out

rampe *f.* banister, railing

ramper to creep, crawl

rancune *f.* grudge, rancor

rang *m.* rank, row

se ranger to stand aside; to line up

ranimer to revive, come to life again

rapetisser to make small(er), shrink

rappeler to remember, recall; to remind (of)

rapport *m.* return, production, productiveness, yield, profit; connection, resemblance

rapporter to bring back, yield, have to show for

(se) rapprocher to bring, draw near(er)

ras: à (au) — de level with, flush with

rasé shaven

raser to shave; to graze, skim

rasoir *m.* razor

rassembler to reassemble, bring together again; to assemble, collect

se rasséréner to recover one's spirits, brighten up

rassurer to reassure

se rattraper to catch oneself

rauque hoarse, raucous, harsh

ravager to ravage

ravir to ravish, enrapture, delight, please; to carry off, rob (someone of something)

raviver to revive

rayé striped

rayon *m.* ray, beam

rayonner to beam

réagir to react, rebel

réaliser to realize, experience, make real, accomplish, install; **se —** to become real

rebelle rebellious

rebondir to bump, bounce; to revive

rebrousser: faire — chemin à to head off, turn back

rebut *m.* rebuff, rejection

recevoir to receive

réchauffer to warm

recherche *f.* research, search, searching, quest

rechercher to search, seek (for)

rechute *f.* relapse

récit *m.* recital, account, tale

réclame *f.* publicity, advertisement

réclamer to lay claim to, claim, make a claim

recoin *m.* nook, recess

récolte *f.* harvesting, collecting, gathering

recommencer to begin again, resume

reconnaissance *f.* recognition; gratitude

reconnaître to recognize

recourber to bend, bend back, curve

recouvrir to cover

se recroqueviller to huddle, curl up, shrivel (up)

recrue *f.* recruit

reçu *m.* receipt

recueillir to collect, pick up, gather **se—** to collect oneself, one's thoughts, to retire within oneself

recul *m.* movement backwards

reculer to move back, draw back, recoil

récupérer to recover, retrieve, recoup

récurer to scour

redevenir to become again

redire to say again, repeat, reiterate, harp on

redoutable formidable, dreadful

redouter to fear, dread

redresser to erect, straighten out, raise, tilt

se redresser to straighten up, sit up

réduire to reduce; to subjugate

réel, -le real, true

réfléchir to think, ponder, reflect

reflet *m.* gleam, glint, reflection

se refléter to reflect itself, be reflected

refluer to flow back, fall back, swing back

reflux *m.* flowing back, ebbing

réformer to discharge, dismiss

refroidir to cool, chill

se réfugier to seek refuge, go into hiding, to retreat

regagner to get back to, reach (*a place*) again, go back to

se régaler de to feast on

regard *m.* look, glance, gaze; **— de mouton** sheep's look, sheeplike look

regarder to look at, watch; **— dans** to look among

regimber to kick, balk; to resist

régir to manage, govern, direct

registre *m.* register, record, account book

régner to reign, prevail; to extend

regret *m.*: **à —** with regret

regretter to regret; to miss, long for

régulier, - ère regular, steady

rein *m.* kidney; *pl.* loins

rejeter to throw back

rejoindre to rejoin; to overtake

réjouir to delight, gladden, cheer; **se —** to rejoice

relâche *m.* respite

relever to raise, lift (up); to call attention to, bring into relief; to set off; to take off; **se — ** to rise again, revive

reluire to shine (*by reflected light*), glitter, glisten, gleam

remarquer to notice

remblai *m.* embankment

se remémorer to remember, recall, call to mind

remercier to thank

remettre to put *or* set back, again *or* on again; to put off, delay; to hand (something to someone); **se — à** to start again, resume,

make up; **se — à la besogne** to resume work, return to one's job

remonter to climb, go up (again); to raise up again, rise again; to hitch up (*trousers*); to wind up (*clock*); to stem (*current*)

remontrance *f.* remonstrance

remords *m.* remorse, self-reproach; **un —** a feeling or twinge of remorse

rémouleur (knife-and-scissors-) grinder

remous *m.* eddy, air current

remplaçant *m.* substitute (in team, etc.)

remplacer to replace, take the place of

remplir to fulfill, carry out; stuff

remporter to win, reap, gain

remuer to move, stir, agitate

renaître to be born again; **— à la vie** to take a new lease on life

renard *m.* fox

rencontre *f.* meeting; **avancer à sa —** to come to meet her

rencontrer to meet

rendez-vous *m.* appointment

rendre to make, render; to return, give back, restore, yield; **— compte de quelque chose** to account for something; **se — ** to make one's way, proceed, go; **se — compte** to realize, understand, know what's what; **— visite à** to pay a visit to, visit, call upon; **— la main** to ease the reins

renflé swollen

renflement *m.* swelling, bulge

renforcer to reinforce

renfrogné frowning, glum

se rengorger to strut, swagger, give oneself airs

renifler to sniff

renom *m.* renown, fame

renoncement *m.* renunciation

renoncer (à) to renounce, give up, forego

se renouer to tie again; to renew

renouveler to renew, replace

se renseigner to get information, make inquiries

rentrer to go in again, enter again, reënter; to return home, come home

renverser to invert, turn upside down; to knock down, upset; to lean back; **se —** to fall over, fall down, upset, overturn, capsize

renvoyer to send back, reflect

répandre to spread, diffuse, pour out, scatter; **se —** to spread

reparaître to reappear

repartir to set out, start out again

repas *m.* meal

repêcher to fish up *or* out (again)

repenti repentant

se repentir to repent

replier to bend, fold, twist; **se —** to fold up, fall back, retire within oneself

répliquer to reply, retort

répondre to reply, answer

repos *m.* rest, repose; **en —** at rest, relaxed

reposer to put, place, set back; **se —** to rest, take a rest

repousser to push away, repel; to shoot, swing, up again

reprendre to recommence, resume, take back; **— le chemin** to take (to) the road again; **— connaissance** to regain consciousness, come to; **— haleine** to recover one's breath, catch one's breath; **— la parole** to begin speaking again

représenter to represent; depict, portray; **se —** to imagine

reprise *f.* resumption; **à plusieurs —s** time and again; **à différentes —s** at various times

reproche *m.* reproach

requin *m.* shark

réseau *m.* network

résigner to resign; to give up

résine *f.* resin

résister to resist, stand up, last

résoudre to resolve, determine

respirer to breathe

resplendir to be resplendent, shine

ressaisir to seize again, recapture; **se — de** to regain possesssion of, seize again

ressasser to go back over, hark back to

ressemblant like, alike

ressentiment *m.* resentment

ressentir to feel, experience

resserrer: se — to contract, shrink, become tighter

ressort *m.* spring, mainspring; device

ressusciter (*v.i.*) to revive, come to life again

reste *m.* rest, remainder; **du —** besides, moreover

rester to remain, stay; to be left

rétablir to reëstablish, right

retard *m.* delay; **en —** late; **se mettre en —** to be late

retenir to hold back, stop (*from falling, etc.*); to retain, remember; **— son souffle** to hold one's breath

retentir to (re)sound, echo, ring

rétif, -ve restive, stubborn, disobedient

retirer to take out, withdraw; **se —** to withdraw; to fall, subside, ebb (*sea, etc.*), recede

retomber to fall back, sink back

retour *m.* return, coming back; **être de —** to be back (again)

retourner to return, go back; to turn over; **se —** to turn around, turn over, turn

retrancher to cut off; **se —** to entrench oneself, hide

retrousser to roll up, turn up

retrouver to find (again)

réunir to unite, join together

réussir to succeed

revanche *f.* revenge; **en —** on the other hand

rêve *m.* dream; **faire un —** to have a dream

réveil *m.* awakening

réveiller (*v.t.*) to wake, wake up, rouse; **se —** to awake, wake up

revendre to sell again, sell to someone else

revenir to come back, return; to revert (to); **— à soi** to recover consciousness; **s'en —** to return

rêver to dream (of)

réverbère *m.* street lamp

revers *m.* back, edge, lapel

revêtir to put on, don, clothe

rêveur *m.* dreamer

revivre to relive; **faire —** to revive

revoir to see again

revoir *m.* return, homecoming, welcome

révolu completed, irrevocable

revue *f.* review, periodical

rezzou *m.* raiding party (*Arab*)

rhume *m.* cold

ricanement *m.* sneer, sneering laugh

ricaner to laugh sneeringly or derisively

ricanerie *f.* derisive laughter

richesse *f.* wealth, riches

rideau *m.* curtain

ride *f.* wrinkle, line

ridé wrinkled

rien nothing; — **de** — nothing at all, not a damn thing; **un** — **de** just a little

rieur, -se smiling, laughing, gay, cheerful

rigolade *f.* fun, lark, spree

rigueur *f.* harshness, strictness; **à la** — if need be, at the worst, in a pinch

ripolin *m.* enamel (paint)

rire to laugh; — **de** to laugh at

rire *m.* laugh, laughter

rive *f.* bank, strand, shore (*of river, etc.*)

river to rivet

rivière *f.* river, stream

riz *m.* rice; **poudre de** — face powder

rizière *f.* rice plantation, rice paddy

robe *f.* dress, robe, gown

robinet *m.* tap, faucet, spigot

roc *m.* rock

rocher *m.* rock

rôder to prowl, hang around

roi *m.* king

rôle *m.* role, part; **à tour de** — in turn

roman *m.* novel

rompre to break (off)

rond *adj.* round, rounded; **être** — **en affaires** to do a straight deal, square deal; **tourner** — to hum, run perfectly (*of a motor*)

rondouillard large, round, flabby

ronflement *m.* rumbling, booming

ronger to gnaw, torment, trouble; **être rongé par la peur** to be tormented by fear

rongeur *m.* rodent

rosace *f.* rose window; rosette

rose pink

roseau *m.* reed

rosée *f.* dew

rosir to turn pink

rotin *m.* rattan cane, switch

rôtir to roast

roue *f.* wheel

rouge red

rougeâtre reddish

rougeaud red-faced

rougeur *f.* redness; blushing, blush

rougir to blush

rouillé rusty

roulement *m.* roll

rouler to roll; to fluctuate, vary

roumain Rumanian

route *f.* route, road, way, highway; **en** — on the way; **faire** — to walk

roux, -sse reddish-brown; red-haired, sandy-haired; brown, tan, tanned

royaume *m.* kingdom

royauté *f.* royalty; authority

ruban *m.* ribbon, band

rude hard, arduous, severe

rudement roughly, coarsely; awfully, extremely

rue *f.* street

ruelle *f.* alley, side street

ruine *f.* ruin, downfall

ruisseau *m.* stream

ruisseler to stream, run; to trickle, drip; to perspire

rumeur *f.* rumor, report; din, clamour, uproar

ruse *f.* ruse, trick, stratagem

rusé sly, astute, wily

sable *m.* sand

sableux sandy

sablonneux, -se sandy

sabot *m.* wooden shoe

sac *m.* sack, bag, pouch

saccade *f.*: **par —s** in jerks, by fits and starts

saccadé jerky, abrupt, staccato

sacré sacred

sacrifier to sacrifice

sage wise, judicious, prudent

sage-femme *f.* midwife

sagesse *f.* wisdom; good behavior

saigner to bleed

saillie: en — projecting

saillir to stick out

sain healthy

saisir to seize, grasp, lay hold of, catch hold of; to perceive, discern; **se** — **to possess** oneself, catch hold of oneself

saisissant startling, striking

saisissement *m.* shock

saison *f.* season; **jeune** — youth

salaud *m.* dirty dog, skunk, stinker, bastard

sale dirty, unclean, obscene

saleté *f.* dirt, dirtiness, coarseness

salir to dirty, soil

salle *f.* hall, room; — **commune** living room; — **à manger** dining room

salon *m.* living room, waiting room

saloperie *f.* filth, filthiness, messiness, dirty business, scurvy treason

saluer to salute, bow to

salut hello; — *m.* blessing, salvation

sang *m.* blood; **se faire du mauvais —** to fret, fume

sanglant bloody, covered with blood

sanglier *m.* wild boar

sanglot *m.* sob

sangloter to sob

sans without, if it were not for, except for

santal *m.* sandal(wood)

santé *f.* health

saoul drunk; — **comme un soleil** drunk as a lord

sauf save, but, except (for)

saule *m.* willow

saupoudrer to sprinkle, powder, dust

saut *m.* leap, jump, vault

saute-mouton *m.* leapfrog

sauter to jump, leap (over), spring, skip; to break, blow up; to come off, fly off; — **au cou de quelqu'un** to fling one's arms round someone's neck, to hug someone; — **aux yeux** to be evident, obvious; **se faire — la cervelle** to blow one's brains out

sauterelle *f.* grasshopper, locust

sautiller to hop, skip, jump about

sauvage savage, wild

sauver to save, redeem; **se -** to run away

savane *f.* savanna

savant *m.* scholar; — *adj.* learned, skillful, clever

savate *f.* old, worn-out shoe; **en —s** down at the heel

saveur *f.* savor, taste, delight

savoir to know; to know how to (do something); to be informed of; **se —** to be (become) known, be found out

scander to mark, stress, punctuate

scélérat *m.* rascal

sceller to seal; to fasten

scène *f.* scene, stage

science *f.* knowledge, learning, science

scintiller to sparkle, glitter, glisten

sciure *f.* sawdust

scruter to scrutinize, scan, examine closely

séance tenante straightway

seau *m.* pail, bucket

sec, sèche dry; spare, curt; gaunt, lean; barren, dried up

sécher to dry

sécheresse *f.* dryness, curtness

seconder to second, support, aid

secouer to shake (off, up), rouse; to give (someone) a dressing-down

secourable helpful, willing to help

secours *m.* help, relief, aid, assistance, rescue

secousse *f.* throb, jolt, shaking, shock

séduire to seduce

seiche *f.* cuttle-fish

seigneur *m.* lord, squire, nobleman, noble

sein *m.* breast; **donner le — (à un enfant)** to nurse (a child)

séjour *m.* stay, sojourn, abode

sel *m.* salt

selle *f.* saddle

selon according to; **c'est —** that depends

semaine *f.* week; **dans le courant de l'autre —** in the course of next week

semblable alike, similar (to); — *m.* fellow man

semblant *m.* semblance, appearance; **faire — to** pretend

sembler to seem, appear

semelle *f.* sole (of shoe); **elle ne le quitte pas d'une —** she sticks close to him

semence *f.* seed, source

semer to sow, scatter, sprinkle

sempiternel neverceasing

sens *m.* sense, intelligence; direction; meaning; **bon —** sense, common sense

sensé sensible, judicious

sensibilité *f.* sensitivity, tenderheartedness

sensible sensitive; perceptible

senteur *f.* smell, odor, fragrance

sentier *m.* path, footpath

sentiment *m.* feeling, sense, consciousness, sentiment, sentimentality; **privé de —** numb, unconscious

sentir to feel, be conscious of; to smell; **se — ** to be perceptible, feel; **senti** well expressed, true to life, heartfelt

séparer to separate, part

serein serene, tranquil, cheerful

sergent *m.* sergeant

sérieux, -se serious, serious-minded

serment *m.* (solemn) oath; **prêter le — ** to give oath

sermonner to lecture, reprimand

serre *f.* hothouse, greenhouse

serré close together, dense, tight; **avoir le cœur — ** to be sad at heart, heavy-hearted; **dents —es** teeth clenched

serrer to tighten, pull close together; to press, squeeze, clasp; to sink (*of heart*); **se — ** to crowd; **se — contre** to snuggle up to; **se — la main** to shake hands

serrure *f.* lock

servage *m.* serfdom, bondage

serveuse *f.* waitress

serviette *f.* napkin; towel; brief case

servir to serve, be useful; **à quoi — ** what is (was, *etc.*) the good, the use, of that; **se — de** to make use of, use

serviteur *m.* servant

servitude *f.* servitude, constraint

seuil *m.* threshold

seul alone; single, only; **— ** *m. or f.* the only one

seulement only, solely; even

sève *f.* sap

sévir to rage

sexe *m.* sexual organ

siècle *m.* century; age (*of time*)

siège *m.* siege; coachman's box, seat, chair

siffler to whistle

sifflet *m.* whistle

signe *m.* sign; gesture, motion; **faire — à** to motion to, make a sign to

signer to sign

signifié made known

signifier to mean, signify

silencieux, -se silent, taciturn

sillage *m.* furrow, wake

singe *m.* monkey

sinon otherwise, if not, not to say

situer to place, locate, orient; **se — ** to be situated, located

sobre restrained; moderate, frugal

socle *m.* pedestal, base

sœur *f.* sister

soi-disant so-called, supposed

soie *f.* silk

soif *f.* thirst; **avoir — ** to be thirsty

soigner to look after, take care of; to do, perform carefully, exactly, meticulously

soin *m.* care, attention, trouble, worry; **avoir — (de)** to take care (of, to)

soir *m.* evening

soirée *f.* evening (party)

soit: —...— either... or; whether... or

sol *m.* ground, earth

soldat *m.* soldier

soleil *m.* sun; **— couchant** setting sun

solennel, -le solemn

sombre moody, sullen, dark, somber, sinister

sombrer to founder, sink

somme *f.* sum, amount; **— toute** on the whole, when all is said and done

sommeil *m.* sleep; sleepiness, drowsiness; **avoir — ** to be sleepy

sommeiller to be asleep; to doze, nod, sleep lightly

sommer to call on, bid, summon, command; to top

son *m.* sound; **— de trompe** blaring of a foghorn

son *m.* bran

songe *m.* dream

songer to think, remember; **vous n'y songez pas!** It's out of the question

songeur, -se pensive, thoughtful, rapt in thought

sonner to sound, strike, ring, cause to sound; **on sonne** the bell is ringing

sonnette *f.* small bell

sonore sonorous, resounding, deeptoned

sorcière *f.* witch

sort *m.* fate, destiny; **tirer au — ** to draw lots

sorte *f.* sort, kind; manner, way; **à — que** so that; **de — que** so that

sortie *f.* exit, way out

sortir to go out, leave; to issue forth; to bring out; to stick out, protrude

sot *m.* fool, dolt, blockhead, ass; *adj.* silly, stupid, foolish; **il n'y a pas de — métier** it's no sin to work for a living

sottise f. folly, foolish mistake
sou m. small coin (*five centimes*); penny
souche f. stock, origin
souci m. care, anxiety, worry, concern
soucieu-x, -se anxious, concerned, worried
soucoupe f. saucer
soudain sudden, suddenly
souffle m. breeze, blast; breath
souffler to breathe, blow; to prompt
souffrance f. suffering
souffrant ill
souffrir to suffer
souhaiter to wish
souiller to soil, dirty, tarnish, sully
soulagement m. relief, solace, comfort
soulager to relieve, comfort
soulèvement m. revolt, uprising
soulever to raise, lift up; to take, snatch; to arouse, excite; **se —** to rise, sit up
soulier m. shoe
souligner to emphasize
soumettre to subdue; **se —** to submit, yield, give in
soupçon m. suspicion
soupçonner to suspect
soupeser to feel the weight of, poise in the hand
soupirail m. air-hole; vent
soupirer to sigh
souple supple, flexible, yielding
souplesse f. suppleness, flexibility; **en —** limply
source f. source; spring, well
sourcil m. eyebrow
sourd muffled, deaf; **lanterne —e** dark lantern
sourd m. deaf person
souris f. mouse
sourire to smile; **—de** make fun of
sourire m. smile; **faire un —** to smile
sournois sly, crafty, cunning
soute f. storeroom, baggage compartment, ship's hold
soutenir to hold, prop, support, keep from falling; meet
soutenu sustained
soutien m. support, prop, mainstay
souvenance f. remembrance, recollection
souvenir: se — de to remember, recall

souvenir m. recollection
souvent often
souverain sovereign, supreme
spectacle m.: **salle de —** theater
store m. shade, curtain
stuc m. stucco
subalterne m. subordinate, minor, inferior person
subir to undergo, suffer, sustain
subit sudden
subsister to hold good, last
succession f. inheritance, estate
sucre m. sugar
sucré sugared, sweetened
sud m. south
suer to sweat
sueur f. sweat, perspiration
suffire to suffice, be enough, be adequate, be equal
suffisance f. conceit, self-satisfaction, complacency
suite f. rest, sequel, continuation; result; procession, tail end of procession; **prenait ma —** began to follow me
suivre to follow, go; to succeed, come after; **— à la trace** to follow like a shadow, traipse after; **— des yeux** to stand and follow someone's progress; not to lose sight of
sujet m. subject; **à —** decorated with pictures, figures, or statuettes; **à (ton) —** about (you)
superbement proudly, magnificently
supplice m. torment, anguish, agony
supplicié m. one tortured or executed
supplier to beg, beseech, implore
supporter to stand, support, tolerate
supprimer to suppress
suprême last, final, desperate; decisive, climactic
sur on, out of (*followed by a number*)
sûr sure, safe, certain, secure; **à coup —** assuredly, for certain; without fail, infallibly
surcroît m.: **par —** in addition, besides
surgir to arise, appear
sur-le-champ at once
surmener to overwork, overtax, wear out
surmonter to surmount, rise above, rise higher than

surnager to stay or float on the surface

surprendre to overhear; surprise; **se —** to surprise oneself, catch oneself

sursauter to start, jump

surtout particularly, especially

surveiller to supervise, watch closely

survenir to arrive unexpectedly, turn up, arrive suddenly

survivre outlive, live longer than

survoler to fly over

susciter to excite, stir, stimulate, arouse

svelte slender, slim

sympathie *f.* liking

sympathique likeable, attractive, pleasant

tabac *m.* tobacco

tableau *m.* picture; (black)board; tableau; **— vivant** living picture, tableau vivant; **— de bord** dashboard

tablier *m.* apron

tabouret *m.* stool

tache *f.* spot, splotch, blot

tâche *f.* task, job; **prendre à — de** to make it one's business to

tacher to stain, spot

tâcher to try

taffetas *m.* taffeta

taille *f.* stature, figure; height, dimensions; waist; tally, tally stick

tailler to cut, trim, prune; **cristal taillé** *m.* cut glass

se taire to be silent, hold one's tongue

talon *m.* heel

tam-tam *m.* tom-tom

tanguer to pitch

tanné tanned

tant so much, so many, something; **— que** as long as; **un — soit peu** a little tiny bit; **— pis** that's that! so much the worse! it can't be helped!

tante *f.* aunt

tantôt just now, a little while ago; **— ... — now ... now, sometimes ... sometimes, at one time ... at another time

tape *f.* tap, rap, pat, slap

taper to tap, rap

se tapir to squat, cower, crouch

tapis *m.* carpet, rug

tapissé hung, clad, plastered

tapisserie *f.* tapestry, hangings

tapoter to tap, strum

tard late

tarder to delay; **— à** to be long in (doing something); **il lui tardait de** (*impers.*) he couldn't wait to

tardif, -ve tardy, late, belated, backward

tare *f.* blemish, defect, taint

tarir to dry, up exhaust

tas *m.* pile, stack, heap; lot, gang

tasse *f.* cup

se tasser to press, crowd (oneself); to crouch

tâter to feel, probe

tâtonner to grope

tâtons (à) gropingly; **chercher à —** to grope, feel for

teinte *f.* tint, shade, hue

témoignage *m.* testimony, testimonial

témoigner to testify, give witness of, show, display

témoin *m.* witness

temps *m.* weather

temps *m.* time; **à —** in time; **dans le —** in times past, in the old days; **de — en —** from time to time; **entre —** meantime; **tout le —** all the time, continuously

tendre to hold out, offer; to stretch; **— l'oreille** to prick up one's ears

tendresse *f.* tenderness, fondness, love

tendu stretched, strained, distended, tense

ténèbres *f. pl.* darkness, gloom; **dans les —** in the dark

ténébreux dark, somber

tenir to keep, preserve, hold; to fit; **à quoi s'en —** what's what; **n'y — plus** be unable to stand it any longer; **se —** to hold, remain, stand, keep close to; **— à** to be anxious, insist on; **— à quelque chose** to value, prize, care for, something; to cling to; **— bon** to hold firm, hold out; **— compte de** to take into account; **— de** to take after; **— la jambe à** to buttonhole; **— lieu de** to take the place of; **— propos** to make a remark, make a comment; **tiens!, tenez!** hey! say! to be sure

tentation *f.* temptation

tentative *f.* attempt, endeavor

tenter to try, attempt, tempt

tenture *f.* hangings, tapestry; — **murale** wallpaper

ténu tenuous, subtle

tenue *f.* bearing; dress

termitière *f.* termite nest

terne dull, lusterless

terrasse *f.* terrace; pavement (*in front of a café*); flat roof

terre *f.* earth, ground, land, soil; earth, world; field; **de —** brown, sallow, pasty

tête *f.* head, top; brains; **à la — de** in possession of; **où donner de la —** where to turn; **se monter la —** to get excited; — **de mort** death's head, skull; **un peu de —** a few brains, any brains

tête-à-tête, tête à tête *m.* private conversation, confidential conversation, tête-à-tête

têtu stubborn, obstinate

théière *f.* teapot

thé *m.* tea

tiède tepid, gentle, mild

tiers *m.* third person, third party

tige *f.* stalk, stem; rod

tilleul *m.* lime blossom

timbre *m.* quality, tone; bell

timbré cracked

tinter to ring, tinkle

tirailleur *m.* sharp-shooter

tirer to draw, take out, withdraw, extract; to pull, tug; to draw, drag, haul; to lock, unlock; to aim, shoot, fire; — **au sort** to draw lots; — **le(s) verrou(s)** to unbolt, unbar; — **le meilleur parti** to get the most out of; — **sur** to tend to, verge on; **s'en —** to manage, get out of trouble

tiroir *m.* drawer

tisane *f.* infusion, tea (*of herbs*); — **des quatre fleurs** (*infusion of mallow, mountain cat's foot, colt's foot, and red poppy*)

tison *m.* (fire-)brand, half-burned log

tissu *m.* fabric

titre *m.* title, right, claim; **à — de** by right of, as; **en —** titular

tocsin *m.* alarm-signal, alarm-bell

toile *f.* linen; canvas, sailcloth; — **cirée** oilcloth

toilette *f.* (woman's) dress, costume

toison *f.* fleece

toit *m.* roof, housetop; chimney

tôle *f.* sheet metal; — **ondulée** corrugated iron

tombe *f.* tombstone, tomb

tombé fallen

tombeau *m.* tomb, monument, gravestone

tombée *f.* fall; **à la — du jour** at nightfall

tomber to fall, fall down, drop down; (*impers.*) there falls, was falling, *etc.*; **à la nuit tombante** at nightfall; — **à rien** to deteriorate; — **sur** to come across

toqué mad, crazy, cracked

torche *f.* torch

tordre to twist, wring; **se —** to become twisted

torsade *f.* twist, coil

torse *m.* trunk, torso

torsion *f.* twist, twisting

tort *m.* wrong, mistake; **à —** wrongly; **à — et à travers** at random, without rhyme or reason; **avoir —** to be wrong

tortillement *m.* squirming

se tortiller to writhe, squirm

tôt soon; — **ou tard** sooner or later; **plus — ... plus —** the sooner ... the sooner

toucher to touch, move, affect, interest; to collect, cash; — **à quelque chose** to start using something

toucher *m.* (sense of) touch

toucouleur *m.* people of mixed race inhabiting Senegal and Guinea

touffe *f.* tuft, bunch

touffu leafy, bushy, thick; involved

toujours always; continuously, constantly, ceaselessly, without stopping, still; (*with verb in imperfect*) to keep doing

toupie *f.* top

tour *f.* tower; tower headdress

tour *m.* turn, twist, stroll, trick; **à son —** in his turn; **à — de bras** with all one's might; **à — de rôle** in turn; **faire le — de** to go, walk, take a stroll around; — **à —** in turn by turns

tourbillon *m.* eddy; whirlwind, twisting current

tourmenter to harass, torment, lash

tournée *f.* round, tour; postman's round; round (of drinks)

tournemain *m.*: **en un —** in a trice, in the twinkling of an eye

tourner to turn, change direction; (*of a motor*) to run; **— en dérision** to belittle, scorn; **— rond** to hum, run perfectly; **— sur lui-même** to revolve, pivot; **le cœur me tourna** I was nauseated

tourniquet *m.* swivel, revolving stand

tournoyer to turn round and round, whirl, swirl

tournure *f.* turn (*of phrase*), formula

tousser to cough

tout *n.* any, every, all, everything; **— de même** just the same; **tous deux** both

tout *adj. and adv.* all, quite, entirely, very; whole; **en — et pour —** including everything, all considered, altogether; **— à coup** suddenly, all of a sudden; **— à fait** quite, entirely, altogether; **— au plus** at the very most; **— de suite** immediately, right away

toutefois however, nevertheless

toux *f.* cough

trahir to betray, reveal, disclose

train *m.* pace, rate; **— de poste** high, full, speed; **en — de** in the act of, in the process of; **être en — de** to be busy or occupied with

traîner to lead, drag, draw; to linger, trail, draggle; **se —** to drag, lag

trait *m.* feature (*of face*); appearance; stroke; draft, gulp; **d'un —** at one gulp, at one go; **tout d'un —** all at once

traite *f.* trading (of goods)

traiter to treat

traître treacherous, dangerous; **un — mot** a blessed word

trajet *m.* trip, passage, walk, ride

tranche *f.* slice, slab

trancher to cut (short), settle, decide

tranquille tranquil, calm, unruffled

transcrire to transcribe, set down

transpirer to perspire

travail *m.* work, piece of work; labor, workmanship

travailler to work, labor, perform

travers (**à**) through; **de —** awry, amiss, irregularly; **en —** crosswise; **à tort et à — at random, without rhyme or reason

traversée *f.* passage, crossing

traverser to cross, go across, traverse; to pass through, go through

trébucher to stumble, totter

trèfle *m.* clover

tremper to dip; to temper, harden (*of steel, etc.*); **trempé** wet, soaked, drenched

tremplin *m.* diving board

trésor *m.* treasure

tressaillir to shudder; quiver, throb

trêve *f.* truce, respite; **sans —** unceasingly, without intermission

tribu *f.* tribe

tricher to cheat

tricot *m.* jersey; **en —** knitted

tripoter to finger, handle, fiddle with, paw

triste sad

tristesse *f.* sadness, gloom

trois three; **— en —** in groups of three

trombe *f.* whirlwind, waterspout· **en —** in a rush

trompe *f.* foghorn, horn

tromper to deceive; **se —** to make a mistake; **se — de route** to take the wrong road

tronc *m.* trunk (*of tree, etc.*)

tronçon *m.* stump; lap, leg, distance

tronçonner to cut up

trop too, too much; **par —** completely

trotter to trot, scamper

trottiner to trot

trottoir *m.* sidewalk

trou *m.* hole

trouble *m.* confusion, disorder

trouble troubled, disturbed, muddy; cloudy, overcast

troublé upset, disturbed, uneasy, flustered

trouée *f.* opening, gap, breach

troupeau *m.* flock, herd

trousse *f.* case, kit; **être aux —s de** to be on the heels of; *pl.* clothing

trousseau *m.* bunch

trouvaille *f.* find, lucky find

trouver to find, discover, think, consider; **se —** to be; **se — mal** to faint, swoon; **— son compte à** to get something out of, find what one is looking for

truite *f.* trout

T.S.F. (télégraphie sans fil) *f.* radio
tubulure *f.* pipe
tuer to kill; **se —** to kill oneself, get killed
tuerie *f.* slaughter, butchery, carnage
tuméfier to cause to swell
type *m.* fellow, chap, "character," guy

uni smooth, plain
unique single, one, only
unir, s'— to unite, join
unité *f.* unit
urgence *f.* urgency; **d'—** in a hurry, as an emergency
usage *m.* service, wear (*of garments*); custom; **d'—** common, ordinary, usual
usagé worn, second-hand
usé worn, shabby
user to wear (out); **— de** to use, make use of, experience
usine *f.* factory, mill
usurpateur *m.* usurper
utile useful
utiliser to utilize, make use of

vacances *f.pl.* vacation
vacarme *m.* uproar, din, racket, tumult
vaciller to vacillate, totter, yield
vagir to cry, wail
vague *f.* wave
vaillant healthy, stout (*appetite*); well and strong, in good health; valiant, brave, courageous
vaincre to overcome, conquer, vanquish
valeur *f.* value, worth, courage
valoir to be worth, worthy; **faire —** to utilize, exploit, take advantage of; **— mieux** to be better to
vareuse *f.* pea-jacket, fatigue jacket
varice *f.* varicose vein
vase *m.* vase, vessel, receptacle
vase *f.* mud
veau *m.* calf; lumpish fellow, clodhopper
végéter to vegetate, lead an aimless life
veille *f.* vigil, watch, staying up late, sleeplessness; eve, preceding day
veiller to watch, be awake; to watch over
veilleur *m.* watchman
veinule *f.* veinlet

velléité *f.* slight inclination, weak impulse, indecision
vélo *m.* bicycle, bike
velours *m.* velvet, corduroy
velouté velvety, soft as velvet; **—** *m.* velvetiness, softness
velu hairy
vendre to sell
venelle *f.* alley, lane
vengeur *m.* avenger
venir to come; to occur; to hail from; **— à** to happen to, change to, reach the point of; **— de** (*with inf.*) to have just (done something); **s'en —** to come along; **viens** come on, come along
vent *m.* wind; **dormir en plein —** to sleep out-of-doors
ventouse *f.* sucker
ventre *m.* stomach, belly; womb; **à plat —** flat on one's stomach
venue *f.* coming, arrival
verdi turned green, greenish
verdure *f.* verdure, greenery
véreux wormy, maggoty
verger *m.* orchard
vérité *f.* truth, truthfulness, sincerity, reality
verre *m.* (drinking-)glass; glass, lens
verroterie *f.* glass trinkets
verrou *m.* bolt, bar; **tirer les —s** to unbolt, unbar
verrouiller to bolt, lock
vers *m.* verse, line (of poetry)
vers toward, about
versant *m.* slope
verser to pour; to shed
vert green
vertige *m.* dizziness, giddiness, madness
vertu *f.* virtue; **en — de** in pursuance of, by virtue of
vespéral evening
veste *f.* coat, jacket
veston *m.* coat, suit coat, jacket
vêtement *m.* garment; *pl.* clothes, clothing
vêtu clothed, dressed, attired
veuf, -ve *m. or f.* widower, widow
veule weak, feeble, flabby; drab
viande *f.* meat
vide *m.* empty space, gap, void, emptiness
vide *adj.* empty

vider to empty, drain; to clean (*fish*); — **quelqu'un** to dismiss *or* throw out someone; **se —** to expend oneself, pour oneself out

vie *f.* life, existence; livelihood; **femme de mauvaise —** loose woman, woman of ill repute

vieillard *m.* old man, graybeard

vieillir to grow old

vierge *f.* virgin, maiden

vierge virgin, virginal, intact, uncut

vieux, vieil, vieille old

vif, -ve lively, vivid, real

vigilant vigilant, alert

vigne *f.* vine; vineyard

vigoureux, -se vigorous, sturdy

vilain nasty, bad, unpleasant

ville *f.* town, city

vin *m.* wine

vingt twenty

vingtaine *f.* about twenty, score

virer to turn (*something*) over

virgule *f.* comma

vis *f.* screw; **escalier à —** spiral staircase

visage *m.* face, countenance, visage

vis-à-vis opposite; **—** *m.* person *or* thing opposite, parallel

viser to aim

vite fast, rapidly, quickly; **au plus —** as fast as possible

vitesse *f.* speed, rapidity

vitrage *m.* glass partition, windows

vitrail, -ux *m.* leaded glass window, stained glass window (*of a church*)

vitre *f.* windowpane

vitreux, -se glassy, glazed

vitrine *f.* show window

vivace vivid

vivre to live; **qui vive?** who goes there?

vivres *m.pl.* provisions

vœu *m.* prayer, vow

voguer to sail, row

voie *f.* way, road, track; **— de garage** sidetrack, siding

voilà que je dévalais there I was, going down

voile *m.* veil

voiler to veil, cover

voir to see; to look at; **se —** to be visi be seen, be obvious

voisin, -e *m. or f.* neighbor

voisinage *m.* vicinity, neighborhood, sur rounding district

voisiner to adjoin, be on friendly terms

voiture *f.* carriage, conveyance, car

voix *f.* voice, vote; **à — basse** in a low voice, under one's breath; **à — haute** aloud

vol *m.* robbery; flight, flying; flock, flight (*of birds flying together*); **au —** in flight, in the air

volée *f.* flight; **à la —** at random, without thinking, stray; **à toute —** vigorously, with a bang

voler to steal, rob; to fly

volet *m.* inside shutter (*of window*)

voleur *m.* robber, thief; **au —!** stop thief!

volonté *f.* will, wish

volontiers readily, willingly

volupté *f.* sensual pleasure, delight

volute *f.* helix, wreath

vomer *m.* vomer, the upper part of the nasal septum

vouer to vow, dedicate; to mark, doom, condemn

vouloir *m.* will

vouloir to want (to), wish (to), will; **en — à** to have a grudge against, have one's eye on; **— dire** to mean

voûte *f.* vault, arch

voûté bent

voyage *m.* journey, trip; **faire un —** to take a trip, make a trip

voyager to travel

voyou *m.* nervy kid, hood

vrai *m.* truth; something real *or* genuine

vrai *adj.* true; real

vu in view of

vue *f.* eyesight, sight, view

wagon *m.* coach, (railroad) car

yeux *m.pl.* eyes (*see* œil)

zinc *m.* zinc; zinc counter (*of a bar*)

ble,